Félix Valloton,
Badende mit Schwä-
nen, ca. 1893

Midas Dekkers

Geliebtes Tier

Die Geschichte einer innigen Beziehung

Aus dem Niederländischen
von Stefanie Peter
und Dirk Schümer

Carl Hanser Verlag

Titel der Originalausgabe:
Lief dier. Over bestialiteit
© 1992 Midas Dekkers

2 3 4 5   98 97 96 95 94

ISBN 3-446-17721-3
Alle Rechte dieser Ausgabe:
© Carl Hanser Verlag München Wien 1994
Satz: Reinhard Amann, Aichstetten
Druck und Bindung:
Friedrich Pustet, Regensburg
Printed in Germany

Inhalt

Einleitung:
Ein anderes Reich

Menschen lieben Tiere. Hier ein Streicheln, dort ein Tätscheln, sogar mit der Nase wühlen sie im herrlichen Fell herum, bis man eifersüchtig wird. Unsere Hunde werden öfter gestreichelt als manche Menschen. Aber nicht überall: Die gewisse Stelle, irgendwo hinten unten, bleibt meist unberührt. So hoch die Liebe zu Tieren auch angesehen ist – Sex mit ihnen ist ein Tabu. Wer es bricht, dem schlägt eine Welle der Verachtung entgegen. Darum wird trotz ragender Pimmel und rolligem Gemaunze die Erotik unserer Hunde und Katzen gründlichst ignoriert. Unseren Liebsten gegenüber nennen wir uns nicht Liebhaber, sondern Herrchen.

Was aber gegen alle guten Sitten verstößt, geschieht dennoch: Sex mit Tieren, die äußerste Konsequenz der Zuneigung und Liebe für sie. Auf dem Bauernhof, im Bordell und ganz gewöhnlich zu Hause vor dem Kamin, vor allem aber in unserem Kopf. Die Phantasie ist unser bestes Geschlechtsorgan. Kunst und Kultur sind denn auch von der körperlichen Liebe zu Tieren durchzogen. Leda und der Schwan, verführerische Seejungfrauen, der Froschkönig, das Ponycamp für Mädchen, Pelzjacken, haufenweise Pornoheftchen. Und nun auch noch ein ganzes Buch darüber, mit Fakten aus all diesen unterschiedlichen Quellen.

Was das Überschreiten der Gattungsgrenzen anbelangt, unterliegen Tiere demselben Tabu, – möglicherweise noch mehr als wir. Sieht man in der Natur zwei sehr unterschiedliche Tiere sich miteinander paaren, hat man es meistens nicht mit zwei Arten zu tun, sondern mit geschlechtlicher Dimorphie. Das bedeutet, daß Männchen und Weibchen ein- und derselben Art völlig unterschiedlich aussehen. So ist bei der Wildente er viel bunter als sie, haben in der Regel nur männliche Hirsche ein Geweih und sind Raubvogelweibchen größer als ihre Partner.

Menschen sind geschlechtlich nur gering dimorph.

Stewart, Im Wald

7

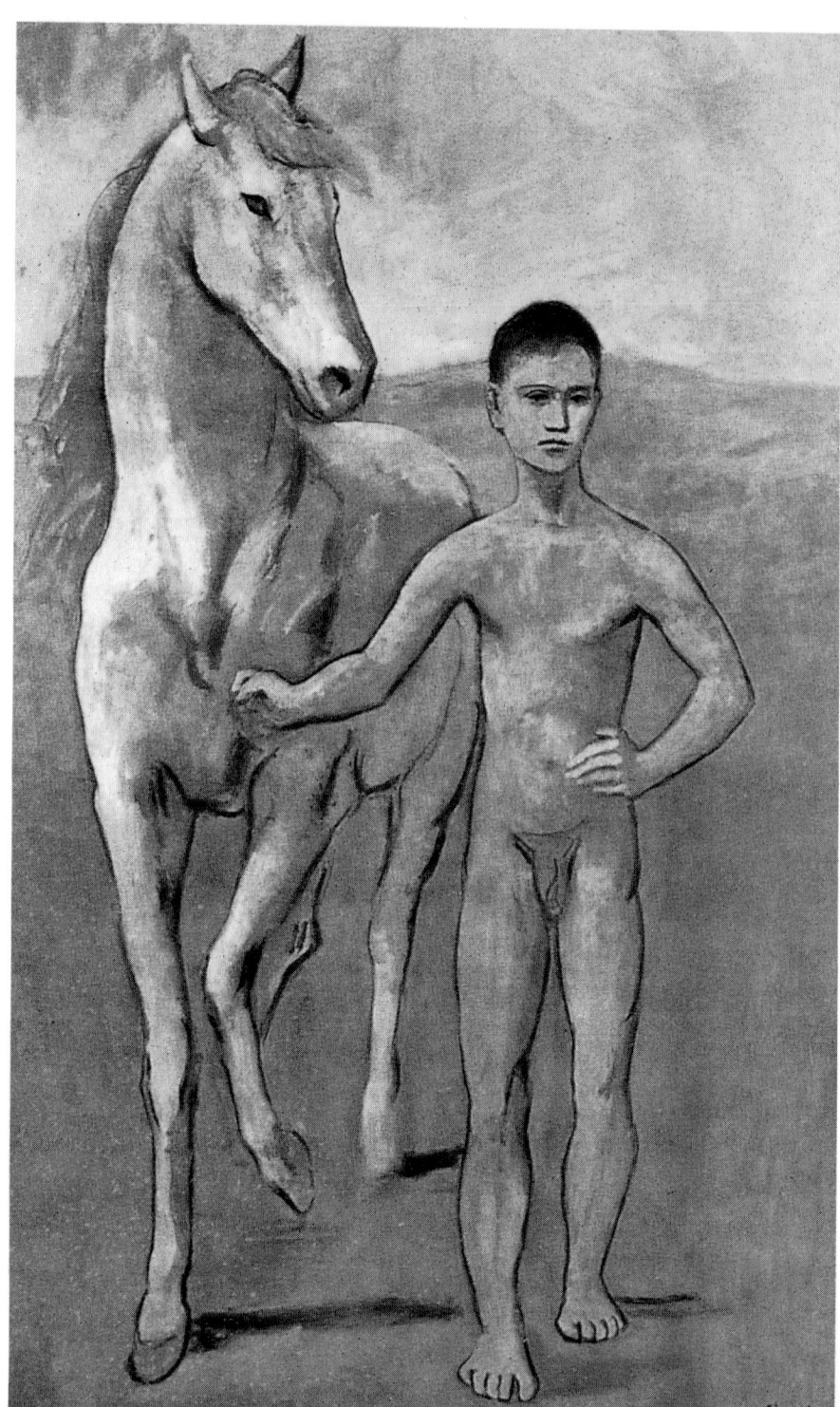

Männer sind behaarter, Frauen haben mehr Rundungen. Uns Jungen damals auf der Knabenschule kamen Mädchen jedoch vor wie von einem anderen Stern, so fremd erschienen sie uns. Ferne Wesen waren das, Andersartige; die Mädchenschule ein paar Straßen weiter wirkte exotisch wie ein Zoo. Die Vorstellung, sich eines Tages mit so einem Wesen zu vereinen, hatte eine furchterregend tierische Qualität.

Dank heutiger Koedukation wird der Unterschied geringer erscheinen, aber es bleibt ein klaffender Abgrund, der mit Hilfe von Lippenstift und Lederjacken noch vertieft wird. Definitionsgemäß treibt man Sex mit einem anderen Wesen, ob nun vom selben oder vom anderen Geschlecht, ein Artgenosse oder etwas Exotischeres. Jede sexuelle Beziehung ist eine Grenzüberschreitung, ein Eindringen in ein anderes Reich. Jede sexuelle Beziehung hat einen Hauch von Sodomie. Was hat man von jemand anderem, wenn er nicht anders ist? Echte Befriedigung findet man erst, wenn man über sich hinausgeht.

1.
Ein Sauhaufen

Frau Klein kriegt plötzlich einen Schwanz. Wenn auch nur einen Kaninchenschwanz. Eine Dame macht sich nicht sogleich Sorgen, aber wenn auch noch Kaninchenohren aus ihrem Kopf sprießen, geht Frau Klein zum Arzt. Der schickt sie zum Tierarzt, der jedoch nur ganze Kaninchen behandelt. Und auch von ihrer Mutter bekommt sie bloß die Auskunft: »Das kommt davon.« Es bleibt ihr nichts anderes übrig, sie wird es ihrem Mann erzählen müssen. Schluchzend läßt sie ihn ihre neuen Körperteile sehen und ist bereit, ihre Koffer zu packen. Aber Herr Klein holt ihr was zum Naschen und gibt ihr hundert Küsse. »Ich finde dich niedlich so«, sagt er. »Du bist ein ganz liebes Kaninchen.«

»Ein ganz liebes Kaninchen« von Imme Dros besitzt den Charme des Selbstverständlichen. Ein Mensch wird in ein Kaninchen verwandelt, ein Kaninchen bekommt hundert Menschenküsse. Nichts Ungewöhnliches in unserer Kultur, die seit ihrem Beginn von Intimitäten zwischen Mensch und Tier durchzogen ist. Verführerische Meerjungfrauen, König Midas mit seinen Eselsohren, Witzchen über Ziegen und Araber, all die Backfische auf all den Pferden, vergeblich geküßte Frösche: Nie und nirgends blieb die Liebe zu Tieren rein platonisch. Sodomie, wo man hinsieht: in der Kunst, in der Wissenschaft, in der Geschichte, in unseren Träumen – aber der Blick wird abgewandt, das Gekicher unterdrückt. Der Trieb findet immer einen Weg, wenn er nur unter der Oberfläche bleibt. Aus ihren Büchern saugen Kinder gierig die Ängste und Sehnsüchte der alten Mythen und Legenden auf; ihre älteren Brüder und Schwestern schreiben auf dem Gymnasium brav ihre Klassenarbeiten in Griechisch und Latein, und darin wimmelt es von wollüstigen Göttern in stets wechselnder Tiergestalt.

Aus ihren Tempeln wurden sie vertrieben, ihre Anbeter wurden von den Barbaren verjagt, nun hausen die klassi-

Agostino Carraci,
Satyr paart sich mit
Nymphe, ca. 1584

11

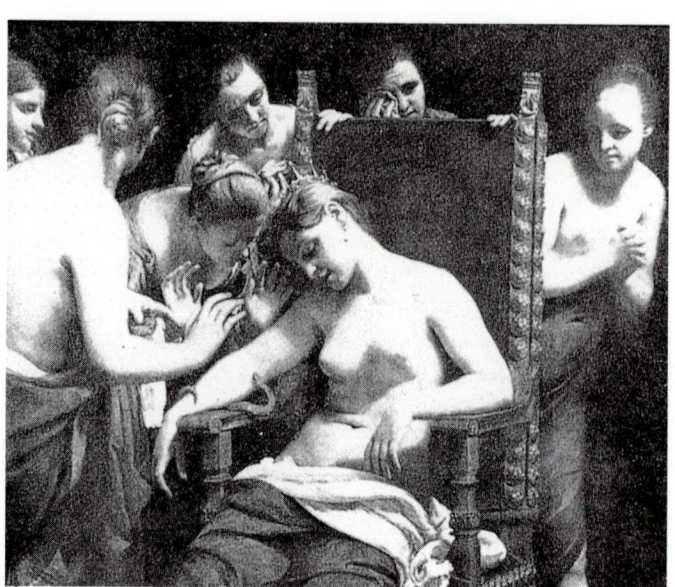

Guido Cagnacci,
Kleopatra und die
Schlange, ca. 1659

schen Götter seit Jahrhunderten in unseren Bibliotheken
und Museen. Ihre Namen werden in Theatern angeru-
fen, ihre Gestalten sind am Firmament verewigt – und
ihre sodomitischen Neigungen zeigen sich zuweilen
schamlos öffentlich, zuweilen kaum erkennbar verhüllt.
Wer erkennt in der gewundenen Schlange auf der Vi-
gnette des Hausarztes (die zur Rettung von Menschen das
Parkverbot aufhebt) den Gott Äskulap, dem zu Ehren
Frauen einst mit Schlangen kopulierten? Welcher Vater
sieht bei der Beschneidung seines Sohnes im Opfer der
Vorhaut noch das Opfer der ganzen Haut der Schlange,
die nach der Häutung wie neu aus der Fabrik kommt und
das ewige Leben zu besitzen scheint? Wie ist es möglich,
daß Patrizierhäuser und Paläste seit Jahrhunderten voll-
hängen mit Darstellungen von Leda und dem Schwan, die
etwas tun, wofür das Christentum Tausende auf den
Scheiterhaufen gebracht hat?

Die letzte Frage ist am einfachsten zu beantworten.
»Leda und der Schwan« ist schlichtweg ein atemberau-
bend schönes Motiv. Beim Gedanken an die Kombination
einer göttlichen Schwanendaune und der Menschenhaut
einer bildschönen Sterblichen greifen Maler und Zeich-
ner seit fünfundzwanzig Jahrhunderten zu Stift und Pin-

sel. Wenn etwas nicht widernatürlich aussieht, dann ist es wohl diese exquisite Kombination, die offenbar genausowenig Anstoß erregt wie ein Hase, der Eier bringt, eine Katze auf einem Menschenschoß oder ein Pferd mit einem Horn auf der Stirn. Die Herausforderung für die Maler lag darin, daß Leda von außergewöhnlicher Schönheit war. Sie war so schön, daß Zeus selbst, oberster Gott der Griechen, »Wolkensammler« aus der Ilias, der Himmel und Erde erzittern lassen konnte, sie unbedingt besitzen wollte. In der Gestalt eines Schwans suchte er, angeblich von einem Adler verfolgt, eine sichere Landung in ihrem Schoß. Sie legte ihren Mantel um ihn, und eine der berühmtesten Paarungen des gesamten Himmel- und Erdenreiches konnte ihren Lauf nehmen. Biologisch betrachtet war es wohl auch eine der merkwürdigsten, denn die Geschwängerte, schließlich ein Mensch und kein Vogel, legte später Eier. Der Überlieferung zufolge waren es zwei: Aus dem einen schlüpfte Helena, die den Anlaß zum Trojanischen Krieg geben sollte, aus dem anderen die Zwillinge Castor und Pollux. Aber es wird auch behauptet, Castor und Pollux seien Söhne von Ledas Ehemann, dem König von Sparta, der in derselben Nacht mit ihr geschlafen hatte. Das Ei mit Helena soll dann von Nemesis gelegt worden sein, die sich vergeblich in eine Gans verwandelt hatte, um dem lüsternen Schwan zu entkommen. Auf jeden Fall waren in Spartas Leukippiden-Tempel Stücke einer enormen Eierschale zu sehen, die Leda zugeschrieben wurden.

Ein unentwirrbares Knäuel, all die Götter, all die Geliebten und all die Tiere, in die sie sich verwandelten. Aber die Sache hat Methode. Zeus wählte nicht ohne Grund einen Schwan. Bei den meisten Vögeln ist die Paarung nichts, worauf man eifersüchtig sein müßte – dieses Geflatter, dann die beiden Hinterteile, die aufeinander gedrückt werden wie Lippen bei einem Kinderkuß, und dann das Gezappel, um nicht gleich wieder herunterzufallen. Der Schwan ist da eine Ausnahme: Er hat einen Penis. Ein schönes, großes Glied, so schön und groß wie der Vogel selbst, eine königliche Ausführung, um jedem Verlangen Genüge zu tun. Im Altertum wurde Ledas Schwan denn auch als göttlicher, großer Vogel dargestellt, der sie treff-

L. Riésener, Leda

sicher mit seinem Schnabel in ihrem Nacken übermannt. Bis heute genießen Kunstkenner das Motiv, während Biologen überprüfen, ob der Penis tatsächlich, wie es einem Schwan geziemt, nach links weist. Für prüdere Zeiten empfahlen sich eher Darstellungen des Schwanes wie er unter Ledas Röcke taucht. Auch ist ein Schwan für einen Maler das ideale Tier, um mit einer kleinen Veränderung – die Flügel etwas weiter ausgebreitet, der Rücken etwas mehr gebogen – die ganze Szene sauberer zu halten. Der Gegensatz zwischen dem reinen weißen Federkleid und dem wollüstigen Tier darunter entging denn auch niemandem. »Der Schwan hat weißen Flaum, aber schwarzes Fleisch«, sagt das flämische Sprichwort, und Joost van den Vondel dichtete in *Noah*:

Würde alles sinken und vergehen,
Wo blieb der Schwan?
Wo blieb der Schwan,

Der Schwan, das fröhliche Wassertier
nimmersatt von Küssen?
Kein Gewässer löscht
seine Liebesgier.

Die Wiedertäufer führten ihn in ihren Standarten, und Waschmittelreklamen prahlen mit seiner unübertroffenen Sauberkeit; in den Augen der Götter war der Schwan, was er ist: der Stier unter den Vögeln. Und es war denn auch in der Gestalt eines Stiers, daß Zeus sich einer Geliebten wie Europa näherte, wenn er die Angelegenheit unter Säugetieren ausmachen wollte.

Wenn man die Darstellungen von Leda und dem Schwan sieht, wird man eifersüchtig, daß wir keine so schönen, geilen Götter mehr haben. Noch in den sechziger Jahren wurde G. K. van het Reve vor Gericht zitiert, weil er unseren Gott als einen »einjährigen mausgrauen Esel« dargestellt hatte, der sich vom Autor »dreimal hintereinander langanhaltend in Seiner Geheimen Öffnung« »besitzen« ließ. Reve wurde freigesprochen, aber sein Gott kennt in der Bibel weniger Gnade: »Verflucht sei«, steht im Buch Exodus geschrieben, »wer bei einem Tier liegt.«

Dabei ist früher auch der Gott der Christen genau wie Zeus in der Gestalt eines Vogels aufgetaucht, um eine Frau zu erkennen, zwar nicht als Schwan, aber immerhin als Taube. »Wie eine Taube«, lehrt Matthäus, kam »der Geist Gottes herab«, und Lukas ist noch etwas expliziter: »Der Heilige Geist fuhr hernieder in leiblicher Gestalt auf ihn wie eine Taube.« Das war bei der Taufe Jesu, aber auch später ist der Heilige Geist als Taube erschienen. In den Viten der Heiligen und Märtyrer spielt die »himmlische Taube« eine wichtige Rolle. So berichtet *The Catholic Encyclopedia* über Papst Gregor den Großen (ca. 540–604): »Wenn der Papst seine Predigten schrieb, wurde zwischen ihm und seinem Sekretär ein Vorhang zugezogen. In Anbetracht der Tatsache, daß der Papst aber immer lange zu schweigen pflegte, machte der Untergebene ein Loch in den Vorhang, schaute hindurch, und sah eine Taube auf Gregors Kopf sitzen, mit ihrem Schnabel zwischen seinen Lippen. Wenn die Taube ihren Kopf zurückzog, sprach der Heilige Vater, und der Sekretär notierte seine Worte; wenn er jedoch schwieg, legte der Untergebene seine Augen wieder an das Loch, und er sah, daß die Taube ihren Schnabel wieder zwischen seine Lippen gesteckt hatte.«

Die Taube ist auch auf Darstellungen der Verkündigung

Fragonard, Porträt
von Marie Cathérine
Colombe, ca. 1775

treusorgend anwesend: Maria wird mitgeteilt, daß sie ein
außergewöhnliches Kind gebären wird; dieses Anlasses
gedenkt seither die Kirche alljährlich genau neun Monate
vor Weihnachten. Die Taube taucht dabei nicht umsonst
auf. »Was hat man von einem Gott ohne Mutter?«, fragte
sich einst Gerard Reve. »Dann könnte man genau so gut
keinen Gott haben.« Aber eine Mutter allein reicht nicht
aus, um einen Sohn zu gebären. Der offiziellen Liturgie
zufolge wird er von der Jungfrau Maria geboren und
ist Mensch geworden »durch die Kraft des Heiligen Geistes«. Maria wird am Anfang der Evangelien »schwanger
befunden aus dem Heiligen Geist«, der »himmlischen
Taube«. Von einer Jungfrau und einer Taube wurde Christus geboren. Auch das Christentum wurde auf Sodomie
gegründet.

»Nicht aus männlichem Samen«, hielt Kirchenvater
Ambrosius dem frühen Christentum vor, »sondern aus
dem mystischen Atem des Geistes ist das Wort Gottes
Fleisch geworden und die Frucht des Schoßes zur Blüte gekommen.« Wie man sich das vorzustellen hat, weiß auch
der Mariologe Francisco Suarez nicht. Jedenfalls steht für
ihn fest, daß »die Heilige Jungfrau bei der Empfängnis
weder ihre Jungfräulichkeit verloren noch irgend eine sexuelle Lust erfahren hat. [...] Es gefiel dem Heiligen Geist
nicht, ohne Grund oder Nutzen dergleichen zuwege zu
bringen oder irgendwelche ungehörige Aufwallungen
von Leidenschaft zu wecken.« Viel ausführlicher brauchte
er auf die Sache nicht einzugehen, weil man zu seiner Zeit
– um 1600 – noch keinen blassen Schimmer hatte, wie Kinder nun eigentlich gemacht werden. Wie die meisten Gelehrten gingen auch die Kirchenväter davon aus, daß die
Mutter nur die Grundstoffe für das Baby zur Verfügung
stellte, denen der Vater dann Form und Bewegung ver-
lieh. Diese Auffassung geht zurück auf den griechischen
Philosophen Aristoteles, der den Beitrag der Mutter mit
formloser Milch, den des Vaters jedoch mit formgeben-
dem Lab verglich. Sein römischer Kollege Plinius fand das
noch zuviel Grundstoff für einen Mann, ein laues Lüft-
chen konnte schon ausreichen. Vor allem Boreas, der
Nordwind, war seiner Meinung nach fruchtbar. Das war
dann auch der Grund, warum Stuten, die ohne Zutun

eines Hengstes ein Fohlen wollten, sich mit dem Hinterteil nach Norden in den Wind stellten. Noch im siebzehnten Jahrhundert glaubten viele Gelehrte, daß nicht der Samen, sondern ein »Saat-Wind«, die *aura seminalis*, die Eizelle befruchtete. Sogar der Entdecker des Blutkreislaufs, William Harvey, war davon überzeugt, daß die Frau »ohne Zufügung irgendeines nachweisbaren körperlichen Agens« befruchtet werde. Ein Kind gelangte in den Mutterschoß wie ein Gedanke in den Kopf oder – besser noch – wie Magnetismus in eine Eisenstange: Halte das Eisen an einen Magneten, dann erhält es selbst auch die Kraft, Eisen anzuziehen. Wenn das so einfach geht, dann war es für die himmlische Taube natürlich ein Kinderspiel, Jesus in Maria zu erzeugen. Daß der Vogel etwas dazu beigetragen hat, steht für moderne Biologen fest, denn falls Maria wirklich Jungfrau geblieben wäre, wäre Christus genau wie alle Jungfrauengeburten ein Mädchen geworden.

Das Christentum geht nicht mit seinem tierischen Ursprung hausieren. Er gilt nicht als etwas, worauf man stolz sein könnte. Früher war das jedoch anders. Tiere waren als Stifter von diesem oder jenem sogar sehr begehrt. Rom verdankt sein Entstehen der Wölfin, die Romulus und Remus aufzog. Die Weißen sind den Eskimos zufolge aus einer Kreuzung zwischen einer Frau und einem Hund entstanden. Und die dänische Königsfamilie schämt sich keineswegs, folgendes bei Ambroise Paré über ihren vorväterlichen Bären zu lesen:

»Zwei Bischöfe von Uppsala, so erzählt Fortunius Licetus, beklagten sich über das Schicksal einer jungen Schwedin, einer auffallenden Schönheit, die mit ihren Gesellschaftsdamen aufgebrochen war, um fern von ihrem Geburtsort Zerstreuung zu suchen. Zu jedermanns Erstaunen wurde sie von einem riesigen Bären ergriffen, der sie in seine Höhle im tiefen Wald mitnahm. Vom brünstigen Bären bedrängt und vergewaltigt, wurde das Mädchen, das zeit ihres Aufenthalts bei dem Bären rohes Fleisch von ihm zu essen bekam, alsbald schwanger. Sie brachte ein behaartes Monster mit der Gestalt und den Gliedmaßen eines Menschen zur Welt. Als der Bär bei einer Jagd getötet wurde, nahm sie das Kind, das sie im Gedenken an seinen Vater Ursus genannt hatte, mit in ihren Geburtsort.

Nach seiner Heirat bekam Ursus mehrere Söhne, von denen einer, der Tregals Sprachaley hieß, Ulso heiratete, aus welcher Ehe Suens, König der Dänen, geboren wurde.«

Alte englische Familien sind gleichermaßen stolz auf Wurzeln im Tierreich. So behauptete Siward, Graf von Northumberland unter Edward dem Bekenner, daß seine Großmutter von einem Bären überwältigt worden war. In Devonshire gab es im 18. Jahrhundert eine Familie Sucpitches, die sich eines Vorvaters rühmen konnte, der in den Wäldern Preußens bei einer saugenden (*sucking*) Hündin (*bitch*) aufgefunden wurde.

Jesus Christus, selbst das Lamm Gottes, brauchte sich seiner Herkunft allemal nicht zu schämen. Die Taube, die ihn in Maria erweckt hatte, war auch als Taube immer noch Gott. Genau wie die Kinder Ledas und ihres Schwans ist er zugleich das Produkt von Sodomie (Mensch × Tier) und Theogamie (Gott × Mensch). Dieselbe Doppeldeutigkeit kommt auch bei anderen Religionen vor. Weil beispielsweise Hindus glauben, daß gewisse Tiere eigentlich Götter sind, ist eine Paarung mit solch einem Tier zugleich eine Paarung mit Gott; der Mensch heiratet sozusagen zugleich unter und über seinem Stand.

Sodomie steht auch an der Wiege des Christentums. Nicht nur beim Christkind, auch in der Gesellschaft um die Krippe sind sodomitische Tendenzen zu verzeichnen. Man findet hier Wesen, die halb Mensch, halb Tier, aber auch halb Mensch, halb Gott sind: die Engel. Über die Jahrhunderte hinweg haben Künstler ihr Bestes gegeben, um diese Luftgeister glaubwürdig darzustellen: mit geringem Erfolg. Man braucht kein Biologe zu sein, um zu sehen, daß diese geflügelten Transvestiten nie in die Luft kämen. Der Körper ist zu schwer für die kleinen Flügel, und nirgends am Rumpf sind kräftige Flugmuskeln vorgesehen. Nur Leonardo da Vinci hat einmal angemessene Engel geliefert, aber der hatte sich auch mit dem Erfinden von Flugmaschinen beschäftigt. Daß uns die Engelsgestalt dennoch so logisch erscheint, daß eine ganze Weihnachtsindustrie davon profitiert, hat mit unserem Bedürfnis nach Ordnung und Logik in einer chaotischen und unlogischen Welt zu tun. In unseren verzweifelten Versuchen, die Unordnung mit Strukturen und Systemen, Gliederun-

Carravaggio, Der
siegreiche Amor,
ca. 1596

gen und Rangordnungen zu bezwingen, klammern wir
uns noch immer an das überlieferte Bild von der Leiter
der Natur. Auf dieser Leiter hat alles und jedes seinen
Platz. Ganz unten liegen die Steine, eine Sprosse höher haben wir die Pflanzen, dann kommen der Reihe nach die
Würmer, die Kühe und die Affen, mit dem Menschen an
der Spitze. Aber es gibt auch einen Gott. Er steht ganz
oben, was notwendigerweise zur Folge hat, daß zwischen
Ihm und uns eine Riesenlücke klafft. Die aber ist mit hun-
derttausenden Millionen von Engeln gefüllt, denn »tausend Mal tausend dienten ihm und zehntausend Mal zehntausend standen vor ihm«. Und so wie die Stufe vom Tier
zum Mensch früher vom Neger überbrückt wurde, kamen
zwischen Mensch und Gott Sprosse für Sprosse die ge-

wöhnlichen Engel, Erzengel, Fürsten, Mächte, Kräfte, Herrschaften, Throne, Cherubine und Seraphine.

Leitern kann man herauf, aber auch herabsteigen. In jedem Menschen sind nach Charles Baudelaire zweierlei Neigungen verborgen: die eine zu Gott, die andere zu Satan: »Das Anrufen Gottes oder das Geistliche ist ein Verlangen, höher hinauf zu kommen; dasjenige Satans oder das Tierische ist die Lust zu sinken. Letzterem müssen die Liebe zu Frauen und der intime Umgang mit Tieren, Hunden, Katzen undsoweiter zugeschrieben werden.« Und so wie wir uns auf dem Weg zu Gott von Engeln eine Vorstellung gemacht haben, tauchen auf dem Weg zu Satan die Teufel vor unseren Augen auf. Bitten Sie jemanden, einen Teufel aus der Unterwelt – noch eine Stufe unter den Steinen – zu zeichnen, wird es zehn gegen eins ein schwarzes Kerlchen mit einem Schwanz, Hörnern auf dem Kopf, einem Ziegenbart und Bocksfüßen. Er zeichnet kurzum keinen Teufel (denn der kann, so wird es uns offenbar nicht deutlich genug nahegebracht, alle Gestalten annehmen), sondern einen Satyr. Unsere Vorstellung vom Bösen unterscheidet sich in nichts von den Satyrn auf griechischem Steingut lange vor Christi Geburt.

Die Kirche hat immer wieder unausrottbare Dämonen, Mythen und Symbole übernommen, aber der Satyr ist durch eine Hintertür hereingekommen, durch eine allzu freie Übersetzung des Gotteswortes. In der hebräischen Fassung der Bibel kommt nämlich der Ausdruck »behaarte Wesen« vor. Die ersten Übersetzer wußten nichts Rechtes damit anzufangen und machten »Satyrn« daraus. Später wurden sie wieder in »Feldgeister« oder »Teufel« umbenannt, aber da war es schon zu spät. Das Christentum hatte sich die liederlichen Halbgötter der Griechen aufgehalst, die sich ausschließlich für Wein, Weib und Gesang interessierten und sich gern im Gefolge des Weingottes Dionysos aufhielten. Sie wurden mit dem Unterleib eines Ziegenbocks dargestellt, weil Böcke als Ausbund von Wollust und Potenz galten. Wahrscheinlich haben die Griechen diese Idee von den Ägyptern übernommen, die den Bock – nach Diodorus Siculus – einzig wegen seines Geschlechtsorgans zum Gott erhoben hatten: »Denn dieses Tier ist sehr paarungsfreudig.« Der Grieche Herodot

wurde in Ägypten sogar Zeuge einer Kuriosität: »Bei Mendès paarte sich ein Bock öffentlich mit einer Frau, und jeder kam, um es sich anzuschauen.«

Wenn man bedenkt, daß ein Satyr halb Mensch, halb Bock war, kann eine Paarung zwischen einem Satyr und einem ganzen Menschen nur zur Hälfte Sodomie gewesen sein, sofern nicht allein der Unterleib zählt. Daß die Satyrn ausgesprochen wollüstig waren, wissen wir durch Darstellungen auf zahllosen griechischen Vasen, Lampen, Schalen und durch Skulpturen. Im Theater wurden Satyrspiele aufgeführt, wobei der gesamte Chor mit Ziegenhäuten bekleidet und oft mit stattlichen Phalloi versehen war. Bei den Römern veränderten sich die Satyrn dann grundlegend: Sie wurden immer affenartiger, bis sie mit den ersten vagen Beschreibungen von Menschenaffen übereinstimmten. Ihre Wollust aber hielt an. Und so wurden sie immer geiler und affiger, bis sie schließlich als King Kong bei uns auf der Kinoleinwand auftauchten.

Im Unterschied zum Satyr erreichte das Gros des antiken Götterheeres die christliche Kultur erst nach dem Mittelalter, als ihre eigene Menagerie von Heiligen und Märtyrern so fest im Sattel saß, daß die alten Götter als religiöse Konkurrenten chancenlos geworden waren. Darin bestand ihre Anziehungskraft. Denn was ist das Gute an den griechischen Göttern? »Vielleicht daß niemand an sie glaubt«, schrieb M. Februari. Heiligenschändung läßt sich an ihnen nicht verüben. Ihre Geschichten lassen sich als hübsche Anekdoten lesen. Und in den allegorischen Abbildungen alter Bücher kann man sie mit demselben Vergnü-

Links: Der Satyr und die schlafende Frau, Gravur nach einem Fresko aus Herculaneum, 18. Jh.
Rechts: Satyr bespringt einen Bock, Dekoration auf einer griechischen Schale, ca. 520 v. Chr.

gen nach ihren Attributen bestimmen wie Zeisige im Naturschutzgebiet. Wenn Anhänger von Carl Jung auch noch so oft orakeln, daß »Mythen ursprüngliche Offenbarungen der vorbewußten Psyche sind«, war die griechische Mythologie – in den Worten des Mythenforschers Robert Graves – »nicht geheimnisvoller als ein Wahlplakat«. Niemand konnte das Urheberrecht auf sie anmelden. Man durfte die antiken Götter verfluchen, ohne daß einem das himmlische Strafgericht drohte. Und vor allem eigneten sie sich ausgezeichnet für die Kunst. Mythologische Themen waren nach tausend Jahren christlicher Malerei und Nacherzählung eine willkommene Abwechslung. Und sie besaßen dieselbe universelle Überzeugungskraft.

So gehört auch ein Bild von Rembrandt – der Raub des Ganymed – ins Umfeld der Sodomie: Ein widerspenstiger Säugling wird von einem Adler in die Lüfte entführt. Dieser Adler ist natürlich wieder Zeus, aber es ist fast unmöglich, in diesem plärrenden Kerlchen den »sagenhaft schönen Jungen« zu erkennen, der Zeus den Kopf verdrehte. Um ihn in sein Bett zu bekommen, verwandelte Zeus sich zum großen Behagen der Griechen wieder einmal in einen Vogel. Sie sahen in der Geschichte eine Wertschätzung der Männerliebe, dank derer es noch einfacher war, die Frau im öffentlichen Leben ins Abseits zu stellen. Zur Zeit Rembrandts hatte sich diese Einstellung längst in ein Loblied der reinen, unverdorbenen Kinderseele verwandelt, die himmelwärts strebt. Das Motiv wurde auf Kindergräbern populär und ist bis heute noch nicht vollständig vergessen, wie diese Inschrift auf einem Kindergrab beweist:

> Wie selig ist des Kindes Los –
> jung gestorben, früh bei Gott.

Biologisch betrachtet, war Zeus' Entscheidung für den Adler längst nicht so glücklich wie die für den Schwan. Man merkt deutlich, daß Rembrandt Mühe hatte, den Raub des Knaben durch einen Vogel glaubwürdig wiederzugeben. Nach der Größe des Kindes zu urteilen, hat der Adler eine Spannweite von anderthalb Metern, und das ist bei

Rembrandt, Der Raub
des Ganymed, ca. 1635

weitem nicht ausreichend. Durch Versuche wies Leslie
Brown nach, daß ein Adler ein gewöhnliches Baby von
dreieinhalb Kilo nicht vom Boden hochbekommt. Es gibt
Berichte, daß Adler mit einem Fuchs oder einem Rehkitz
davongeflogen sein sollen. Aber diese Vögel nutzten im
Sturzflug die Thermik an einem Abhang und hatten beinahe doppelt so breite Flügel wie Rembrandts Adler. Zu
einer Vergewaltigung durch den Adler – wie beim wirklichen Ganymed, dem Sohn des Königs Tros, der Troja seinen Namen gab – wird es bei Rembrandts Säugling nicht
gekommen sein. Eher stand ein Luftfahrtunglück zu befürchten.

Auch wenn Sodomie in den griechischen Göttterge-
schichten alltäglich war, wird in der Literatur der Antike

nur selten darüber berichtet. Auf eine dieser Quellen verweist eine tönerne Kanne, die in London aufbewahrt wird. Sie hat die Form einer großen Gans, auf der ein kleiner Eros reitet. Als Vogel der Aphrodite, der sinnlichen Mutter des Eros, galt die Gans als derart feurig, daß sie in einer feuchten Umgebung leben und viel Gras fressen mußte, um wenigstens ein bißchen abzukühlen. Vom biologischen Standpunkt aus müssen wir da einige Abstriche machen. Aber einen stattlichen Penis – wie sein Neffe, der Schwan – hat ein Ganter allemal. Daß der Eros die viel größere Gans besteigen kann, zeugt von der Macht, die er über die Sinne ausübt.

Als die Vase um 250 v. Chr. in Gebrauch stand, war die Zuneigung einer Gans zu einer Frau gerade Tagesgespräch in Alexandria, wo die Keramik herstammt. Es ging um die bildschöne Harfenistin Glauke, die sogar vom König Ptolemäus begehrt wurde. In *De natura animalium*, einem Sammelsurium von Erfundenem und Tatsachen, schreibt Claudius Aelianus, daß nicht nur die Männer, sondern »auch ein Widder und eine Gans« in die Schöne verliebt gewesen seien. An anderer Stelle heißt es, daß es auch ein Hund gewesen sein könnte, wie bei jener Frau im alten Rom, »die von ihrem Mann des Ehebruchs beschuldigt wurde; der in Frage kommende Ehebrecher war ein Hund«. »Und ich habe gehört«, tratscht Claudius Aelianus weiter, »daß Paviane so rasend in Mädchen verliebt waren, daß sie diese – noch sittenloser als die Halbwüchsigen während der nächtelangen Ausschweifungen bei Menander – sogar vergewaltigten.«

Daß Sodomie nicht auf die Mythen beschränkt blieb, wird von Gerald Carson bestätigt: »[Zeus] und verschiedene andere Götter, vor allem der wollüstige Ziegenbock Pan, traten im griechischen Theater auf. Dabei kam es manchmal zu einem vollzogenen Koitus zwischen Menschen und Tieren.« In Rom vereinigten sich die Damen, so berichtet die Überlieferung, mit Bären, Schlangen und Krokodilen. Schlangen wurden in die Vagina geschoben oder sogen an den Brustwarzen. Wer sich so etwas einmal anschauen wollte, konnte in den Zirkus gehen, wo allerlei männliche Tiere – von Hunden bis zu Leoparden, Affen und Giraffen – darauf abgerichtet waren, sich mit Frauen,

meist noch Mädchen zu paaren – was nicht immer gut ausging. Auch dabei wurde das Leben der Götter nachge-
stellt; am beliebtesten war die Szene, in der sich Pasiphaë
von ihrem Stier begatten ließ.

Felszeichnung aus
Bohuslän (Schweden),
Bronzezeit

Bei alldem zeigten Griechen und Römer wohl mehr Raf-
finesse als andere Kulturen. Doch erfunden haben sie die
Sodomie gewiß nicht. Verkehr mit Tieren ist wahrscheinlich so alt wie die Menschheit. Schon bei den ältesten Kulturen hat man Abbildungen davon gefunden. Aus Europa
kennen wir schwedische Felsbilder der Bronzezeit (zweites
Jahrtausend v. Chr.), auf denen ein Mann unmißverständlich mit seinem Glied unterhalb des Schwanzes in einen
großen Vierbeiner eindringt. Nur aus dem alten China
gibt es auffallend wenig Berichte. Wahrscheinlich war die
Sodomie dort bei den gebildeten Ständen als Brauch der
Landbevölkerung verpönt.

Die sexuellen Gebräuche im alten Amerika sind uns
dank der Keramik der Chimu- und Mochica-Indianer
einigermaßen gut bekannt. Auf den oft mehr als tausend
Jahre alten Gefäßen finden sich vielfältige sexuelle Darstellungen: vierundzwanzig Prozent mit erigiertem Penis,
vier Prozent mit einer Vulva, elf Prozent mit einem Koitus
in Missionarsstellung, fünf Prozent mit männlicher Masturbation, einunddreißig Prozent mit heterosexuellem
Analverkehr, drei Prozent mit homosexuellem Analverkehr, ein Prozent mit lesbischen Handlungen, vierzehn
Prozent mit Oralverkehr und sechs Prozent mit Sodomie.
Die Sodomie betraf ebenso Männer wie Frauen und wird
mit unterschiedlichen Tieren dargestellt. Der Kunst-
sammler Larco Hoyle gab zu bedenken, die Abbildungen
könnten als Warnungen gedient haben und hätten gezeigt, was man nicht tun durfte. Aber die Spanier und Inkas hatten eine solche Mühe, die von ihnen unterdrückten
Chimu und Mochica auf züchtigere Gedanken zu bringen,
daß es beinahe so scheint, als hätten diese die meisten Arten von Sex als gleich angenehm und normal empfunden.

In der europäischen Geschichte kommen Fälle von Sodomie vor allem in Gerichtsprotokollen ans Tageslicht.
Nicht allein die richterliche Gewalt, auch die Kirche war
darauf erpicht, streng gegen dieses »widerwärtige Verbrechen« vorzugehen. Oft wurde es mit Ketzerei und Hexerei

in Verbindung gebracht. Bezeichnend ist die Bulle, die der berüchtigte Papst Gregor IX. – er führte die Inquisitionsgerichte ein – gegen eine ketzerische Sekte erließ:

»Wenn der Novize in die Sekte aufgenommen wurde und zum ersten Mal die Schule der Verdammnis betritt, sieht er eine Art Frosch erscheinen, den einige ›Kröte‹ nennen. Einige küssen das Tier von hinten, andere auf sein Maul, wobei sie seine Zunge und seinen Speichel in sich aufnehmen. [...] Nach dem Bankett wird rücklings eine schwarze Katze, die so groß ist wie ein gewöhnlicher Hund, mit abstehendem Schwanz hingelegt. Der Novize küßt ihr den Hintern, in festgelegter Ordnung gefolgt vom Meister und dann jedem seiner Assistenten, der das Recht dazu hat. [...] Wenn jeder auf seinem Platz sitzt und die Beschwörungen ausgesprochen sind, richtet der Meister seinen Blick auf die Katze und sagt: ›Verschone uns‹, worauf sein Nachbar hinzufügt: ›Wer hat uns das befohlen?‹ Ein Dritter sagt: ›Der Großmeister‹, und der Vierte: ›Wir müssen gehorchen.‹ Danach zündet man die Kerzen an und gibt sich schändlicher Unzucht hin.«

Ausgerechnet in der Zeit der Hexenverfolgungen und Ketzerverbrennungen hing in manchen Kirchen merkwürdigerweise ein Gemälde oder ein Wandteppich, worauf ein nacktes Mädchen mit einem Einhorn in ihrem Schoß zu sehen ist. Man kann die sexuelle Bedeutung des Horns schwerlich mißverstehen. Und doch symbolisiert das Einhorn Jesus Christus in all seiner Herrlichkeit und Majestät. Das nackte Mädchen ist die Jungfrau Maria.

»Ein einzig Horn hat es, mitten auf dem Haupte. Wie aber wird es gefangen? Man legt ihm eine reine Jungfrau, schön ausstaffiert, in den Weg. Und dann springt das Tier in den Schoß der Jungfrau und sie hat Macht über es, und es folgt ihr, und sie bringt es ins Schloß zum König. Dies nun wird übertragen auf das Bildnis unseres Heilands. [...] Und er ging ein in den Leib der wahrhaftig und immerdar jungfäulichen Maria, und das Wort ward Fleisch und wohnete unter uns.«

Die Jungfrau in diesem Text aus dem zweiten Jahrhundert ist noch ausstaffiert und sittsam. Im Lauf des Mittelalters wird sie immer erotischer, wie auch das Einhorn immer viriler erscheint. Die Kirche behauptete, daß das Tier

einzig durch die himmlische Liebe betört werde, ein Blick auf mittelalterliche Darstellungen jedoch belehrt uns eines besseren.

Bauern und Bürger müssen sich an solchen Bildern die

Jungfrau mit Einhorn, Entwurf für einen Wandteppich für Karl von Bourbon, Kardinal von Lyon, ca. 1500

Augen ausgeschaut haben. Für sie war das Einhorn vor allem das ideale Pferd. Im Zeitalter der Autos und Flugzeuge ist es schwer, sich vorzustellen, wie sehr die Gesellschaft einst vom Pferd abhing. Ähnlich wie heute den Männern bei Traumautos das Wasser im Munde zusammenläuft, starrte man früher gebannt auf Bilder von Einhörnern, diesen Porsches des Mittelalters. Wer mit einer Frau ins Bett gehen will, hat es auf das Schönste abgesehen. Wer sich mit einem Tier einläßt, paart sich gerne mit dem edelsten von allen. In Ermangelung von Einhörnern war das das edle Roß.

Um etwas von der Liebe des Mannes für sein Pferd zu begreifen, muß man sich nur in einer alten Stadt umschauen. Überall sieht man Standbilder von Männern auf ihrem Pferd – aber selten oder nie von Männern mit ihrer Frau. Wo eine derart enge Bindung zwischen Pferd und Reiter besteht, wird begreiflich, daß der Mensch sein Tier auch einmal anders besteigen möchte. Vor allem in der Armee, wo es viele Pferde, aber keine Frauen gab, muß das oft vorgekommen sein. Bekannt ist jedenfalls der Ausspruch Friedrichs des Großen über einen Soldaten der Kavallerie, der eine Stute mißbraucht hatte: »Dieser Kerl ist ein Schwein und gehört zur Infanterie.«

Bei der Infanterie gab es keine Pferde. Doch wie die Chronisten schreiben, hatte dort keine Ziege ihre Ruhe. Nötigenfalls brachten die Soldaten sie selbst mit. So zog Lodovico Gonzaga, Herzog von Nevers, im Jahr 1565 mit dreitausend Soldaten und zweitausend Ziegen, von denen eine Anzahl in Velours gekleidet war, in den Krieg. Solche Vorkehrungen hatten beileibe ihren Sinn. Drei Jahre zuvor waren bei der Bestürmung von Lyon die italienischen Belagerer desertiert – nicht etwa weil sie schlecht bezahlt wurden, sondern wegen des Mangels an willigen Ziegen. Varillas schreibt in seiner *Histoire de Charles IX* sogar, daß die Bauern keinen anderen Ausweg sahen, als die Ziegen in den Durchzugsgebieten der Italiener zu verbrennen.

Manchmal hatten die Soldaten noch nicht einmal Ziegen. 1848 fiel es den Unteroffizieren einer Nachrichteneinheit auf, daß der Fourier ihnen so oft Entenbraten vorsetzte. »Die Häufigkeit dieses Bratens«, so die *Gazette médicale*, »und die Großzügigkeit ihres Kameraden riefen

Argwohn hervor, den man alsbald bestätigt fand. Der Fourier schnitt die Kloake des Tieres ein, um die Paßform zu verbessern, und hackte ihm in einem speziellen Moment den Kopf ab, um seiner Wollust die letzten Zuckungen dienstbar zu machen. Das waren die Enten, die auf der Tafel der Unteroffiziere landeten. Der Fourier wurde aus dem Regiment entlassen.«

Berget Ararat

Kerstin Apelman Öberg 1969.

2.
Gleich und gleich gesellt sich gern

Die Bewohner von Gottes freier Natur sind ein bunter Haufen. Alles und jeder schwimmt, läuft und fliegt durcheinander. Pusteblumen sprießen neben Orchideen. Das neueste Säugetiermodell tritt auf hundert Millionen Jahre alte Kakerlaken. In tausend Arten feiern die Fische in ihrem knallbunten Korallenriff Karneval. Verstört läuft der Mensch in diesem Durcheinander herum, und im Menschen lebt seinerseits ein Bandwurm.

Wenn ihm das alles zu bunt wird, geht der Mensch in den Zoo. Hier sind die Tiere schön ordentlich nach Arten sortiert. Die Schöpfung, am siebten Tag in solcher Unordnung hinterlassen, wurde vom Zoodirektor aufgeräumt: Elefanten zu Elefanten, Tiger zu Tigern, das siebengestreifte Gürteltier – von dem haben sie nur eins – zum neungestreiften Gürteltier. Anders in einem modernen Tierpark. Dort laufen die Tiere in ihrem Gehege genau so durcheinander wie in der Wildnis, weil es in einem herkömmlichen Zoo so unnatürlich aussah. »Natürlich« ist in Mode. Das Unsortierte daran nehmen die neuen Naturliebhaber in Kauf. In ihren Köpfen sind die Arten dennoch in Gruppen und Untergruppen sortiert und alle fein säuberlich mit hübschen lateinischen Namen versehen, die dem jahrhundertealten System Carl von Linnés folgen. Täglich werden in den Katakomben der naturhistorischen Museen der Welt neue Arten registriert. Aristoteles kannte fünfhundert Arten, Linné taufte seinerzeit fünfzigtausend. Zur Zeit von Charles Darwin waren schon ein paar Hunderttausend bekannt. Die Computer von heute sind mit Millionen Arten überfüttert. Der Zoo platzt aus allen Nähten. Das Fernsehen füllt seine Sendezeit damit. Und in Feld und Wald ist das Entziffern des Buches der Natur zu einem Gesellschaftsspiel für den Sonntagnachmittag entartet: »Schau an, der rotscheitelige Mittelspecht!«

Doch die Natur kennt ihre Ordnung mindestens so gut wie wir. Das muß sie auch. Viele ihrer Organismen weisen

Kerstin Apelman Öberg, Die Arche Noah, 1969

Mängel auf, so schön sie auch sind. Es fehlen ihnen Organe. Die meisten Tiere haben einen linken und einen rechten Lungenflügel, ein linkes und ein rechtes Vorderbein und zwei Nieren, so daß, falls ein Teil nicht mehr funktioniert, immer noch eins übrig ist. Aber alle haben nur ein Herz. Daran sterben denn auch die meisten Menschen. Auch von der Leber haben wir leider nur ein Exemplar. Doch es kommt noch schlimmer. Es gibt ein Organ, von dem Menschen und Tiere nur die Hälfte besitzen. Die eine Hälfte der Menschen besitzt die eine Hälfte, die andere die restliche Hälfte. Die einen heißen Männer und die anderen Frauen. Das Organ ist der Fortpflanzungsapparat. Wer sich fortpflanzen will, kann das nicht alleine tun. Er muß jemanden mit der fehlenden Hälfte der Zeugungswerkzeuge hinzuziehen. Das ist seltsam. Man stelle sich vor, man besäße von seinen Organen zur Nahrungsaufnahme nur die Hälfte, so daß man für jedes Bratwürstchen einen Partner aufreißen müßte.

Daß jeder Mensch und fast jedes entwickeltere Tier nur über die Hälfte desjenigen Organes verfügt, das das Überleben der Art sichert, ist zwar wenig effektiv, doch für die Beteiligten sehr inspirierend. Ein Großteil allen Trachtens und Tuns auf Erden hat mit dem Aufspüren geeigneter Organhälften für die Fortpflanzung zu tun. Man braucht dafür eine Hälfte vom anderen Geschlecht, vor allem aber von der eigenen Art. In der Paarungszeit sortiert sich deswegen die Natur fein säuberlich in Zweiergruppen: Elefanten zu Elefanten, vierzehnpunktige Marienkäfer zu vierzehnpunktigen Marienkäfern. Bartmeisen fahren auf Bartmeisen ab, Nacktschnecken auf Nacktschnecken, und Truthühner lieben Truthähne einfach am meisten. Dreidornige Stichlingsmännchen finden, wenn sie in Stimmung sind, den Anblick eines dreidornigen Stichlingsweibchens so herrlich, daß man ihnen Kunststückchen beibringen kann, für die als einzige Belohnung der Anblick eines Weibchens winkt – ein paar Sekunden lang durch eine Klappe. So eine Peepshow für Fische gab es an der Universität Leiden bereits lange vor den Peepshows für Menschen. Und ebensowenig wie ein Gorillamännchen von einem unserer leichten Mädchen hinter der Glasscheibe erregt würde, begreift ein dreidorniger Stichling,

was ein zehndorniges Stichlingsmännchen an einem zehndornigen Weibchen findet. Was das angeht, schlägt die Liebe immer nach der eigenen Art. Es mag zwar ein großes Durcheinander herrschen in der Natur, doch Pfuschen kommt hier nicht in Frage. Gäbe es keine Regeln, um Ordnung zu halten, und keine Mechanismen, die diese Regeln durchsetzen, dann stünde das Fortbestehen allen irdischen Lebens auf dem Spiel. Nur wenn Menschen es immer mit Menschen treiben und Mäuse mit Mäusen, entstehen mit großer Gewißheit neue Menschen und neue Mäuse, die hoffentlich alle später wieder genauso wählerisch sein werden. Wer sich nicht an die Regeln hält und sich mit einer anderen Art einläßt, begeht genetischen Selbstmord. Selbst bleibt er zwar noch eine Weile am Leben, doch sein biologisches Erbgut, an dem die Evolution Milliarden von Jahren gearbeitet hat, geht verloren. Ein Elefant, der seinen Samen in eine Giraffe befördert, hätte ihn genausogut auf die Erde ergießen können.

Samenverschwendung ist Todsünde. Deswegen hat die Natur strenge Vorsichtsmaßnahmen getroffen, die Identität wird strikt kontrolliert. Damit wird vermieden, daß falsche Samenzellen in das Innerste eines Weibchens vordringen, wo sie dann abgestoßen würden. Mittels des Gesangstrillers, des spezifischen Uringeruchs, des herrlichen Augenaufschlags, wie er in keinem anderen Balzrepertoire vorkommt, stellen der Besitzer des Samens und die Besitzerin der Eizellen sicher, daß ihre Zellen gut miteinander auskommen und sie Nachkommen zeugen können. Alles andere wird abgewiesen. Nirgends herrscht eine ähnliche Xenophobie wie bei der Partnerwahl.

Die Paarung ist so sehr auf die eigene Art ausgerichtet, daß man darauf sogar die Definition der Arten gegründet hat: Zwei Tiere gehören zur gleichen Art, wenn sie sich miteinander paaren. Die einzige zusätzliche Bedingung ist, daß diese Vereinigung fruchtbare Nachkommen hervorbringt. Sonst müßten Pferd und Esel, die sich zwar paaren, aber sterile Nachfahren haben, ein und derselben Art angehören. Diese Definition kann man auch umkehren: Zwei Tiere paaren sich miteinander, wenn sie zur selben Art gehören – vorausgesetzt sie sind gegengeschlechtlich, ausgewachsen, gesund, und es ist Paarungszeit. Wenn zwei Skelette im Museum beide die Aufschrift *Tyrannosaurus rex* tragen, heißt das demnach, daß sie vor hundert Millionen Jahren als Wesen aus Fleisch und Blut Gefallen aneinander gefunden hätten, wenn sie einander begegnet wären. Dafür bürgen unsere Paläontologen, auch wenn sie noch nie lebende Dinosaurier gesehen haben, von ihrer Paarung ganz zu schweigen.

Um zu signalisieren, zu welcher Art ein Tier gehört, hat es einen Code. Damit preist es sich vor allem in der Paarungszeit an. Deshalb singt jedes Vögelchen, wie ihm der Schnabel gewachsen ist. Und deshalb gibt es für jeden Geschmack den passenden Aquarienfisch. Und deshalb finden die meisten Menschen den wackelnden Po einer Artgenossin anziehender als die knallrote Riesenwarze am Hinterteil eines Schimpansenweibchens. Die aber weckt in einem Schimpansenmännchen ebenso stark die Lust, wie sie uns Menschen bei diesem Anblick vergeht.

Menschen können den Code der Tiere knacken und sie unterscheiden. Die Begabung dafür ist angeboren. Kleinkinder, die noch keinen Löffel von einer Gabel, keinen Apfel von einer Birne, kein Dreieck von einem Kreis unterscheiden können, weisen auf Kärtchen fehlerlos den Löwen dem Tiger zu, den Panda dem Bären und das Nashorn dem Nilpferd. Bei uns entwickelt sich diese Fähigkeit dahingehend weiter, daß wir auf einen Blick zahllose Automarken unterscheiden. Naturvölker hingegen, wie »primitiv« sie in unseren Augen auch sein mögen, halten von Jugend auf hunderte Pflanzen- und Tierarten auseinander. Das ist nützlich, denn so erkennen sie so schnell wie möglich die eßbaren und die giftigen, die Menschenfresser und die vom Menschen zu fressenden, die Fremden und die Eigenen. In unserer zivilisierten Gesellschaft, in der der Hund das gefährlichste Tier darstellt und man sich statt im Wald sein Essen an der Frittenbude holt, kommt man mit diesen Fähigkeiten nicht weit. Die Artenbestimmung ist, wie wir vielleicht noch aus der Schule wissen, ein mühsames Unterfangen geworden. Man braucht dafür Aufschlüsselungen und Tabellen. Selbst Experten irren sich immer wieder. Täglich beschäftigt man sich beim Bekämpfen von Heuschreckenplagen, beim Errich-

Henri de Toulouse-Lautrec, Zwei Schweine, zweite Hälfte 19. Jh.

ten von Schutzzonen für Fische, beim Sammeln von Schmetterlingen und in Zoologischen Museen mit der Frage, ob ein Exemplar zu einer bekannten oder zu einer noch zu definierenden Art gehört. Man sieht zwei in Formalin eingelegten Tieren schwerlich an, ob sie sich zu Lebzeiten wohl miteinander fortgepflanzt hätten. Mit unserem Respekt für Gelehrte, die nach jahrelangem Bemühen zwei Sorten von Quallen auseinanderhalten können, wächst unsere Bewunderung für die Tiere selbst, die immer beim richtigen Partner landen. Zuweilen müssen die Forscher die Artbestimmung ihren Objekten selbst überlassen. So sind von den Wasserläufern, offenbar Kreuzungen aus einer Mücke und Jesus Christus, nur die Männchen einfach zu bestimmen. Wer die Weibchen erkennen möchte, muß die Paarung abwarten. Ein Weibchen, das sich mit einem *Gerris lacustris* einläßt, wird ebenfalls zu dieser Art gehören. Das Weibchen hat einen besseren Riecher dafür als wir. Ein Bestimmungsbuch würde die Wasserläufer nur verwirren. Was dort über sie geschrieben steht, verändert sich ständig, je nachdem welche Bedeutung die verschiedenen Forscher unterschiedlichen Merkmalen zuerkennen.

Neben den Tieren, die sich in unseren Augen kaum voneinander unterscheiden und doch zwei verschiedenen Arten angehören, gibt es Exemplare, die von unterschiedlichen Planeten zu stammen scheinen und dennoch eine gemeinsame Art bilden. Ein Dackelrüde unterscheidet sich von einer Bernhardinerhündin wie ein Kaninchen von einem Kalb, und doch versucht er sie zu besteigen. Wie ist es möglich, daß ein Mops eine Dogge zu erklimmen versucht? Wie kann er etwas von sich selbst im anderen erkennen? Wie weit müssen Hunde auseinandergezüchtet sein, bis sie einander als fremd abweisen? Am liebsten würden Hunde die Gräben, die der Mensch durch Züchtungen zwischen ihnen zieht, durch die bizarrsten Kreuzungen immer wieder zuschütten. Ein Rassehund ist eine Ansammlung erblicher Eigenschaften, die bellen kann. Menschen erhalten solche Rassen, Hunde wollen aus ihnen ausbrechen. Das ist für den Hund ziemlich mühselig, denn er weiß nicht, wie klein oder groß er ist. Er hat kein Gefühl für Proportionen. Nicht sein Körpermaß verleiht ihm seine Hunde-Identität, sondern sein Geruch, und den hat ihm der Mensch bisher noch nicht wegzüchten können. Daß die Hunde ihren Ursprüngen dennoch tendenziell entfremdet sind, zeigt sich bei der Wolfsjagd. Obwohl sich der Hund des Pelzjägers noch gut mit einem Wolf paaren könnte, sieht er seinen Stammvater nurmehr als Jagdbeute. Sein Herrchen jedoch betrachtet er als Superhund. Der Hund ist ein Kollaborateur; er heult mit den Menschen.

Am leichtesten erkennt der Mensch unter allen Lebewesen seine Mitmenschen, zuweilen zu seiner Freude, oft aber auch zu seinem Verdruß. Das klappt in jedem Wald, und er braucht dazu keinen Naturführer. Seltsamerweise ist es für uns am schwierigsten, in den anderen Säugetieren die uns nächsten Verwandten zu erkennen. Sie rufen ihre Artzugehörigkeit genau so laut in die Welt wie die anderen Tiere, und sie tun es wie der Hund: statt durch Farben oder andere sichtbare Merkmale durch Gerüche. Dafür hat der Mensch keine Nase. Wie die meisten Affen kann er schlecht riechen, weil man sich in den Baumwipfeln besser mit Augen und Ohren als mit der Nase zurechtfindet. Die verschiedenen Düfte der Landsäugetiere können wir nicht auseinanderhalten. Wir riechen höchstens die Duftmarken eines rolligen Katers. Wie schlecht unsere Nase entwickelt ist, zeigt sich daran, daß Menschen zwar Museen für ihre Augen und Konzerthallen für ihre Ohren, jedoch keine Geruchshallen gebaut haben, wo sie sich einen schönen Nachmittag verschnuppern könnten. Für Hunde ist das Schnuppern eine hohe Kunst. Sie genießen die Geruchsakkorde an den Laternenpfählen sichtlich.

Wenn Säugetiere Geräusche von sich geben, fällt uns das Bestimmen etwas leichter. Es gibt sogar einen *Batdetector*, mit dem man das Fiepen der Fledermäuse im Ultraschallbereich auf eine für uns hörbare Tonhöhe reduzieren kann. Aber auch solche Geräte vermehren die Anhängerschaft der Säuger nicht gerade. Wer streift schon sonntags durch Wald und Flur, um Säugetiere zu beobachten? Vögel zu bestimmen ist dagegen eine beliebte Freizeitbeschäftigung, die dem Vogelschutz Auftrieb gegeben hat. Ornithologische Bücher gehen weg wie warme Semmeln. Bereits 1937 hat man in den Niederlanden

Paarung von Hahn und Henne, griechische Kamee, 5. bis 4. Jh. v. Chr.

lange vor den Säugetieren die Vögel unter Naturschutz gestellt. Diese Vorzugsbehandlung verdanken sie unserer schlechten Nase. Und weil sie noch schlechter riechen als wir, bedienen sie sich der Farben und Geräusche, die wir als frühere Mitbewohner der Bäume bequem auf Bildern und Tonträgern klassifizieren können. Was Hunde und Ratten andauernd tun, sieht man bei Vögeln nie: daß sie inbrünstig aneinander schnüffeln. Sie stecken ihre Nasen auch nicht in die Ausscheidungen von anderen. Ihre Visitenkarte richtet sich an andere Sinnesorgane.

Einer dieser Visitenkarten haben wir die Entdeckung einer ganzen Tierart zu verdanken: des Kongopfaus. Seinem Entdecker, dem Amerikaner James Chapin, fiel 1913 eine braunschwarz gestreifte Feder im Kopfschmuck eines Häuptlings irgendwo in Belgisch Kongo auf. Er kaufte ihm die Feder für etwas Tabak ab und klapperte dann die Gegend auf der Suche nach dem rechtmäßigen Besitzer ab. Einundzwanzig Jahre später entdeckte er zwei ausgestopfte Exemplare und einen Mann dazu, der beteuerte, so einen Vogel schon einmal gegessen zu haben. Erst 1936 hielt Chapin den ersten Vogel in Händen – tot. Dank des ursprünglichen *pars pro toto* kam man schließlich auch lebenden Exemplaren der neuen Art auf die Spur. Sie wurden schnellstmöglich in europäische und amerikanische Tiergärten verbracht, um den Fortbestand der Art vorläufig zu sichern.

Auf den azur-grün-weißen Kongopfau machen die braungestreiften Federchen eines Artgenossen keinen so nachhaltigen Eindruck wie damals auf James Chapin. Ein Rotkehlchen jedoch reagiert heftig auf rote Federn. Wie sehr die rote Brust das Rotkehlchen ausmacht, zeigt sich, wenn man zwei ausgestopfte Vögel in sein Territorium setzt, einen ohne und einen mit Rotfärbung. Das rote Exemplar wird zornig angegriffen, das andere nicht. Ausstopfen ist für das Experiment noch nicht einmal erforderlich, ein Büschel rotgefärbter Hühnerfedern tut es auch.

Unter Wasser dient auch dem Stichling eine rote Brustpartie als Artsignal. Die Männchen greifen gerötete Rivalen oder rotgefärbte Holzstückchen ebenso heftig an wie ein erbostes Rotkehlchen seinesgleichen. Daß Rotkehlchen und Stichling dasselbe Signal benutzen, ist kein Pro-

blem. Die Chance, daß sie einander begegnen, ist gleich null. Anders ist es bei Tieren, die sich mit ähnlichen Signalen in einem gemeinsamen Lebensraum ins Gehege kommen. In solchen Fällen variieren sie das Signal und verstärken die Unterschiede, um Verwechslungen zu vermeiden.

Winkerkrabben nehmen das wörtlich. Die Männchen machen mit einer ihrer Scheren auf sich aufmerksam. Sie ist überproportional ausgebildet und wiegt manchmal ein Drittel des gesamten Körpergewichts. Im täglichen Leben am Strand ist das unpraktisch. Da kommen Krebse aller Arten und Größe aus ihren Löchern, um ihre Beutetiere aus dem Schlamm zu graben. Weil sie ihre Schere wie

Jules Pascin,
Lithographie,
Anfang 20. Jh.

39

einen Gipsarm vor sich her trägt, ist die männliche Winkerkrabbe gezwungen, mit einer Hand zu essen. Auch beim Graben ist ihr die voluminöse Schere im Weg. Sie hilft ebensowenig gegen ihre natürlichen Feinde, die es als Gourmets oft auf das schmackhafte Fleischhäppchen in der Schere abgesehen haben und deshalb bevorzugt Männchen jagen. Das auffällige Anhängsel ist allein für die Fortpflanzung von Nutzen. Die Männchen winken damit die Weibchen herbei, jede der sechzig verschiedenen Arten mit einem unterschiedlichen Signal: der eine mit theatralischer Gebärde, der andere verstohlen und schnell, als sollte alles klammheimlich über die Bühne gehen. Die Art *Uca lactea* ist für uns am ehesten zu verstehen, denn sie lockt mit einer Geste, die für uns »Komm doch mal her« bedeutet. Dann wieder gibt es andere, die wüst umherwirbeln, die königlich den Segen erteilen oder die einfach nur draufloshämmern. Das Winken wird unterstützt durch stolzes Paradieren oder zierliche Tanzschritte. Und die kleine weiße *Uca saltitata* hüpft unermüdlich auf der Stelle auf und nieder.

Solche rhythmischen Bewegungen eignen sich gut zur Codierung. So wie man mit einer Handvoll Punkte und Striche die ganze Weltliteratur in ein Morsealphabet übertragen kann, lassen sich mit einfachen Variationen über ein Thema Codes bilden, um die Arten auseinanderzuhalten. Der Code von Fruchtfliegen und Tanzmücken ist der simpelste: Ihre Flügel summen beim Flug in einer speziellen Tonhöhe, die für jede Art unterschiedlich ist. Die Weibchen empfangen nur die Frequenz, die ihre artgleichen Männchen aussenden. Männliche Heuschrecken gebrauchen ihre Flügel als Morseapparat. Mit einer Schwellung an der Oberkante des einen Flügels streichen sie über eine Leiste unter dem anderen. Und zwar jeder in seinem eigenen Rhythmus. So kommen die Weibchen, um sich zu paaren, und die Entomologen, um sie zu fangen. Die Reklame ist dem angepriesenen Produkt wie immer überlegen: Weibchen sitzen lieber neben einem Lautsprecher mit dem richtigen Zirplied als bei einem paarungsbereiten, doch schweigenden Männchen.

Glühwürmchen arbeiten mit Lichtsignalen. In der Dämmerung kommen die ersten Männchen zum Vor-

Paul Gauguin,
Maorikult, zweite
Hälfte 19. Jh.

schein, um als lebende Leuchttürme auf sich hinzuweisen. Meistens flanieren sie einsam, aber es gibt auch welche, die zusammen in einem Baum sitzen und im Takt aufleuchten, so daß das ganze Arrangement zu einem flakkernden Christbaum wird. Die jungfräulichen Weibchen kommen später am Abend hervor und antworten auf das Leuchtfeuer der Männchen mit einem artspezifischen Signal, meist einem einzigen Aufleuchten, das in einem genau abgemessenen Moment dem Licht des Männchens folgt. Das System funktioniert so gut, daß man damit spielen kann. Imitiert man das Signal des Weibchens mit einer Taschenlampe, dann kommen die Männchen herbeigeflogen. Aber auch die Natur spielt falsch. Damit nicht Glühwürmchen im Kirchenfunk zum Loblied auf die Schöpfung mißbraucht werden, hat der Schöpfer eigens *Photuris pennsylvanica* geschaffen. Weibchen dieser Glühwürmchenart ahmen präzise den Lichtcode der kleinen *Photinus scintillans* nach: Genau eine Sekunde nach zweimaligem kurzen Leuchten senden sie ein Signal derselben Stärke

Illustrationen aus
*Paarungsweisen von
Tieren*, China, ca. 1640

und Dauer aus. Brünstig begeben sich die Männchen zur Lichtquelle, wo sie von dieser niederträchtigen Loreley geschnappt und verschlungen werden. Auch Frösche lassen sich von den Lichtern anziehen und fressen sich dermaßen voll, daß ihr Bauch in sanftem Licht schimmert. Diese Hinterhältigkeit ist vielleicht am ehesten mit der Verletzung des Briefgeheimnisses zu vergleichen.

Wie lernen Tiere ihren eigenen Code? Das Wissen muß angeboren sein. Ein Kuckuck kann seinen Gesang nicht von seinen Eltern lernen, denn er kennt sie nicht. Den Teichrohrsänger nachzuahmen, der ihn großgezogen hat, wäre verkehrt, denn damit lockte er anstelle seiner Artgenossen nur Teichrohrsänger an. Sein Lied ist ihm also angeboren. Daß es so eintönig ist, braucht deshalb niemanden zu wundern. Die meisten Vögel jedoch lernen auch von ihren Eltern. Gewöhnlich singen sie von sich aus eine grobe Melodie, die durch das Imitieren der Eltern zum arteigenen Repertoire verfeinert wird. Die Gesangsstunden können bereits im Ei beginnen. Wachteln zum Beispiel erlernen bereits einige Tage vor dem Ausschlüpfen den Ruf ihrer Mutter, so daß sie wissen, wem sie zu folgen haben und daß ihre Rasse nicht auf den Schnabel gefallen ist.

Bei Gänsen funktioniert das nicht so gut. Sie folgen dem Erstbesten, dem sie nach dem Ausschlüpfen begegnen. Das, so meinen sie wohl, sei ihre Mutter. Daß dabei Verwechslungen nicht ausgeschlossen sind, beweisen die berühmten Fotos des Biologen Konrad Lorenz mit einer ganzen Schar Gänschen hinter sich, die dem Irrglauben anhängen, kleine Biologen zu sein. Anstelle ihrer Mutter hatten sie zuerst Lorenz gesehen und waren von nun an auf den Menschen fixiert. Diese Prägung ist nur in einer bestimmten Entwicklungsphase möglich. Küken kommen erst einen Tag nach dem Schlüpfen in die kritische Phase, in der das Bild ihrer eigenen Art Gestalt annimmt. Wählen sie falsch, dann besteht die Chance, daß sie sich später mit einem Partner der verkehrten Art einlassen. So wollen Zebrafinken, die von japanischen Möwchen großgezogen wurden, später am liebsten mit japanischen Möwchen zur See gehen. Am schwierigsten haben es Zebrafinken, die zusammen mit ihren Brüdern und Schwestern bei japanischen Möwchen aufwachsen: Die einen begehren später

ihre Artgenossen, die anderen ziehen die Art der Pflegemutter vor, und ein Viertel der Pflegekinder lernt die Partnerwahl niemals mehr.

Ebensowenig wie beim Menschen kommt es im Tierreich nach dem Austausch der Visitenkarten sogleich zur
Paarung. Auch wenn der andere ein Artgenosse ist, so ist
er doch ein bißchen unheimlich. Jedes andere Tier bedeutet in der Natur eine potentielle Gefahr. Sogar Tiere, die
in Schwärmen und Herden leben, halten in der Regel einigen Abstand zueinander. In der Paarungszeit muß dieser
Abstand auf null reduziert werden. Dafür gibt es verschiedene Rituale, wie sie sich beim Menschen in der Diskothek
ausprägen. Bei Tieren sind es Prahlgebärden, Beschnüffeln und gemeinsames Singen. Wie das Erkennen allmählich über das Kennenlernen schließlich zum Ziel führt, hat
William Beebe bei der nach ihm benannten Winkerkrabbe
Uca beebei anschaulich beschrieben:

»Schon eine Stunde lang versuchte ein prächtiges
Männchen, die Aufmerksamkeit eines kleinen grauen
Weibchens auf sich zu ziehen, das zehn Zentimeter von
ihm entfernt saß. Er gab mit seinen schönsten Farben an
und tanzte, als hinge sein Leben davon ab. Ab und zu hielt
er kurz inne, um einen Happen zu essen. Aber das Weibchen schien das alles kaltzulassen. Sie wühlte am Eingang
ihrer Höhle herum, aß munter weiter und hielt ihn für kei-
nes Blickes würdig. Erst als sie endlich fertig gegessen
hatte, schien sie ihn zu bemerken. Dadurch wurde er auf-
gemuntert, steigerte die Geschwindigkeit seines Tanzes
noch und schwenkte die große purpurne Schere auf und
nieder. Im Wechsel hob er seine acht grünen Beine und
vollführte leidenschaftliche, schleppende Tanzschritte.
Das Weibchen schob einen im Wege liegenden Gegenstand
beiseite, um etwas näher zu kommen, doch nicht ohne
noch ein paar Häppchen zu sich zu nehmen. Immer
schneller tanzend, gelang es dem Krebsmännchen schließlich, sie vollkommen in seinen Bann zu ziehen. Wie hypno-
tisiert verharrte sie ein paar Zentimeter neben ihm und
beobachtete ihn. Nun veränderte er seine Tanzweise: Wie
ein Mannequin wiegte er sich langsam vor ihr im Kreis, so
daß sie abwechselnd seinen grünglänzenden Rückenpan-
zer und die purpurnen Scheren bewundern konnte.

Schließlich kam sie so nahe heran, daß er sie berühren konnte. Vorsichtig verschränkte er seine Beine mit ihren, und sie erwiderte diese Gebärde. Einen Moment machten sie sich voneinander los. Er gab noch einen fröhlichen Trippeltanz zum Besten, und schon eilte er in seine Höhle. Das letzte, das wir sahen, war seine glänzende Schere, die eine abschließende unwiderstehliche Winkbewegung vollführte. Ohne Zögern folgte ihm das Weibchen.«

Komplizierte Paarungstänze kommen auch beim Haubentaucher, dem Stichling und vielen Insekten vor. Sie bestehen aus Dutzenden von Sequenzen, die meist in einer vorgeschriebenen Folge ausgeführt werden müssen. Die Handlung des einen Tieres löst die Reaktion des anderen aus, die ihrerseits wieder den Anlaß für die Fortsetzung abgibt. Das regt die Partner an, führt sie näher zusammen und stellt eine besondere Kontrolle der Artzugehörigkeit dar. Denn eine fremde Art muß beim Abspulen des umfangreichen Repertoires früher oder später die Irreführung zugeben.

Und doch ist sich die Natur ihrer Sache nicht so sicher. Damit garantiert ist, daß Tiere, die es mit ihren Codes nicht genau nehmen und sich mit jedem einlassen, ihren Samen nicht beim falschen Partner vergeuden, hat ihnen die Natur oft körperliche Hindernisse eingebaut. Der Geist ist dann willig, aber das Fleisch ist schwach. Zur doppelten Kontrolle machen Fliegen Gebrauch von Vorhängeschlössern. Ihr Passierschein ist ihr Penis. Arten, die sich in allem übrigen exakt gleichen, besitzen ein spezielles Penismodell. Es paßt wie ein Schlüssel in ein Schloß und daher nur zum entsprechenden Typ Weibchen. Entomologen sind darüber sehr erfreut, denn so sind viele »heikle« Arten anhand ihrer Penisse doch noch zu bestimmen. Deshalb ist in den Insektenkästen der zoologischen Museen der Penis oft gesondert unter dem entmannten Leib seines früheren Besitzers aufgespießt.

Dank all dieser einfachen und doppelten Kontrollen braucht ein Weibchen nur selten Zuflucht zu ihrer letzten Verteidigungslinie gegen artfremde Männchen zu nehmen: der biochemischen Abwehr durch die Eizelle. Wenn sie sich von allen ihren Sinnen hat foppen lassen, dann entlarven spätestens ihre Eizellen den illegal eingedrun-

genen Samen. Fremder Samen gelangt nicht in die Eizelle
oder endet nach einigen Zellteilungen in einem nicht le-
benstähigen Klumpen Plasma. Die Mechanismen gleichen der Abstoßung eines transplantierten Herzens, und
sie verdanken ihre Treffsicherheit uralten Traditionen.
Die letzte Barriere ist immer die älteste. Unsere einzelli-
gen Urahnen mußten sich nämlich auf chemischem Weg
miteinander bekanntmachen; Bakterien tun es noch
immer. Für eine gelungene Paarung müssen sich bestimmte Erkennungseiweiße auf der einen Bakterie mit
den passenden Eiweißen auf der anderen verbinden.
Schmetterlinge verwenden ähnliche Chemikalien als
Duftstoffe. Eizellen weisen mit arteigenen Substanzen
dem erwünschten Samen sogar den richtigen Weg. Vom
Standpunkt der Ei- und Samenzellen aus betrachtet, sind
wir Menschen nichts als Hilfsmittel, um sie warmzuhalten
und zueinander zu bringen. Und da kein Hilfsmittel ver-
läßlich ist, müssen wir von ihnen kontrolliert werden.

Höhere Mauern als die zwischen den Arten kommen in
der Natur nicht vor, und sie stehen auch zwischen dem
Menschen und allen anderen Tieren. Für den Menschen
ist das Tierreich verbotenes Terrain. Nur über Umwege –
durch Ferngläser, Elektroden am Hirn, Biologen, Profes-

sor Grzimek oder die Zeichensprache – kann er etwas darüber erfahren. So wie ein Elefant dafür konstruiert ist, Elefanten lieb zu haben, wird ein Mensch von Natur aus nur vom Menschen angezogen. Ein Elefant fährt nur auf Rüssel ab, eine Giraffe auf lange Hälse, und der Mensch kann sich nur gut in Wesen einfühlen, die Warmblüter sind, aufrecht gehen und ihn anschauen, wenn er sie anspricht. Welche weiblichen Eigenschaften Menschenmännchen am meisten anziehen, kann man auf dem Straßenstrich sehen; hier werden die menschlichen Lockmittel unverhüllt zur Schau gestellt.

Ein Mensch fühlt sich zum Menschen hingezogen, und wenn ihm das einmal bei einem Tier passiert, ziehen ihn dessen menschliche Eigenschaften an. Nicht das Hündische am Hund – daß er jault und hechelt und stinkt und haart – zieht den Hundeliebhaber an, sondern das Menschliche: Treue, Dankbarkeit, Geduld für das Herrchen. Nötigenfalls werden diese Eigenschaften durch Kunststückchen wie Pfötchengeben und Männchenmachen verstärkt. Hunde, Katzen und Kaninchen sind Spiegel, in denen wir uns selbst bewundern. Und wenn dieser Spiegel uns zur rührenden, nicht zur lachhaften Karikatur verzeichnet, dann kann es passieren, daß wir das Tier sogar über den Menschen stellen. In vielerlei Hinsicht sind einige Tiere nun einmal menschlicher als der Mensch. Kein Mensch blickt uns so flehentlich an wie ein Basset. Kein Mensch ist so treu wie sein Hund.

Die Mauern zwischen den Arten sind hoch, aber nicht höher als nötig. Manchmal sind zwei eng verwandte Arten derart gründlich durch Gebirgszüge, Binnengewässer oder Klimagrenzen voneinander getrennt, daß es keiner Verhaltenscodes mehr bedarf, um sie voneinander fernzuhalten. Wo die verschiedenen Arten von Hirschmäusen in Amerika durchmischt leben, empfinden sie einen Widerwillen für den Geruch fremder Arten. Die Floridamaus jedoch, die in Florida als einzige von fünfundfünfzig Arten Hirschmäusen lebt, schert sich wenig darum, daß es während der Versuche in ihrem Käfig nach einer der anderen Arten riecht. Es ist eine künstliche Situation, zu der es unter natürlichen Bedingungen nie kommt. Ebenso ist es im Laboratorium leicht, verschiedene Arten von Grillen ein-

ander näher zu bringen, indem man eine von beiden auf-
wärmt. Je wärmer es ist, desto schneller zirpt eine Grille.
Man kann sie sogar als Thermometer benutzen. Nimmt
man beispielsweise eine Schneebaumgrille und will wissen, wie warm es ist, dann zählt man die Zirpgeräusche per
Minute, zieht davon vierzig ab, teilt die Differenz durch
sieben, zählt zum Ergebnis zehn hinzu, und man hat die
Temperatur in Grad Celsius. Wärmt man ein Männchen
auf, dann beginnt es schneller zu zirpen und zieht nicht
aufgewärmte Weibchen von einer Art an, die bei niedrigen Temperaturen ebenso schnell zirpt. So fährt ein
21 Grad warmes Schwarzhornbaumgrillenweibchen nicht
auf ein wärmeres Schwarzhornbaumgrillenmännchen ab,

aber durchaus auf ein Männchen der Silbernen Baumgrille mit einer Temperatur von 27 Grad oder auf ein Vierfleckbaumgrillenmännchen von 32 Grad – Liebe auf den ersten Zirper. Im Labor kann der Trennmechanismus also sabotiert werden. In der Natur leben Männchen und Weibchen bei gleicher Temperatur zusammen, so daß Verwechslungen ausgeschlossen sind.

Bei einigen Fröschen und Kröten liegen die Trennmauern der Natur eher niedrig. Obwohl jede Art über ihr eigenes Quaken verfügt, gehen viele Arten damit nachlässig um. Eine gewöhnliche Kröte, die aus ihrem Winterschlaf erwacht, hat ein schlichtes Weltbild. Sieht ein Männchen etwas, das sich bewegt, dann kennt es nur drei Möglichkeiten: Ist es größer, dann läuft man davon; ist es kleiner, dann frißt man es auf; ist es ebensogroß, dann paart man sich damit. Wehrt sich die Auserwählte nicht, dann wird sie schon der richtigen Art und dem korrekten Geschlecht angehören. So eine Kröte kann sich das erlauben, weil es sich bei der Mehrzahl der Wesen, die zur Zeit ihres Erwachens aus dem Winterschlaf in der Nähe unterwegs sind, wahrscheinlich um Artgenossen handelt. Die anderen Arten sind früher oder später dran. Der Laubfrosch hat mehr Mühe, Verwechslungen zu vermeiden. Früher ging man bei ihm von einer einzigen Art aus. Heute wissen wir, daß es drei Varianten gibt, nämlich zwei Arten und den Mischling der beiden. Wie schludrig er bei der Partnerwahl zu Werke geht, kann man gut in einem Filmfragment von Ed van der Elsken sehen, in dem ein junger Mann den Fröschen mit gut imitiertem Quaken und bestimmten Fingerbewegungen dermaßen den Kopf verdreht, daß sie sich mit seiner Hand paaren.

Also stehen auf der einen Seite haushohe Mauern zwischen den Arten, und umgekehrt gibt es welche, die es offenbar mit diesen Grenzen nicht so genau nehmen. Doch das ist nur ein Scheingegensatz. Um haushohe Mauern aufzubauen, müssen erst einmal ausreichend spezialisierte Arten existieren. Und damit neue Arten entstehen können, muß es flexible Ahnen gegeben haben. Denn Biologen sammeln zwar Arten wie Briefmarken, doch dabei gibt es einen wichtigen Unterschied: Aus einer 60-Pfennig-Marke kann keine 80-Pfennig-Marke werden, aber

Arten können sich zu anderen Arten entwickeln. Das nennt sich Evolution. Stets liest man in der Zeitung über Arten, die verschwinden. Es kommen aber auch jedes Jahr Dutzende hinzu, weshalb zwischen all den Nachrufen auch einmal eine Geburtsanzeige stehen müßte. Auf eine neue Elefantenart brauchen wir in absehbarer Zeit nicht zu hoffen. Doch bei den Blattläusen, Seesternen und anderem Kleinvieh treten immer wieder Debütanten auf. Es liegt auf der Hand, daß diese jungen Arten ihre Grenzen noch nicht so gut abgesteckt haben und öfter die Zuneigung von Fremden suchen als alte, etablierte Sorten.

Eine dieser jungen Arten ist die Kleine Mantelmöwe (*Larus fuscus*). Eigentlich ist sie noch eine gewöhnliche Silbermöwe (*Larus argentatus*), weil sie fruchtbare Nachkommen mit ihr zeugen kann. Die Mantelmöwe wird aber von Ornithologen als separate Art betrachtet, weil sie sich mit ihrem schwarzen Rücken, gelben Krallen und roten Augenringen im Feldstecher deutlich von der Silbermöwe unterscheiden läßt. Man nimmt an, daß die Silbermöwe in Sibirien entstanden ist und sich von dort sowohl ostwärts nach Amerika als auch westwärts nach Europa über die gesamte nördliche Hemisphäre ausgebreitet hat. Während dieser Weltreise traten kleine Unterschiede zwischen den Populationen auf. Bei uns, wo sich die West- mit den Ostreisenden treffen, ist der Unterschied so groß geworden, daß wir sie als Silbermöwe und Kleine Mantelmöwe bezeichnen. Obwohl sie sich noch kreuzen können, haben sich bereits Trennlinien entwickelt. Wo gewöhnliche Silbermöwen und Kleine Mantelmöwen in einer gemischten Kolonie nisten, paaren sie sich nicht mehr untereinander. Der Balzruf und das Balzverhalten weisen bereits so viele Unterschiede auf, daß die beiden einander nicht mehr als potentielle Partner wahrnehmen. So ist aus einer geographischen Isolation eine Isolation durch Verhalten entstanden. Da eine freiwillige Vermischung kaum mehr vorkommt, werden die Unterschiede weiter wachsen.

Überall wo auf der Erde noch ein letzter Rest von Natur übriggeblieben ist, entstehen neue Arten. Vielfalt ist der Brunnen allen Lebens und macht es der Natur möglich, auf die Vielfalt der Lebensumstände einzugehen. Es braucht nur eine winzige Scheidelinie zwischen zwei

Gruppen von Varianten zu entstehen, und schon ist der Keim zu zwei neuen Arten gelegt. So eine Scheidelinie kann ein Gebirgszug oder ein Binnengewässer sein. Auch durch winzige Unterschiede im Klima können sich die Frösche einer bestimmten Art frühe oder späte Paarungszeiten zulegen und sich deshalb im entscheidenden Moment nicht mehr begegnen. Haben sich so erst einmal differierende Arten entwickelt, ist aus den unterschiedlichen Paarungszeiten eine unübersteigbare Hürde geworden.

Gleich und gleich gesellt sich gern. Ausnahmen von dieser Regel werden in der Natur vor allem jungen Arten gewährt, die sich erst noch profilieren müssen. Zu einer solchen jungen Art gehört der Mensch. Hat auch er einen Dispens für den sexuellen Umgang mit verwandten Arten? Diese Frage ist rein theoretischer Natur, denn es gibt nur eine Art Mensch: den *Homo sapiens*. Aber das war nicht immer so. Vor noch nicht allzu langer Zeit lebten zum Beispiel noch der *Homo erectus* und der *Homo habilis*. Von unserer Art gab es außer unserer Unterart, *Homo sapiens sapiens*, noch eine zweite: den *Homo sapiens neanderthalensis*. Man nimmt an, daß zu manchen Zeiten an einigen Orten mehr als eine Menschenart gelebt hat, so daß es genug Gelegenheit gab, arten-fremdzugehen. Das wäre dann Sodomie mit einem Mitmenschen gewesen. Man schlage in einer Schautafel in einem anthropologischen Fachbuch nach und frage sich, ob man mit einem seiner Vorfahren ins Bett hätte gehen mögen. Die Antwort hängt wahrscheinlich davon ab, welches Buch man zu Rate zieht. Bis vor kurzem wurden die »Affenmenschen« so affenartig wie möglich mit niedriger Stirn und leerem Blick abgebildet. So ließ sich der Unterschied zu uns, dem klugen Menschen, stark betonen. Derzeit hat sich die Mode umgekehrt, und unsere »Vorfahren« sehen recht attraktiv aus. Derselbe Trend zeichnet sich naturgemäß bei der Abbildung von Schwarzen und anderen »fremden Rassen« ab, die immer mehr den Weißen gleichen. Früher verschaffte der sexuelle Mißbrauch seiner Sklavinnen einem Plantagenbesitzer einen Kitzel von Sodomie. Heute sind Ehen zwischen Weißen und Schwarzen normal – wenn auch noch lange nicht so normal, wie sie es sein könnten.

Alle gehören wir zur selben Rasse, und weder Seen noch Berge stehen zwischen uns. Dennoch grenzen sich unterschiedliche Völker voneinander ab. Aber diese Grenzen sind nicht real, sie werden in unseren Köpfen gezogen.

Edwin Landseer, Die Katze schlägt Alarm, ca. 1824

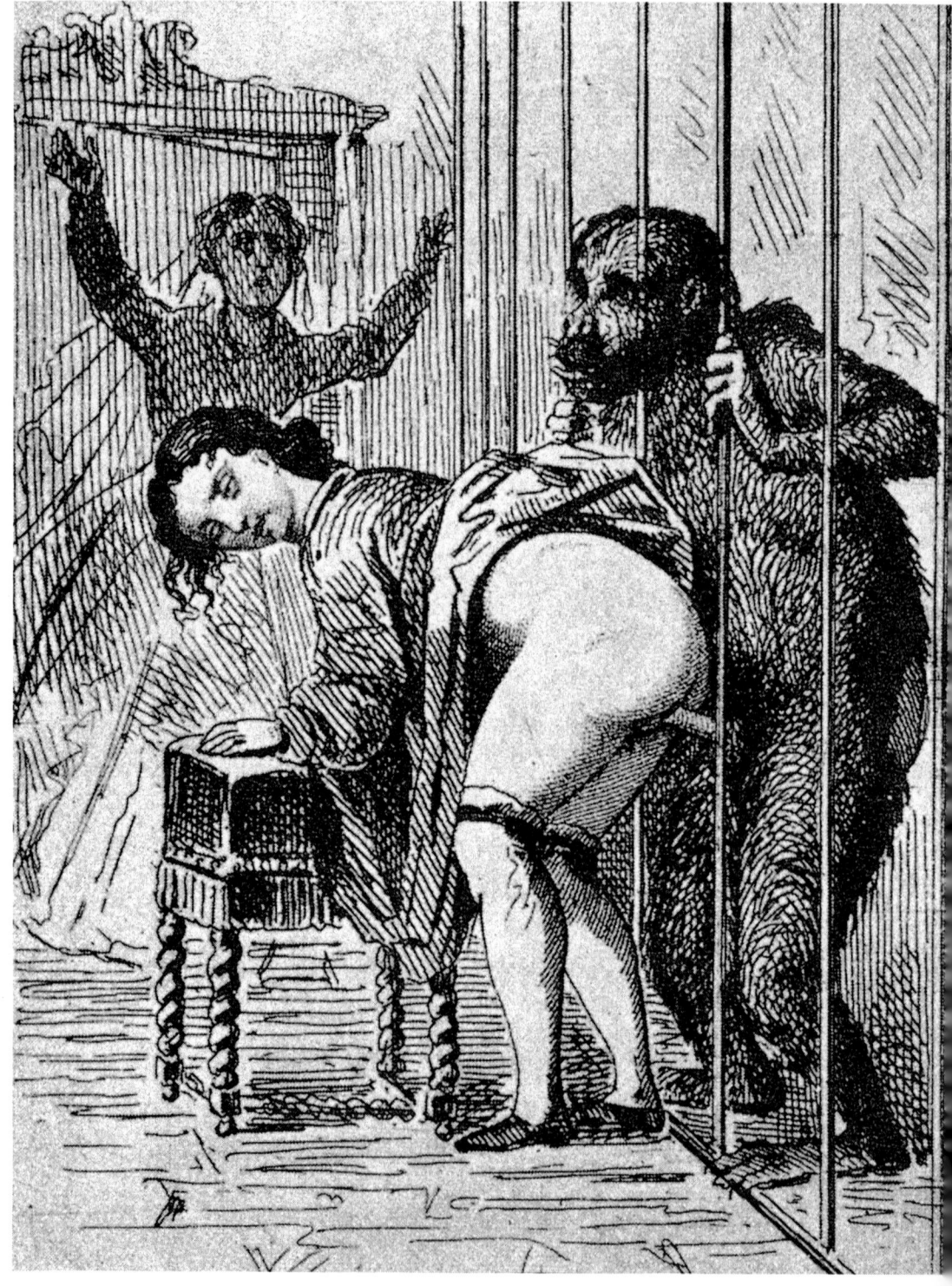

3.
Tiere wie wir

U m in die Haut eines Tieres zu schlüpfen, muß man die Welt mit seinen Augen sehen. H. Keffer Hartline konnte das und bekam 1967 den Nobelpreis dafür. Was das Tier mit seinen Augen sah, zapfte Hartline aus dessen Sehnerven ab. Das machte er am liebsten bei Pfeilschwänzen, denn die hatte er bequem zur Hand. Der Augennerv des Pfeilschwanzes verläuft wie ein dickes Kabel unter seinem Hautpanzer.

Beim Mitgucken entdeckte Hartline einen optischen Trick. Wenn die eine Sehzelle im Auge mehr Licht bekam als ihre direkte Nachbarin, schwächte der starke Reiz der einen Zelle den schwachen Reiz der anderen noch weiter ab. Das verstärkte den Kontrast. Beim Menschen funktioniert das genauso. Wenn wir am Strand auf den Horizont schauen, färben die Reize des untersten Lichtstreifens das Bild des obersten Wasserstreifens dunkler, so daß wir eine deutliche Trennung dort zu sehen vermeinen, wo Wasser und Luft in Wirklichkeit ineinander übergehen. Es ist, als akzentuierte das Auge vage Umrisse mit dem Bleistift.

Je größer der Kontrast ist, desto besser sieht man. Aber nicht immer. Jene von Hartline entdeckte »laterale Inhibition« kann im Krankenhaus tödlich sein: Hier sehen die Augen der Doktoren auf Röntgenfotos zuweilen Streifen, die dort eigentlich nicht sind und zu überflüssigen Eingriffen führen können.

Unser Gehirn ist andauernd auf der Suche nach Kontrasten. Je mehr zwei Bilder sich gleichen, desto schriller erscheinen die Widersprüche. Unter fünf Milliarden Menschengesichtern mit fünf Milliarden Nasen und zehn Milliarden Ohren erkennen wir unsere Verwandten und Bekannten auf den ersten Blick. Seltsamerweise ist diese Unterscheidung um so schwieriger, je größer die Unterschiede sind. Einem Weißen, der alle anderen Weißen mühelos auseinanderhalten kann, erscheint ein gelbes Gesicht so anders, »daß alle Chinesen gleich aussehen«. Erst

Frau paart sich mit Affen, Stich, 19. Jh.

wenn ein Weißer genug gelbe Gesichter gesehen hat, um ihre Gemeinsamkeiten außer acht lassen zu können, fallen ihm die Unterschiede auf. Verhaltensbiologen erleben bei der Feldforschung dasselbe Phänomen: Anfangs gleichen alle Schimpansen allen anderen, und alle Elefanten heißen Jumbo. Naturführer verwischen absichtlich die individuellen Unterschiede innerhalb einer Art, um die gemeinschaftlichen Unterschiede zu anderen Arten zu betonen. Ein Feldforscher jedoch hält nach einiger Zeit seine Tiere auseinander wie eine Schulklasse und kann ihnen Namen geben.

Im Zoo erleben wir einen künstlichen Kontrast bei einem Besuch im Affenhaus. Gerne identifizieren wir uns selbst mit entfernten Verwandten wie dem samtpfotigen Tiger oder der großäugigen Gazelle. Doch uns wird unbehaglich, wenn wir in die Nähe der Tiere kommen, die uns am ähnlichsten sind. Wir lachen verlegen über ihre »dummen Fratzen« und schämen uns für die leider unleugbare Tatsache, daß ausgerechnet diese obszönen, kindischen Wesen unsere nächsten Verwandten sind. Manch einer kennt dieses Gefühl von Familienfesten. Das Lachen vor Zerrspiegeln ist selten herzlich.

Noch kleiner als der Unterschied zwischen Weißen und Affen ist der zwischen Weißen und Schwarzen. Keine andere Differenz wird denn auch so übertrieben wie diese. Zusätzlich zu ihrer schwarzen Farbe und der wulstigen Lippen sollen Schwarze faul und dumm sein. Weil sie den Weißen häßlich erschienen, galten sie auch als schlecht und liederlich. Das einzige, worin zumindest einige Schwarze die Weißen übertrafen, war ihre Geilheit und ihre Penislänge. In den dreißiger Jahren unterschied in den Vereinigten Staaten Stirling Brown fünf Typen von Negern. »Toms« waren die braven Dienstboten. Die »Coons« waren dumm und faul, die »Mulatten« tragisch. Die »Mammies« waren die geschlechtslosen Küchenhilfen, und nur die »Bucks« galten als sexbesessene Tiere. Jahrhundertelang wurden Schwarze von den Weißen irgendwo zwischen Tier und Mensch angesiedelt – ungefähr dort, wo heute die Menschenaffen rangieren, und manchmal noch weiter unten. Der englische Kapitän Daniel Beeckman gab 1712 in seinem Tagebuch Orang-

Utans den Vorzug: »Ihr Gesicht ist noch nicht einmal abstoßend. In jedem Fall fand ich sie hübscher anzuschauen als viele Hottentotten. Darüber hinaus haben sie große Zähne und keinen Schwanz und sind nur dort behaart, wo der Mensch es auch ist. [...] Die Eingeborenen glauben fest daran, daß die Orangs ursprünglich Menschen waren, die wegen ihrer Boshaftigkeit in Tiere verwandelt wurden.« Solange man Schwarze auf Plantagen wie Tiere behandelte, hatten sie tatsächlich nur so viel Rechte wie Haustiere oder Güter. Anderen Rassen widerfuhr dasselbe Los. Erst 1957 wurde vom obersten Gerichtshof von Paraguay offiziell bestätigt, daß »Indianer gleich den anderen Einwohnern der Republik Menschen« waren. In Südafrika wurde im selben Jahr der sexuelle Kontakt zwischen Schwarzen und Angehörigen einer anderen Rasse verboten. In den Vereinigten Staaten war damals ein solches Verbot kaum erforderlich. Siebzig Prozent der Weißen hielten es 1951 bei einer Umfrage für inakzeptabel, daß Schwarzen gestattet würde, in denselben Frisiersalon zu gehen wie sie. Und das in einem Land, in dem sich herausstellte, daß in bestimmten Gegenden mehr als die Hälfte der Männer sexuellen Kontakt mit Tieren hatte. Offenbar begriff ein Weißer den Verkehr mit Schwarzen eher als Sodomie als den mit Kühen oder Ferkeln. Daß sich die Weißen trotzdem nicht zurückhielten, zeigt die große Anzahl an Mischlingen in den ehemaligen Kolonien. Fremde Völker üben einen ganz besonderen sexuellen Reiz aus. Das läßt sich bis heute in der Amsterdamer Altstadt überprüfen, wo die Prostituierten eine bunte Sammlung aller Völker bilden und einem Physiologen als lebendiges Nachschlagewerk dienen könnten. Früher mußte man sich zum Kennenlernen fremder Frauen in fremde Länder aufmachen, aber das taten die weißen Seeleute und Kolonisten nur zu gerne, wie das folgende Liedchen beweist:

> Es war in Batavia
> nicht weit von Djakarta
> Da kam mir ein Nönnlein entgegen,
> das mich um eine Banane bat:
> Ich ließ mich von der Jungfer bewegen
> und lud sie in ein Gasthaus zum Bad.

Umgekehrt sollten sich weißen Frauen nach Ansicht des dritten amerikanischen Präsidenten Thomas Jefferson, eines sehr aufgeklärten Mannes, vor dem schwarzen Mann hüten. Jefferson schrieb 1782, die Überlegenheit der Weißen könne man daran erkennen, daß »Schwarze eine Vorliebe für Weiße haben, ebenso wie die Orang-Utans ihren Artgenossinnen schwarze Frauen vorziehen«. In beiden Fällen orientiere man sich nach oben.

Daß sexueller Umgang mit einer anderen Rasse von Übel sei, stand auch für Joost de Damhoudere fest, dessen Handbücher im sechzehnten Jahrhundert in weiten Teilen Europas die Rechtsnorm mitbestimmten. Die Frage war nur, ob Unzucht mit einem Türken oder Juden unter das Verdikt von Sodomie oder von sonstiger Unzucht fiel. Ein Jahrhundert später, 1693, beantwortete François van Bergen diese Frage ganz nebenbei in seinem *Gemengelde Parnas-loof*:

> Ein lock'rer Jesuit entbrannt in geiler Brunst
> zu einer Judenfrau; und als vor Wollust trunken,
> er sie verführen wollte, wies sie ihn ab und sprach:
> Der Juden Recht verbietet Schweinefleisch.

Die Beleidigung, die man den Juden mit dem sexuellen Verbot antat, wiegt insofern schwerer als das Verdikt gegen Schwarze, weil man in Westeuropa zwar Juden, aber kaum Neger kannte. Wie wenig man über Neger wußte, spricht aus zahllosen Gemälden der Heiligen Drei Könige, auf denen der schwarze König lediglich als Weißer mit dunklem Antlitz dargestellt ist. Bis in die fünfziger Jahre dieses Jahrhunderts war nach Ewald Vanvugt »ein Mensch mit einer anderen Hautfarbe eine Kuriosität ähnlich einem toten Tropenfisch«. Neger saßen in der Regel in fernen Ländern und warteten darauf, bekehrt zu werden. Wollte man früher einen Neger oder einen Indianer sehen, dann ging man ins Panoptikum. In der Menagerie von Blauw Jan am Amsterdamer Kloveniersburgwal war beispielsweise 1764 der Mohawk-Indianer Sychnecta zusammen mit verschiedenen Tieren gegen Bezahlung zu besichtigen. Gegen Ende des neunzehnten Jahrhunderts kamen Völkerschauen groß in Mode. Tausende von Niederländern machten ihre erste Bekanntschaft mit Surinamern bei der Weltausstellung von 1883 in Amsterdam. In Hütten hinter dem Rijksmuseum wurden »Buschneger« gezeigt, »die seltsamste Rasse, die je in Europa zu sehen war«. Von einer ausgestellten Gruppe Indonesier ist eine Ansichtskarte mit dem Text des Absenders erhalten geblieben. Darauf vermerkt er, daß eine der Schwarzen auf dem Foto sein »Liebchen« sei: »Wenn ich komme, will sie immer erst eine Tüte mit Leckereien haben.« In Berlin vergafften sich die Massen zu jener Zeit in die Kalmücken, einen russischen Nomadenstamm. Und in Paris zogen in zweieinhalb Monaten Singhalesen eine Million Besucher an. Heutzutage kann man exotische Völker umsonst auf der Straße besichtigen. Dennoch bleiben Fremde exotisch. Noch immer stehen in berühmten Naturkundemuseen wie etwa dem *Museum of Natural History* in New York braune, schwarze und gelbe Menschenpuppen zwischen Dutzenden von ausgestopften Tieren. Sie sind umgeben von den zugehörigen Kolonialwaren. Erst 1992 kam es zu einem Skandal, als sich herausstellte, daß ein Heimatmuseum in der Nähe der Olympiastadt Barcelona einen leibhaftigen ausgestopften Neger ausgestellt hatte.

Während wir heute alltäglich mit Angehörigen anderer Völker verkehren, konnte man sich bis ins siebzehnte Jahrhundert allein durch Bücher informieren, und dieses Wissen stand auf tönernen Füßen. Aus vielen Reiseberichten läßt sich nicht erkennen, ob da eine fremde Menschenrasse oder ein Menschenaffe gemeint ist. Manche der beschriebenen Wesen sind zu behaart für einen Menschen und zu geschwätzig für einen Affen. Immerhin kannte man seit dem Altertum viele Mischwesen zwischen Göttern, Affen und Menschen, wie etwa den Satyr oder den Pygmäen.

Indianer, Affen, Satyrn, Pygmäen, Neger – man wußte nicht recht, wo der Mensch aufhörte und das Tier begann, wo hehre Liebe in schmutzige Sodomie umschlagen konnte.

Einen ersten Versuch, Mensch und Tier voneinander zu trennen, unternahm der »hochberühmte Doktor der Medizin zu Amsterdam«, der von Rembrandts berühmtem Gemälde bekannte Anatom Nicolaas Tulp. 1641 lieferte er

die erste detaillierte Beschreibung eines Menschenaffen. Das Tier, ein Geschenk an den niederländischen Statthalter Frederik Hendrik, stammte aus Angola. Leider tat es der Genauigkeit Abbruch, daß Tulp seinen afrikanischen Schimpansen als einen »Orang-Utan oder indischen Satyr« beschrieb. Er war tatsächlich davon überzeugt, den Satyr der Antike gefunden zu haben: »Insoferne in der Natur, wenn es ihn gibt, ein Satyr vorkommt, so ist es ohne jeden Zweifel dieses Wesen.«

Sein Orang-Utan paßte gar nicht so schlecht zu den Beschreibungen des Plinius und anderer klassischer Autoren. Er benahm sich sogar ähnlich wie die Satyrn, die der Schiffbrüchige Ephemus Car nach der Überlieferung durch Edward Topsell zu Gesicht bekommen hatte:

»Als die Seeleute merkten, daß sie sich den Schiffen näherten, um die Frauen zu vergewaltigen, setzte die Schiffsbesatzung vor lauter Angst eine der Barbarenfrauen vor ihnen aus. Sie mißbrauchten sie auf die abscheuerregendste und schäbigste Weise, und zwar nicht nur in dem Körperteil, den die Natur dafür vorgesehen hat, sondern überall. Durch diese Wollust gaben sie sich als sehr rohe Tiere zu erkennen.«

Das stimmte mit den Geschichten überein, die Tulp von Indonesienreisenden gehört hatte:

»Der König von Sambaces hat meinem Nachbarn Samuel Blommert erzählt, daß besonders die männlichen Satyrn auf der Insel Borneo derart stämmig und beherzt sind und so starke Muskeln und Sehnen haben, daß sie es sowohl mit bewaffneten Männern aufnehmen, als auch auf Weibspersonen losgehen. Diese überwältigen sie zuweilen mit geiler Unzucht, welche sie mit den alten wollüstigen Satyrn gemein haben, weshalb die indonesischen Frauen die Wäldchen, wo sich diese schamlosen Tiere aufhalten, meiden wie die Pest.«

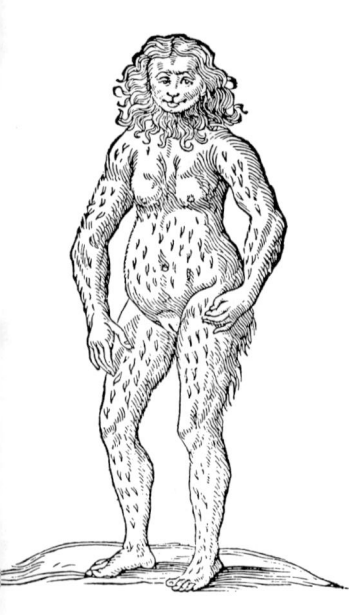

Bontius, einer von Tulps Doktorenkollegen in Batavia, gab dem Orang-Utan noch menschlichere Züge. Er selbst hatte in Indonesien ein Weibchen gesehen, das ihren Körper vor fremden Männern »schamhaft« verbarg. Sie bedeckte ihr Gesicht mit den Händen, weinte, seufzte und ahmte weitere menschliche Gebärden nach, so daß man geneigt war zu behaupten, daß es ihr von der Sprache ab-

gesehen nicht an menschlichen Eigenschaften gebrach. Der Satyrus, von Hoppius
Nach Bontius' javanischen Gewährsleuten waren solche
Wesen »Früchte der Lust indonesischer Frauen, die sich in
ekliger Liederlichkeit mit Affen vermischen«. Linné
nahm sie in sein System als eine zweite Menschenart, *Homo
troglodytes*, auf.

Wahrscheinlich hat Bontius nur ein überaus behaartes
Exemplar des *Homo sapiens* gesehen. Für seine Landsleute
im Mutterland jedoch war nun klar, daß der Orang-Utan
seinen Namen zu Recht trug: »Orang« ist das malaiische
Wort für Mensch und bezeichnet außer dem Menschenaffen noch weitere umherziehende Stämme: die Orang Akit
an der Ostküste von Sumatra, die Orang Bukit in Südost-
Borneo. Der Orang Blanda war nicht nur eine weiße, sondern auch eine besonders häßliche Affenart. Die Europäer selbst trugen in Ostindien den Schimpfnamen »Rare
Orang«.

Der englische Arzt Edward Tyson, der Vater der Affen-
kunde, verglich im Jahre 1699 einen jungen, 75 Zentimeter großen Schimpansen mit einem Pygmäen:

»Daß die Pygmäen der Antike eine Affenart waren und
keine Menschenrasse, werde ich in der folgenden Abhandlung zu beweisen versuchen. Und wenn die Pygmäen nur
Affen waren, dann ist unser Affe aller Wahrscheinlichkeit
nach ein Pygmäe: eine Tierart, die dem Menschen so sehr
gleicht, daß die Alten und die Modernen sie für eine
menschliche Zwergrasse hielten, die bis in unsere Zeit
Homo sylvestris, Wilder Mensch, Orang-Utan oder Wald-
mensch genannt wird.«

Die Berichte über Affen, die Frauen entführten, rissen
nicht ab. »Mit seiner ganzen Begleitung« sah der Reisende
François Leguat schon vor drei Jahrhunderten auf Java,
was bei solchen Beziehungen herauskommt, nämlich »ein
seltsamer Affe«:

»Die Fratze dieses Tieres war außer den Augenbrauen
restlos kahl und stimmte völlig mit den plumpen und drei-
sten Angesichtern der Hottentottinnen überein, die ich
am Kap gesehen habe. [...] Die meisten glaubten, daß dieses Tier der Sproß eines Menschen und eines Affen sei.
Denn es kommt zuweilen vor, daß die eine oder andere
Sklavin eine große Schandtat begeht und, weil sie die

Rechts: der merkwürdige Affe, von François Leguat, 1708. Unten: Der Lucifer, von Hoppius

schwere Strafe fürchtet, in die Wälder flüchtet und dort als wildes Tier weiterlebt. Und weil die Natur nichts gegen die Vermischung von Pferden und Eseln tun kann, so erträgt sie, wenn nichts dagegen unternommen wird, auch die Vermischung eines Affen mit einem weiblichen Tier, das ihm ähnelt. Denn es gibt mehr Übereinstimmung zwischen einem Affen und einer schwarzen Sklavin, die ohne die geringste Kenntnis Gottes aufgewachsen ist, als zwischen einem Esel und einer Stute.«

Leguat ist heute vergessen, da sich herausgestellt hat, daß er seinen Reisebericht großenteils frei erfunden hat. Seine Zeitgenossen schöpften jedoch keinen Verdacht, zumal er für die damalige Zeit nichts Außergewöhnliches über Affen und Menschen berichtet hatte. Affen waren schon seit der Antike und seit dem Mittelalter Sinnbilder niederer Lüste. Eine alte jüdische Sage berichtet, wie der Teufel nacheinander ein Schaf, einen Löwen, einen Affen und ein Schwein schlachtete, als Noah nach der Sintflut seinen ersten Wein probierte. Die Tiere symbolisierten die Stadien der Trunkenheit beim Menschen: zuerst milde, dann wild, dann hemmungslos und schließlich widerwärtig. In Tierbüchern wie etwa dem von Aldrovandi (1640) werden Affen in der Regel mit enormen Penissen dargestellt. Wenn man ihre Vorliebe für Menschenfrauen bedenkt, machte sie das nur menschlicher.

Cynocephalus, von Aldrovandi, 1640

Einflußreiche Autoren wie Jean-Jacques Rousseau halfen mit, die Affen ins Menschenreich hereinzuschmuggeln. Für jemanden, der uns Europäern den »edlen Wilden« als Vorbild hinstellen konnte, war es durchaus vorstellbar, daß sich die »Waldmenschen« bei näherer Untersuchung als eine Variante unserer eigenen Art entpuppen könnten. Die These, daß der »Orang-Utan höher entwickelt sei als viele Wilde«, wurde durch den schottischen Juristen James Burnett sogar durch eine hundertseitige Argumentation untermauert.

Während sich das Tier so zur Würde des Menschen emporschwang, wurde der Mensch ins Tierreich hinabgestuft. 1735 nahm Carl von Linné, dieser erste Hauptbuchhalter der Natur, den Menschen in sein *Systema naturae* bei den Affen und Faultieren auf. Allerdings steht er in diesem System an der Spitze, und das ist nach Ansicht von Petrus Camper, eines weiteren holländischen Arztes, wohl auch das mindeste. Im Jahre 1782, als er den Unterschied zwischen Schimpanse und Orang-Utan entdeckte, wies er auch dem Menschen seinen Platz an. In den höchsten Tönen lobt er »die Überlegenheit der Menschen über alle Tiere«. Nur der Mensch gehe stets aufrecht, damit er »den Himmel sehen kann und sich durch diesen Vorzug vor allen anderen Lebewesen auszeichnet«.

Der Stand der Dinge in der zweiten Hälfte des achtzehnten Jahrhunderts wird am besten durch die vielgelesene *Histoire naturelle* des französischen Grafen Georges de Buffon wiedergegeben: Wenn man den Menschen mit dem Affen vergleicht, sind verschiedene Faktoren zu beachten; dazu gehört das »heiße Verlangen der Affenmännchen

Illustrationen zu *The Murders in The Rue Morgue* von Edgar Allan Poe, links: Arthur Rackham, rechts: Aubrey Beardsley

nach Frauen, der gleichartige Bau der Geschlechtsorgane, der periodische Ausfluß bei Frauen, die gezwungene oder freiwillige Vermischung von Negerinnen mit Affen, mit einem Sprößling, der zu beiden Arten gerechnet wird. Daraus ist ersichtlich, wie mühsam es ist, anzugeben, inwiefern sie zu unterscheiden sind, wenn man sie nicht zu derselben Art rechnen will«.

Im vorigen Jahrhundert wuchs sich das Thema des behaarten Frauenräubers zu einem literarischen Klischee aus. Stammvater der Reihe, die schließlich zu King Kong führen sollte, ist *The Murders in the Rue Morgue* von Edgar Allan Poe (1841). Hier wird das sexuelle Element noch hinter Gewalt verschleiert. In der Erzählung entwischt ein Orang-Utan, der seinem Herrn die Prozedur des Rasierens nachahmen möchte, aus einem Hotelzimmer in Paris. Das Rasiermesser noch in der Hand, dringt er bei zwei hilflosen Damen ein und versucht, eine von ihnen zu rasieren. Sie schreit, er wird wütend, und er schneidet ihr die Kehle durch.

Bei der Verfilmung von Poes *Gothic Novel* ersetzte man den Orang durch einen Gorilla. Gorillas sehen noch furchterregender aus, und Poe hätte dies bestimmt bedacht, aber er konnte es noch nicht wissen; erst sechs Jahre nach dem Erscheinen seiner Erzählung entdeckte man den Gorilla. Der Name geistert schon seit dem karthagischen Entdeckungsreisenden Hanno im fünften Jahrhundert vor Christus durch die Literatur. Aber das Tier selbst ist trotz seiner Größe erst seit anderthalb Jahrhunderten bekannt. Eine Unterart, den durch Dian Fossey berühmt gewordenen Berggorilla, kennen wir sogar erst seit 1901. In dieser kurzen Zeit hat der Gorilla den Orang aus seiner Rolle als Frauenräuber verdrängt. Schimpansen kommen kaum noch zum Zuge. Sie sind ja auch viel kultivierter, wie Pierre Boitard in seinem Werk *Le Jardin des Plantes* 1842 schreibt:

»Das Männchen liebt sein Weibchen innig. [...] Trotzdem ist der Schimpanse seiner Frau nicht immer treu und stellt oft im Wald den Negerinnen nach, die er in seine Behausung entführt. Bei seinen Versuchen, die Negerinnen zu vergewaltigen, so schreibt M. de la Brosse in seinen *Voyages à la Cote d'Angola*, bewacht er sie und gibt ihr sehr gut zu essen. [...] Manchmal ist es den Schimpansen weniger daran gelegen, ihre niedrigen Gelüste zu befriedigen, als eine Beziehung aufzubauen, an der sie ihre Freude haben. [...] Der Beweis hierfür ist, daß sie ebensogerne kleine Jungen entführen und behüten, nur um sie bei sich zu haben. Battel berichtet, daß unter seinen Trägern ein Negerlein war, das von Schimpansen geraubt wurde und nach zwölf bis dreizehn Monaten des Zusammenlebens dick und fett und durchaus zufrieden wieder zurückkehrte.«

Ein reizvoller Buchumschlag für Darwin, Punch Magazine, ca. 1962

Dieses gute Image hat der Schimpanse bis in unsere Tage bewahrt. Das beweist *Max mon amour, Max my love*, ein Film des japanischen Regisseurs Nagisa Oshima von 1987. Darin kommt ein britischer Diplomat dahinter, daß seine Frau eine Affäre mit einem Schimpansen hat, den sie in einem Hotel versteckt hält. Der Diplomat, der selbst eine Geliebte unterhält – allerdings eine menschliche –, holt den Affen zu sich nach Hause, um seine Neugier zu befriedigen: Treibt sie es wirklich mit ihm? Kann man auf einen Affen eifersüchtig sein? Er ist schockiert, denn seine Frau liebt den Affen tatsächlich.

In der Literatur spielt der Schimpanse sogar eine sexuelle Rolle, die dem Gorilla selten zuteil wird: die des weiblichen Partners. In *Seine Affenfrau, oder: Mit einem Schimpansen verheiratet* erzählt John Collier 1931, wie der englische Dozent Alfred Fatigay in Afrika mit einer Schimpansin als Haushälterin lebt. Zurück in London, wo er eine alte Freundin heiraten will, fällt während der Trauung der

Strom aus. In dem Durcheinander fällt die Braut in Ohnmacht. Die Schimpansin springt ein, und bevor Alfred überhaupt begreift, was geschieht, ist er mit seiner Schimpansin verheiratet. Mit seiner behaarten Braut, die nicht sprechen kann, jedoch eifrig Darwins *The Origin of Species* liest, kehrt Alfred nach Afrika zurück, wo ihn viel Gutes erwartet, wenn man dem Schlußsatz glauben kann:

»Die tropfende Bettkerze wurde vom Griff einer behaarten Hand ausgelöscht. Und in der Dunkelheit erstickte wie in raschelndem Samt der letzte Seufzer des Glücks.«

Wenn man von Ausnahmen wie diesen absieht, spielen Menschenaffen in ihren sexuellen Beziehungen zu Menschen immer die Rolle des Rohlings. Man muß kein Sigmund Freud sein, um im Gorilla oder Orang-Utan die furchteinflößenden Eigenschaften der Vaterfigur wiederzuerkennen. Es geht um das zeitlose Motiv »Die Schöne und das Biest«. Die Seele möchte lieben, doch sie sitzt in einem wollüstigen Körper gefangen, der nicht unter Kontrolle zu bringen ist.

Der Gorilla wird von Beginn an so bedrohlich wie möglich dargestellt. Dieses Klischee wurde von Männern wie Paul du Chaillu vorgegeben, der 1855 aus Amerika aufbrach, um als erster ins Land der Gorillas vorzudringen und ein Exemplar – tot oder lebendig – zu fangen. Sein Bericht erschien 1861 unter dem Titel *Explorations and Adventures in Equatorial Africa*:

»Er erinnerte an die teuflischen Gespenster, die die Alten neben anderen abscheulichen Monstern – halb Mensch, halb Tier – abbildeten, wenn sie die Hölle schilderten. Er kam ein paar Schritte herbei, hielt dann inne, ließ sein fürchterliches Gebrüll wieder hören, stieg herunter und blieb schließlich ungefähr sechs Meter von uns entfernt stehen. Als er wieder zu brüllen begann und wütend auf seiner Brust trommelte, erschossen wir ihn.«

Selbst die vornehme Zeitschrift *Archives du Muséum National d'Histoire Naturelle* gab ihre wissenschaftliche Zurückhaltung auf. 1858 schrieb Doktor Gautier-Laboullay dort über Gorillas:

»Sie sind so furchtbar stark, daß sie einen Elefanten, der

sich in ihr Revier wagt, mit bloßen Fäusten oder Stockschlägen verjagen. Man sagt, daß sie von Zeit zu Zeit unglückselige Negerinnen entführen, die so unvorsichtig sind, in ihre Nähe zu kommen.«

Charles Darwin, Karikatur, ca. 1871

Während die Affen auf diese Weise in das Tierreich zurückverwiesen wurden, lehrte Darwin in seiner Evolutionstheorie, daß wir von ihnen abstammen. Viele Menschen konnten es nicht verschmerzen, auch nur einen Fuß ins Tierreich setzen zu müssen, und verwarfen die Lehre. Da dies heute nicht mehr möglich ist, es sei denn, man läuft mit Scheuklappen herum, löst man das Dilemma wie früher: Der Mensch wird tierischer dargestellt, so daß wir auf einem niedrigeren Sockel stehen; zugleich wird auch das Tier menschlicher gesehen, so daß es für uns nicht mehr so schlimm ist, ein Tier sein zu müssen.

Die ersten der beiden Methoden hat am gründlichsten Desmond Morris angewandt. In den sechziger Jahren zeigte er in seinem Buch *Der nackte Affe*, daß nicht nur unser Aussehen, sondern auch unser Verhalten sich aus dem unserer Affen-Vorväter herleitet. Deswegen ist es ganz normal, daß wir uns wie die Affen benehmen. Namentlich unser Sexualverhalten soll auf tierischen Instinkten basieren. Unsere Frauen sollen von allen Affenartigen die größten Brüste haben, um unsere Männer bei der Paarung Bauch an Bauch für die entgangene Aussicht auf die Hinterbacken zu entschädigen. Viele der Behauptungen in *Der nackte Affe* wurden durch Morris selbst oder seine Kritiker inzwischen wieder abgeschwächt. Doch die Botschaft, daß wir eigentlich alle Affen sind, wirkt noch nach.

Zur selben Zeit, da Desmond Morris den Menschen tierisch machte, vermenschlichte Jane Godall das Tier. Als erster Mensch – und erste Frau zugleich – gelang es ihr, von einer wilden Schimpansenhorde akzeptiert zu werden, so daß sie deren Alltag in der freien Natur ungehindert beobachten konnte – eine Variante des damals modischen »teilnehmenden Journalismus«. Die Ergebnisse waren sensationell. Biologen, die nur gehemmte Zootiere und deren seltene Anflüge von Wildheit kannten, wollten es anfänglich nicht glauben: Schimpansen benutzten Werkzeug, waren ergriffen vom Tod anderer Affen und benahmen sich derart feinsinnig, daß sich ihr Gemütszustand nur in menschlichen Begriffen wie Verliebtheit, Eifersucht und Schlitzohrigkeit beschreiben ließ. Als Jane Godall ihren Tieren Namen gab, war das weit mehr als ein bloßes Hilfsmittel zur Identifizierung. Sie waren plötzlich Individuen geworden und nicht länger austauschbare Vertreter ihrer Art. Genauso werden auch Kinder in einem Meer von Schülern erst zu echten Menschen, wenn der Lehrer die Namen der Jungen und Mädchen seiner Klasse kennt. Tief im Urwald laufen seit Jane Godall keine Schimpansen mehr herum, sondern Anja und Peter. Das sind die beiden – Du weißt schon –, die neulich solchen Streit mit Klaus hatten. Der niederländische Schimpansenforscher Frans de Waal träumt sogar davon:

»Daß wir Schimpansen in erster Linie als Persönlichkeiten erleben, beweisen die Träume derer, die mit ihnen arbeiten. Ebenso wie wir von Menschen meist in Gestalt wiedererkennbarer Individuen träumen, so träumen wir auch von unseren Menschenaffen als Personen. Wenn mir heute ein Student erzählte, er habe ›von einem Affen geträumt‹, schaute ich ihn ebenso überrascht an wie jemanden, der behauptet, ›von einem Menschen‹ geträumt zu haben.«

»Wenn dies ein Tier ist«, schreibt de Waal über den Schimpansen, »was sind wir dann eigentlich?« Doch de Waal ist als männlicher Forscher ohnehin die Ausnahme. Über das Verhalten von Affen forschen auffallend häufig Frauen. Wie die Schimpansen zu Jane Godall gehören, werden Berggorillas sofort mit Dian Fossey und Orangs mit Biruté Galdikas in Verbindung gebracht. Auch die Holländerin Liesbeth Sterck hat gute Arbeit mit den Affen im Orangzentrum von West Sumatra geleistet. Am auffälligsten ist die große Zuneigung, die die Frauen für ihre Affen zeigen. Für Jane Godall waren ihre Schimpansen zum Schluß wichtiger als ihr Ehemann Hugo van Lawick. Dian Fossey ließ deutlich durchblicken, daß die Gorillas ihr lieber waren als die Schwarzen, die im Reservat umherstreiften. Sie mußte diese Ansicht mit dem Tod bezahlen. Böse Zungen behaupten, daß Dian in den Armen eines Gorillas im Bett angetroffen wurde. Das konnte mir Sir David Attenborough, der mit ihr zusammenarbeitete, nicht bestätigen. Aber auf meine Frage, ob Dian Fossey in ihrer Affenliebe nicht zu weit gegangen sei, antwortete er mir mit einem tiefen Seufzer:

»Ja. Und sie ging auch zu weit in ihrer Abneigung gegen die Afrikaner. So ließ sie die Bauern in Ruanda wissen, daß sie ihr Vieh nicht im Naturpark weiden lassen durften. Aber es ließ sich kaum sagen, wo der Park begann und endete. Und die armen afrikanischen Bauern hatten nur wenig zu essen. Wenn ihr es doch tut, sagte sie, treffe ich Gegenmaßnahmen. Trotzdem tat es einer von ihnen. Also jagte sie jeder seiner Kühe eine Kugel ins Rückgrat. Sie tötete sie zwar nicht, doch sie lähmte sie und raubte dem Besitzer damit Hab und Gut.

Einst verschwand ein Gorillababy. Dian glaubte, zu Recht oder zu Unrecht, daß sie den Täter kannte und kidnappte seinen Sohn. Sie band Afrikaner mit Stacheldraht an einen Baum und prügelte sie durch. Das ist keine Art, um die Unterstützung der ansässigen Bevölkerung zu bekommen. Wie auch immer – seit dem Tod von Dian Fossey ist kein einziger Gorilla mehr verschwunden.«

Nicht nur im Feld, auch im Labor arbeiten auffallend viele Frauen mit Menschenaffen. Dort versuchen sie, die letzte Barriere zwischen Affe und Mensch einzureißen: die Sprache. Im siebzehnten Jahrhundert hatte Bontius von Eingeborenen gehört, daß Orang-Utans wohl sprechen könnten, es aber nicht täten aus Angst, zum Arbeiten herangezogen zu werden. Er selbst war davon nicht sonderlich überzeugt, doch der französische Arzt LaMettrie meinte noch 1748 in seinem Werk *L'Homme machine*, man müsse den Waldmenschen nur wie ein taubstummes Kind aufziehen, um ihn sprechen zu lehren. Um die Jahrhundertwende versuchte der amerikanische Professor Richard Garner das Problem mit einem neuen Hilfsmittel, dem Phonographen, zu lösen. Er nahm die Geräusche von Affen in Gefangenschaft auf und unternahm auch selbst eine Expedition nach Afrika.

Im Gegensatz zu Jane Godall vertraute er seinen wilden Untersuchungsobjekten so wenig, daß er sich selbst in einen Käfig einschließen ließ. Anfangs ließen die Affen ihn im Stich, und nichts als Löwen belagerten ihn eine ganze Woche lang in seinem Gehäuse. Doch schließlich behauptete er, vierundzwanzig echte Affenworte unterscheiden zu können. Der Professor hatte in seinem Labor ein junges Schimpansenweibchen, daß ihn jeden Abend mit den Worten begrüßte: »Gwouff tsch' tak tourôô.« Nach Ansicht des Professors bedeutete das: »Ich hab' dich gern.«

In einem Kommentar zu den Forschungen des »Affenmannes« Garner in der Zeitschrift *De Natuur* von 1892 vergleicht H. J. Calkoen Affen und Neger auf eine für uns schwer nachvollziehbare Weise; er argumentiert, daß Affen trotz ihres geringen Wortschatzes sehr wohl imstande seien, eine Sprache zu sprechen. »Denn auch die Wilden haben wenige Wörter«:

»Buschmänner zum Beispiel stoßen in ihrer Sprache einige kurz hintereinander abgebrochene Geräusche aus, die man schwerlich als artikuliert bezeichnen kann. Die Sprache unterentwickelter Menschen ist gleichfalls so unterentwickelt, daß sie zur Verständigung verschiedene Gebärden machen müssen. Daraus folgt, daß sie in der Dunkelheit kaum sprechen können.«

Spätere Aufnahmen mit dem Phonographen widerlegten, was Garner mit seinem Apparat beweisen wollte. Affen verfügen über keinerlei gesprochene Sprache; ihre Laute sind tierisch. Was nicht bedeutet, daß der Mensch keine tierischen Laute von sich gäbe. Vor allem für den sexuellen Verkehr eignen sie sich trefflich. Das gilt bereits für den zwischenmenschlichen Verkehr, doch zwischen Mensch und Affe ist es noch stimulierender. Das stellte sich der Schriftsteller Brots in einem nie erschienenen Roman vor, von dem ein Vorabdruck 1959 in *Barbarber* veröffentlicht wurde. Hier keimt die Liebe zwischen einem Menschen und einem Gorilla: »Mit ihrer großen dunklen Hand strich sie nun äußerst sanft über meinen Körper. Aus ihrer Kehle kamen Brummlaute.« Auf dem Höhepunkt verschmelzen Mensch und Tier:

»Sie ... und Arme und Beine über meinen Kör und da da. Und waggg! Dann Reng! Ggauw ... auch oh nicht mehr ja und y wigt ich t va s die groif mehr gehtsie gehtsie muyre li jer tas vorgrei grei grei r r rtfe hre ni eit asvcht.«

Das läßt an Deutlichkeit nichts zu wünschen übrig. Wenn der Mensch sich wie ein Tier benimmt, kommt Tiersprache heraus. Der Mensch macht sich dadurch zum

Tier. Das Tier andererseits wird durch Menschensprache geadelt, und der Abgrund zwischen Mensch und Tier zugeschüttet. In den sechziger Jahren war man damit weit vorangekommen. Mittels Klickgeräuschen kommunizierte man bereits mit Delphinen, die von der Presse als eine Art Gelehrte beschrieben wurden, die durch einen Unglücksfall im Wasser gelandet waren. Und nun auch noch unsere nächsten Verwandten, die Affen.

Die ersten Experimente zeitigten allerdings die gegenteilige Wirkung. Das Ehepaar Reynolds, das einen Schimpansen zusammen mit ihrem gleichaltrigen Sohn aufzog, konnte dem Tier fast kein Wort beibringen. Der einzige Erfolg dieser Koedukation bestand darin, daß der Sohn sehr spät sprechen lernte und zu bellen begann, wenn er Hunger hatte. Zu einem Durchbruch kam es erst, als Menschen wie Beatrice Gardner einsahen, daß es dem Affen für eine

Joost Veerkamp, Illustration aus *Gevulde Contouren*, 1985

69

gesprochene Sprache an einem geeigneten Stimmapparat mangelte. Von den vierundsechzig Muskelchen, die ein Mensch in seiner Kehle hat, um 250 Silben pro Minute hervorzubringen (Franzosen 350), ist bei Affen nichts zu finden. Gardner brachte also ihrem Schüler, dem Schimpansen Washoe, die amerikanische Taubstummensprache bei. Penny Patterson, eine ihrer Studentinnen, nahm gar einen Gorilla zum Schüler. Ihre Zuwendung ging so weit, daß man damals im Zoo von San Francisco ihre Experimente abbrechen wollte, weil man fürchtete, Koko könne so sehr vermenschlichen, daß er für die Zucht untauglich würde. »Wenn sie wieder in den Käfig muß«, protestierte Penny, »gehe ich mit.«

Schließlich lief der Sprachunterricht, der so hoffnungsvoll begonnen hatte, auf eine Enttäuschung hinaus. Zwar konnten Affen mit Hilfe von Gebärdensprache, Computern oder Symbolfiguren aus Plastik das Handicap ihres Kehlkopfs so gut vergessen machen, daß sie Hunderte von Wörtern zu sinnvollen Kombinationen zusammenstellen konnten. Doch kam es niemals zu einer gelungenen Unterhaltung. Wahrscheinlich taugt ihr Gehirn dazu nicht. Das soll nicht heißen, daß es weniger leistet als unseres. Es deutet nur vieles darauf, daß sie keine Sprache benötigen. Menschenaffen kommunizieren fortlaufend miteinander, aber anders als wir. Sie tun das mit Gebärden, Mimik, Handlungen und vor allem, indem sie einander lausen. Das Gespräch ist das Schmieröl unseres sozialen Lebens. Affen halten ihr geselliges Gefüge durch Lausen aufrecht. Neunundneunzig Prozent aller Menschen gebrauchen ihren hochentwickelten Kehlkopf in neunundneunzig Prozent ihrer Zeit für Geschwätz, Smalltalk und Geselligkeit. Affen lausen sich statt dessen. Orangs werben zwar laut brummend umeinander, vollziehen die Paarung aber schweigend. Zum einzigen Zeichen seiner Wollust wackelt das Männchen oft mit seinen großen Zehen. Der Affe schweigt, weil er nichts zu sagen hat. Der Mensch redet, um das zu verhüllen. Vielleicht sollten wir darüber noch ein wenig weiterplaudern.

Als die Sprachexperimente immer weniger wissenschaftliches Prestige einbrachten, wurde deutlich, wie sehr die Forscher ihre Affen wirklich mochten. Noch bevor die Ernte überhaupt eingebracht war, waren die Forscher schon wieder mit einer anderen Sache befaßt und überließen die Affen ihrem Los. Nur noch Washoe hört man mit halbem Ohr zu; die anderen »sprechenden« Affen haben abgedankt. Einige wurden direkt vom Rednerpult zu Tierversuchen weitergereicht. Nim, einer der sprachbegabtesten Schimpansen, wurde vor der medizinischen Forschung gerettet und lebt seitdem, wie Eugene Linden in seinem Buch *Silent Partners* berichtet, in einem Altersheim für Pferde.

Dann war da noch Lucy. Nachdem man ihr all die vielen Wörter beigebracht hatte, wurde sie im afrikanischen Urwald ausgesetzt. Da gehören Schimpansen hin, fand ihre Betreuerin Janis Carter. Doch Lucy hielt nichts von dieser Idee. Nach elf Jahren in einer Menschenfamilie war sie gewohnt, auf einer Matratze zu schlafen. Ihr Mineralwasser trank sie am liebsten aus der Flasche. Vor dem Schlafengehen blätterte sie gerne ein wenig im Lesezirkel. Und wenn es irgend etwas gab, womit sie gar nicht klarkam, dann war es das Campieren in der Wildnis. Im afrikanischen Urwald machte Lucy keine Anstalten, selbst etwas zu essen zu suchen. Statt dessen befahl sie mit Gebärden: »Essen. Schnell. Geben Essen Lucy. Mehr essen. Schnell, schnell.« Janis mußte das verwöhnte Tier regelrecht auf den Baum treiben und machte ihr sogar vor, wie man lebende Ameisen frißt. Lucy wurde der Mund verboten, ihre Fragen nicht mehr beantwortet, Mitteilungen ignoriert. Als zwei Jahre später jemand aus ihrem früheren Leben Lucy besuchen kam, rannte sie zur Umzäunung ihres abgesperrten Stückchens Afrika und rief in Gebärdensprache: »Bitte. Hilfe. Raus.« Es hat alles nichts genutzt. Nach einem kurzen Bewerbungsgespräch auf unsere Bitte hin sind die Tiere nicht in engere Wahl gekommen. Sie haben das Menschenreich verlassen und das Millionen von Jahren rückständige Affenreich wieder betreten.

Es erscheint als ein Akt der Gerechtigkeit, daß die Affen ihrerseits dem Menschen den Eintritt zum Tierreich verboten haben, indem sie über ihre Bedürfnisse schwiegen und – gerade als wir dachten, sie seien eine Art Menschen – irgend etwas ausgesprochen Tierisches taten: Kannibalismus oder Aggressionen gegen kranke Gruppenangehörige. Auch davon hat der Forscher Frans de Waal geträumt:

»Ich träumte, daß mir das große Tor des Affengeheges geöffnet wurde. Die Affen drängten sich um mich. Aus ihrer Mitte gab mir Hieronymus, das älteste Männchen, die Hand. Etwas unwillig hörte er mein Begehr an, mich bei ihnen niederzulassen. Er lehnte kategorisch ab. Davon konnte gar keine Rede sein, sagte Hieronymus. Und es würde mir auch nicht gefallen; ihre Gesellschaft sei für einen Menschen viel zu unwirtlich.«

Wie die Geschichte von Janis und Lucy zeigt, ist auch die Rehabilitierung von Menschenaffen Frauensache. Barbara Harrisson unterwies Dutzende von Orangs auf Borneo im Urwaldleben, das sie in der Welt der Menschen nie kennengelernt hatten. Stella Brewer entwöhnte Affen auf dem Mount Asserik der Zivilisation. Jo Fritz betreibt ein Auffangszentrum für behaarte Verwandte in der Wüste von Arizona. Ihr gemeinsames Vorbild ist Madame Rosalia Abreu, eine steinreiche Dame, die Anfang dieses Jahrhunderts auf Kuba einen privaten Affenzoo besaß, in dem sich in den besten Zeiten drei Orang-Utans und vierzehn Schimpansen tummelten. Den Berichten der Madame zufolge waren ihre Affen äußerst eifersüchtig: Ein Pavianmännchen versteckte seine Partnerin stets, wenn es männliche Besucher zum Käfig kommen sah. Weil es diese Reaktion nie in Gegenwart von Frauen zeigte, unternahm die Madame einen Versuch. Sie ließ einen Priester zum Käfig kommen in der Hoffnung, die Soutane möge das Tier täuschen. Aber das gelang nicht; der Affe verbarg sein Weibchen trotzdem.

Der berühmte Primatologe Robert Yerkes, der zusammen mit seiner Frau Ada zwei Schimpansen namens Chim und Pansee aufzog, besuchte regelmäßig die Madame, die mehr Affen unterhielt, als er sich je würde leisten können. Eines Tages fragte er sie, ob sie glaube, daß Affen verschiedener Arten – wie er es ausdrückte – »heiraten könnten«. In der Regel nicht, befand die Madame, aber Ausnahmen bestätigen die Regel. Worauf Yerkes sie daran erinnerte, daß Menschen, egal ob schwarz oder weiß, sich allesamt miteinander mischen könnten. »Nicht mehr so oft«, sagte die Madame, »nicht auf Kuba.«

Nachts holte Frau Abreu ihre Menschenaffen zu sich ins Haus aus Angst, es könnte ihnen kalt werden. Im Gegensatz zu vielen von Menschen aufgezogenen Menschenaffen kamen sie nicht zu ihr ins Bett. Vor allem die Babys fanden immer einen Anlaß, um bei ihren Pflegeeltern ins Bett zu kriechen. Auch in der Wildnis schlafen Affenkinder bei ihren Müttern. »Wenn sie sich stark an mich klammerte«, schreibt Dr. Lang, »durfte sie zu mir ins Bett kommen. Dann war sie ganz aus dem Häuschen, schmiegte sich an meinen Körper und spielte zuerst mit einem Knopf meines Pyjamas, dann mit meinen Fingern. Aber plötzlich wurden ihre Bewegungen träge und sie schlief, geborgen in der Nestwärme meiner Arme, wieder ein.« Cathy Hayes machte dieselben Erfahrungen mit Viki. Und auch Lilo Hess berichtet: »Mit ihrem Laken im Schlepptau kam sie behende die Treppe herauf. Dann

Cornelis Cornelisz van Haarlem, Der Sündenfall (Detail), ca. 1592

kroch sie tief unter die Decken und war in ein paar Sekunden eingeschlafen.« Ein erwachsener Menschenaffe im Bett ist eine ganz andere Sache. Davon berichtet nur Gertrude Lintz, die den Gorilla Buddy zu sich genommen hatte. Nachts schlief er in seinem Käfig im Keller. Aber in einer Gewitternacht gegen Ende der dreißiger Jahre bekam das vierhundert Pfund schwere Tier solche Angst vor Blitz und Donner, daß es ausbrach und im Schlafzimmer von Gertrude unterkroch.

Sex ist hier natürlich kaum im Spiel. Die Beziehung zwischen Frau und Affe steht in erster Linie für die Beziehung von Mutter und Kind. Aber die Sache hat zuweilen einen erotischen Beigeschmack, etwa wenn Dian Fossey in ihrem Buch *Gorillas im Nebel* ihren schwarzhaarigen Schützling Sam als »ausgesprochen attraktiv« bezeichnet. Bei der Lektüre des Buches *Eve and the apes* von Emily Hahn, die sich ebenso sehr mit dem Schicksal der Forscherinnen wie dem der Affen befaßt, stellt man fest, daß das Liebesleben der Forscherinnen mit ihren menschlichen Partnern nach und nach in die Brüche ging. Ein Menschenaffe nimmt seine Partner voll und ganz in Beschlag. Wieso fühlen sich Frauen derart von Menschenaffen angezogen? Emily Hahn weiß das auch nicht genau zu sagen:

»Mutterinstinkte und der Zauber des Unbekannten? Vielleicht. Erwächst die Fürsorge für Menschenaffen aus derselben Vorliebe, die so viele Backfische dazu bringt, dreckige Ställe auszumisten und Ponys zu bürsten, nur um den geliebten Pferden nahe zu sein? Mit bloßen Mutterinstinkten kann man das nicht erklären (viele der Frauen hatten selbst Kinder). Vielleicht ist es einfach so, daß Frauen (genau wie viele andere Menschen) besser mit Tieren auskommen als mit Angehörigen ihrer eigenen Art.«

Auch wenn sie nicht so recht sprechen lernten, schauten sich die Menschenaffen doch immerhin gerne Bilder an. »Ohne daß man es ihnen beigebracht hätte«, schreibt Reynolds in seinem Sammelwerk über Menschenaffen in Obhut von Forschern, »blätterten alle jungen Affen mit Vorliebe in Bilderbüchern und gaben zu erkennen, daß sie vertraute Menschen, Gegenstände und Tiere wiedererkannten.« Wie erwähnt »las« Lucy oft vor dem Einschlafen in Zeitschriften. Doch die für unsere Belange wichtigste Enthüllung verdanken wir Roger Fouts, dem Vicky Hearne erzählte, daß der Schimpanse Washoe morgens in einem Baum den *Playboy* zu lesen pflegte. Und nach den Mitteilungen von Maurice Temerlin benutzte Lucy das *Playgirl* beim Masturbieren. Eugene Linden sieht darin »den beeindruckendsten Beweis für die hochentwickelte Intelligenz der Schimpansen«. So wird es wohl sein.

4.
Zum Liebhaben

Ein Mädchen aus Sarawak erzählt: »Als ich an die Stelle kam, wo ich den Nendak-Vogel gesehen hatte, wurde ich plötzlich von hinten von einem großen Orang-Utan umarmt, und ich fiel hin.« Die Geschichte droht langweilig zu werden, endet jedoch unerwartet: »Mein Korb war auch hingefallen. Und alle Gurken rollten heraus. Davon wurde der Orang angelockt. Er ließ mich los, um die Gurken einzusammeln, und kletterte mit ihnen in einen Baum.«

Verglichen mit den alten Reiseberichten ist dieses jüngere Zeugnis von Gaun anak Sureng nicht so spannend, aber um so glaubwürdiger. Es stimmt mit nachprüfbaren Fakten überein. In Afrika waren die Schimpansen auch mehr an Bananen als am Busen von Jane Godall interessiert. Nirgendwo in der Literatur findet sich ein überzeugender Fall einer tatsächlichen Paarung zwischen einem Menschen und einem freilebenden Menschenaffen. Offenbar kommen wir ausgerechnet mit unseren nächsten Verwandten am schwierigsten ins Geschäft. Affen untereinander scheinen weniger Mühe zu haben. Zuckerman sah zum Beispiel, wie ein Orangmännchen sich hartnäckig mit einer noch unfruchtbaren Schimpansin zu paaren versuchte. Und Hamilton kannte ein Pavianweibchen, daß es mit Makaken trieb. Diese Verbindungen wurden indes wahrscheinlich durch die Gefangenschaft befördert. Doch daß die Barrieren auch in der Wildnis überwunden werden, zeigt sich an der Begegnung zwischen dem siebenjährigen Schimpansenmännchen Flint und dem Pavianmädchen Apple, wie es Jane Goodall beobachtet hat:

»Beim Anblick von Apples rosa Schwellung wirkte Flint deutlich erregt. Um ihre Aufmerksamkeit auf sich zu ziehen, benahm er sich, wie es für das Balzgehabe männlicher Schimpansen typisch ist: Mit gespreizten Schenkeln und aufgerichtetem Penis schaute er Apple an und zerrte, mit einem Arm masturbierend, heftig an einem Ast. Von

Persischer Soldat paart sich mit Esel, 19. Jh.

dem steifen Penis abgesehen, verhalten Pavianmännchen sich ganz anders. Dennoch schien Apple gut zu begreifen, was Flint wollte, und bot sich ihm an, wie es sich für ihre Art geziemt: Sie baute sich aufrecht vor ihm auf, kehrte ihm den Rücken zu, blickte über ihre Schultern und stellte ihren Schwanz auf. Aber so präsentiert sich keine Schimpansenfrau ihrem Mann, die erwarten ihren Partner zusammenkauert. Flint betrachtete Apple verdutzt und zerrte noch einmal an seinem Ast. Als er einsah, daß das nicht half, kam er herbei, schob seine rechte Hand auf ihr Hinterteil an ihrer Schwanzwurzel und drückte sie nach unten. Zu meiner Überraschung ging Apple, wenn auch nur ein wenig, in die Knie. [...] Wie es ein Pavian getan hätte, ergriff Flint Apples rechten Knöchel mit einem Fuß und hielt sich mit dem anderen an einer Staude fest. So vermochte er tatsächlich in sie einzudringen.«

Schimpansen machen es ein bißchen auf die Pavianmanier und umgekehrt – so kommen die beiden Arten zusammen. Für Menschen ist ein solcher Kompromiß mit Menschenaffen offenbar zuviel verlangt. Der Mensch paart sich anscheinend lieber mit seinen Freunden als mit seinen Verwandten. Tiere, die am häufigsten für Sodomie herhalten müssen, gehören nicht zu unserer biologischen Familie. Es handelt sich vor allem um Raubtiere wie den Hund und Huftiere wie Ziege, Rind und Esel. Auch andere Säugetiere – bis hin zu Seekühen – werden genannt. Mit Menschenaffen hingegen beschränkt sich der Verkehr auf erotische Spielereien. Weder Vögeln noch Reptilien bleibt unsere Zudringlichkeit erspart. Es gibt sogar Menschen, die Geschlechtsverkehr mit einem Fisch haben, so weit das überhaupt möglich ist. Frauen stopfen sich einen Aal in ihre Vagina – der windet sich ebenso gut wie eine Schlange, ist schön glibberig und ungefährlicher. Wie Männer das anstellen, wurde von Friedrich Krauss in seinem Buch *Japanisches Geschlechtsleben* beschrieben:

»Fischer an der japanischen Küste vergreifen sich sogar an den Stachelrochen, *Trygon gastinacea*, aber erst wenn er frisch gefangen und getötet worden ist, denn der lebende Stachelrochen ist ein sehr gefährliches Tier, das dem Menschen schwere, oft tödliche Wunden beibringen kann. Wegen seines eßbaren Fleisches wird er viel gefangen. Es

handelt sich bei dem Stachelrochen natürlich nur um die Einführung des menschlichen Penis in die Mastdarmöffnung des Fisches, da er keine äußeren Geschlechtsteile hat, aber es wird angegeben, daß der Genuß für den betreffenden Mann gerade so gut oder noch besser als bei seiner Frau sei.«

Aber auch ein Fisch ist für den Menschen mitnichten der abseitigste Partner. Es gibt Frauen, die sich Honig zwischen die Beine streichen, um Fliegen oder andere Insekten anzulocken. Das Gekrabbel der Beinchen und Rüsselchen besorgt den Rest. Männer haben eine spezielle Variante. Obwohl der offizielle Terminus »Formicophilie« buchstäblich »Liebe zu Ameisen« bedeutet, rechnet man auch den beglückenden Kontakt mit Schnecken, Fröschen und anderem Getier dazu. Von echtem Verkehr kann bei so winzigen Partnern natürlich keine Rede sein; von einem echten Orgasmus dagegen schon.

Wiewohl der Mensch sich seine Sexualpartner aus allen Winkeln des Tierreichs holt, muß das nicht bedeuten, daß er es mit allen Arten gleich häufig treibt. Menschen haben ihre Vorlieben. Zum Teil hat das natürlich mit der Verfügbarkeit zu tun. Tiere aus Haus und Hof kommen als erstes in Betracht, und es ist kein Zufall, daß die Menschen gut mit ihnen zurechtkommen. Nicht nur die häuslichen Schmusekatzen, sondern auch das liebe Vieh wurden unter dem Gesichtspunkt von Zahmheit und Folgsamkeit selektiert. Diese Tiere haben eine Menge Fleisch auf den Rippen und geben viel Milch, und das ermöglicht dem Menschen, ihre Produkte auszubeuten. Dem Auerochsen war alles recht, und er wurde zur Kuh umgezüchtet. Sein Zwillingsbruder, das Wisent, ließ das nicht mit sich machen und wurde deswegen beinahe ausgerottet. Letztendlich war von den Millionen von Tierrassen nur eine Handvoll zum Bündnis mit dem Menschen bereit. Aber auch Tiere, die sich verweigern, können dem Menschenreich einverleibt werden. Ein Mensch wächst in der Welt von Teddybären, Kaninchen, Quietschenten und kleinen Wölfen auf. Er begegnet ihnen in Kinderversen, Metaphern, im Zoo und auf seinen Pyjamas. Neben der echten Fauna mit lebendigen Tieren wie Enten und Kaninchen lebt der Mensch in einer geistigen Fauna voller Donald Ducks und

Osterhasen, die von Eigenschaften beseelt sind, die wir ihnen angedichtet haben. In all diesen realen und fiktiven Kontakten mit Tieren hat der Mensch seine Vorlieben und Abneigungen ausgebildet. In unserer Kultur läßt sich sogar eine Hitliste der meistgeliebten Tiere aufstellen. Desmond Morris hat Tausende von Kindern in Großbritannien nach ihren Favoriten gefragt. Stephan Kellert machte bei dreitausend Amerikanern eine Stichprobe. In Kombination mit den tschechischen Top-Ten von Šurinová und Gressner ergibt sich folgende Liste:

1. Affe, 2. Pferd, 3. Hund, 4. Bär, 5. Schimpanse, 6. Papagei, 7. Löwe, 8. Katze, 9. Pandabär, 10. Elefant

Die Übereinstimmung mit der Skala des niederländischen Schriftsteller Rudy Kousbroek ist auffällig. Er teilt die Tiere nach dem Kriterium der »Streichelbarkeit« ein. Ganz unten stehen »die Lebewesen, die sich durch einen negativen Streichelbarkeitsfaktor auszeichnen: Diese Tiere sind objektiv nicht zu streicheln – ob aufgrund ihrer Substanz (Austern, Quallen) oder ihres Charakters (Piranhas, Zitteraale). Ihnen folgen die Arten mit einem Streichelbarkeitsfaktor von Null auf dem Fuße (wenn man hier vom Fuß überhaupt sprechen kann). Diese Arten sind zwar theoretisch streichelbar, doch dies löst bei keinem der Beteiligten eine angenehme Empfindung aus.« Als Beispiel für diese Kategorie weist Kousbroek darauf hin, was für ein »aussichtloses Unterfangen es ist, einer Schildkröte den Panzer zu streicheln, wie es kleine Kinder manchmal tun«. Über die Vögel steigt Kousbroek schließlich zu den behaarten Lebewesen auf, von denen am Ende die Katze den Gipfelpunkt der Streichelbarkeit verkörpert.

Als Katzenliebhaber neige ich dazu, Kousbroek zu seinen Einsichten zu gratulieren. Aber gegen die Begründung der Top-Ten sind Einwände zu machen. Wenn es nur um die Streichelbarkeit ginge, würde man immer anschmiegsamere Katzen züchten, und das ist nicht der Fall. Rassekatzen lassen sich nicht besser streicheln als gewöhnliche. Darüber hinaus läuft es dem Menschen beim Anblick eines zart behaarten Tieres wie der Vogelspinne gerade wegen der Behaarung kalt den Rücken herunter. Und was hat ein Papagei bei den Top Ten zu suchen, wenn

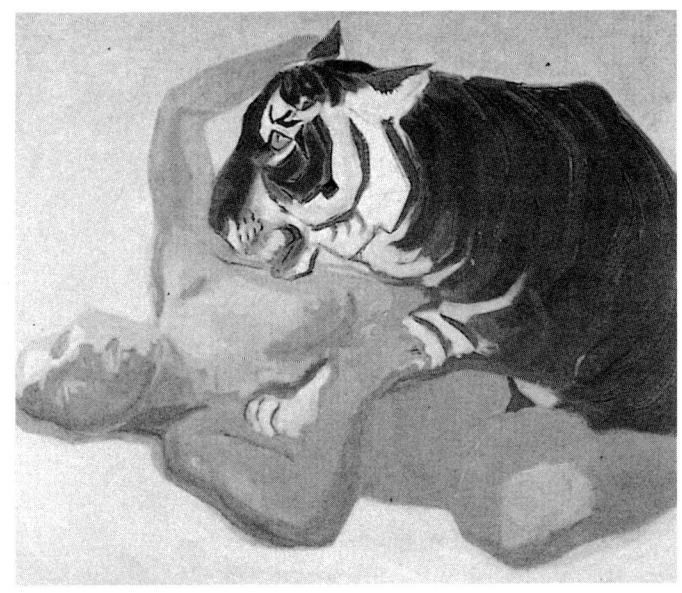

Maria Lassnig, Mit
einem Tiger schlafen,
1985

sich unleugbar »ein behaartes Tier zum Streicheln besser
eignet als ein gefiedertes«?

Vielleicht hilft es, die Sache einmal vom Standpunkt des
Tieres aus zu betrachten: Was muß ein Tier tun, wenn es
aus welchen Gründen auch immer den Geschmack des
Menschen treffen möchte? Zuallererst muß es dem Aussehen des Menschen irgendwie nahekommen. So können
Menschen es am ehesten liebhaben. Denn Menschen lieben Menschen; darauf sind sie von Geburt an programmiert. Nicht umsonst steht der Affe in der Liste ganz
oben. Als unser nächster Verwandter gleicht er uns am
meisten. Obendrein ist er auch streichelbar, aber das ist
eine eher theoretische Frage. Denn wie gerne man sich
auch ins warme Fell eines Affen oder Bären schmiegen
möchte – ratsam ist das nicht. Aber das macht auch nichts,
denn mit Affen kann man gut auskommen, auch ohne sie
anzufassen. Anders als den meisten Tieren kann man
einem Affen stets in die Augen sehen. Genau wie wir hat
er seine Augen vorne im Kopf. So kann er im Urwald von
Ast zu Ast springen und die Abstände richtig einschätzen.
Als wir noch wie die Affen auf Bäumen lebten, brauchten
auch wir solche Augen. Daß sich Affe und Mensch Aug' in
Aug' gegenüberstehen können, ist also ein Familienmerk-

mal. Andere Tiere spähen lieber in alle Richtungen, ob Gefahr droht, und verspielen mit ihren seitlich montierten Augen unsere Sympathie.

Raubtiere sind eine Ausnahme. Sie stürzen sich auf ihre Beute, und ihr Sprung muß ebenso genau berechnet sein wie der eines Affen auf den nächsten Ast. Daß ihre Augen an derselben Stelle sitzen wie bei uns, hat nichts mit Verwandtschaft zu tun und ist nur ein Zufall. Aber er ermöglicht uns, ihnen quer über die Artengrenzen hinweg direkt in die Augen zu schauen. Deshalb sind trotz ihres blutigen Nahrungserwerbs wohlgemerkt fünf Raubtiere in der Top-Ten gelandet. Aber nicht nur wegen ihrer schönen Augen. Denn genau wie wir sind sie schlau, in jedem Fall schlauer als ihre Beute. Auch sind sie gelehrig, und das vergrößert das Einvernehmen noch. Als Lehrzeit haben Raubtiere eine lange, verspielte Kindheit, die bei unseren Haustieren, den Hunden und Katzen, selten ganz aufhört.

Gerade weil er mit seinen Federn schlecht zu all dem streichelbaren Getier paßt, ist der Papagei ein Schlüssel zu dem Geheimnis, inwiefern eine Tierart dem Menschen ähneln kann. Ein Papagei sitzt ebenso aufrecht wie die beliebten Pinguine und Eulen. Was man ohne aufrechten Gang an Menschlichkeit einbüßt, mußten Bauernknechte am eigenen Leibe erfahren, wenn sie sich unglücklicherweise auf der Weide bückten und der Stier sie bestieg, weil er den Knecht plötzlich für eine Kuh hielt. Der aufrechte Gang war nun einmal der entscheidende Schritt der menschlichen Evolution. Danach hatten wir freie Hand, um Gegenstände zu greifen. Eben das rührt uns bei einem Papagei an, wenn er »eine Handvoll« Futter zum Schnabel führt. Weil Handarbeit so menschlich wirkt, entzückt sie uns immer, auch wenn in diesem Fall das Tier durch die Nase ißt. Aus demselben Grund wirkt auch ein Elefant so putzig.

Der aufrechte Gang hängt mit den Füßen zusammen. Tausendfüßler kommen in unserer Hitliste nicht vor. Auch die Sechsfüßler, die Insekten, fehlen, obwohl sie auf der Welt bei weitem in der Überzahl sind. Offenbar sind Vierbeiner am beliebtesten, doch das scheint nur so. Die Vierbeiner auf unserer Liste zeichnen sich dadurch aus, daß sie kurzfristig zum Zweibeiner werden können. Affe, Schimpanse und Panda laufen, wie es sich gehört, auf den Hinterfüßen. Bär, Hund und Katze können sich wenigstens zeitweise aufrichten. Die letzten drei tun das nicht oft, doch wenn es vorkommt, daß der Hund Männchen macht, die Katze vor dem Kühlschrank sitzt oder dem dressierten Bären die Hose herunterrutscht, dann schmelzen die Menschen dahin und die Tiere bekommen ihre Belohnung. Pferde und Elefanten haben das Stehen auf den Hinterbeinen sogar zu ihrem Beruf gemacht und treten damit im Zirkus auf.

Um sich beim Menschen einzuschmeicheln, sollte ein Tier also aussehen wie ein Mensch. Doch um in der Rangliste ganz nach oben zu kommen, muß es einem Kleinkind gleichen. Schon 1943 hat Konrad Lorenz die Zutaten analysiert: Man nehme ein pausbäckiges Gesicht mit großen Augen und einem kleinen Näschen, einen runden Leib und weiche Stummelbeine. Es ist biologisch sinnvoll, daß Menschlein mit diesem Körperbau uns entzücken, weil Kleinkinder den Schutz der ganzen Gemeinschaft brauchen. Paviane unterliegen einem ähnlichen Reflex. Solange ihre Jungen dem Kindchenschema, das in ihrem Fall in einem dunklen Fell besteht, entsprechen, können sie mit den älteren Affen anstellen, was sie wollen. Bleicht ihr Fell aus, dann hat der Spaß ein Ende.

Spielzeugfabrikanten entwarfen aus den Eigenschaften des Kindchenschemas den Teddybären. In einigen Zoos, die den Schauwert ihrer Tiere scharf kalkulieren, müssen werbende Sponsoren zehnmal soviel für den Pinguinfelsen wie für das Straußengehege hinblättern. Walt Disney formte die Micky Maus im Laufe der Jahre immer rundlicher, um seine Maus ökonomisch besser melken zu können. Auch für Freunde der Sodomie kommt unsere Hitliste durchaus infrage. Streichelbarkeit hat für sie auch etwas mit der Absicht zu tun, sich am Tier sexuell zu erfreuen. Dennoch läuft das nicht ganz auf dasselbe hinaus, denn ihnen stehen Gesetze und praktische Hindernisse im Weg.

Die beiden Triebe fallen noch am ehesten für einen Mann zusammen. Was Frauen für ihn sexuell anziehend macht, beruht zum Großteil auf Merkmalen des Kindchenschemas. Äußerlich ist sie kindlicher geblieben als er. Während er kantig, drahtig und oft auch kahl geworden ist, bleibt sie rund und weich mit einer kleinen Nase, wenig Kinn und viel Haar. Zuweilen nennt er sie entzückt »Häschen«. Wahrhaft sexy von den Tieren auf der Top Ten ist aber nur die Katze. Kuh, Ziege und Esel – von Männern gerne benutzte Tiere – kommen auf der Liste überhaupt nicht vor. Vieh hat von alters her einen niedrigen Status. Weil seine Augen am falschen Platz sitzen, und es sich willenlos zur Schlachtbank führen läßt, war das Vieh noch übler beleumdet als Sklaven und Leibeigene. Eine Ausnahme macht nur das Pferd, das als Begleiter der Adligen auch ein bißchen Adel abbekam. Am Hinterteil zeigt das weibliche Vieh aber Eigenschaften, die ein Mann auch bei seiner Frau anziehend findet. Männer fahren nun einmal auf das ab, worin sich die Frauen am meisten von ihnen unterscheiden. Den Unterschied im Umriß, an dem man eine Frau auch im Dunkeln von weitem erkennt, machen breite Hüften, Hinterbacken und Oberschenkel aus. Damit sind Kühe, Eselinnen und Stuten verschwenderisch ausgestattet. Kühe werden für die Fleischproduktion eigens daraufhin gezüchtet. Von hinten betrachtet, bringen die sich wiegenden Hüften und die in einladender Höhe ausgeprägte Vulva manch einen Mann in Versuchung. Der Psychiater Magnus Hirschfeld bekam aus Berlin einen Patienten überwiesen, der »sehr darunter litt, daß er durch die enormen Hinterteile von Brauereipferden sexuell erregt wurde. Wenn er sie sah, hatte er eine Erektion und manchmal sogar einen Samenguß. Das schöne an seinem Fall ist, daß dementsprechend stattliche Frauen sein weibliches Ideal darstellten und es ihm außergewöhnliche Freude bereitete, seine Frau mit den Jahren immer dicker werden zu sehen«.

Eine Frau reagiert anders als ein Mann auf die Tiere aus unserer Hitliste. Sie sprechen eher ihre Muttergefühle als ihre Geschlechtsdrüsen an. Frauen lassen sich sexuell weniger durch Weiches und Molliges als durch Hartes und Sehniges stimulieren. Das erklärt den hohen Stellenwert des Pferdes an Nummer zwei, was mit dem Kindchenschema nicht zu erklären wäre. Nach Forschungen von Desmond Morris sind Pferde bei Mädchen dreimal so be-

Anselm Feuerbach,
Berittener Bogen-
schütze (Amazonen-
studie), ca. 1871

liebt wie bei Jungen. Außerdem sind sie die Ausnahme von
der Regel, daß die bei Kindern beliebten Tiere mit den
Jahren immer kleiner werden. Kurz vor der Pubertät erreicht die Liebe zu Pferden bei Mädchen den Höhepunkt.
»Mit gespreizten Beinen die rhythmischen Bewegungen
des Pferdes zu fühlen, hat ohne Zweifel einen sexuellen
Beigeschmack«, wie Morris es behutsam ausdrückt. »Es
geht um Flanken und Schenkel«, sagt Yvonne Kroonenberg, eine sachkundige Autorin von Pferdebüchern für
Mädchen mit Reitkappe und knospenden Brüsten. »Es

85

geht um das herbe Gefühl, auf einer muskulösen Hinterhand sitzen zu dürfen.« Deshalb ist das Pferd der ideale Trost für das große Unrecht, das die Natur Mädchen angetan hat: Ihre Sexualität ist schon längst erwacht, und sie striegeln seufzend ihre Lieblinge »Sander« und »Black Beauty«, während ihre Klassenkameraden noch mit der Modelleisenbahn spielen. Auf das Geschlecht der Pferde kommt es in dieser Beziehung nicht an. Die Hengste im Reitstall sind ohnehin zu Wallachen verschnitten, und die meisten Mädchen sind sich des sexuellen Beigeschmacks ihrer Pferdeliebe ebenso wenig bewußt, wie ein Löwenjunges begreift, daß sein Spielen eigentlich Jagen bedeutet. Ein Pferd – egal ob Hengst oder Stute – symbolisiert Männlichkeit, wie eine Katze oder ein Kater Weiblichkeit verkörpern.

Geht es ihr um Sex, dann ist der Hund für eine Frau nächst dem Mann am bequemsten. Hunde gibt es in allen Formen und Größen. Sie sind für die unterschiedlichsten Bedürfnisse gezüchtet worden. Das reicht von possierlichen Schoßhündchen, die alten Tanten feuchte Augen bereiten, bis zu Kaventsmännern, neben denen jeder Macho wie ein Säugling wirkt. Aber das ist nicht der wichtigste Grund, warum der Hund der Favorit unter den Sexualpartnern ist. Er erweist sich auch in dieser Hinsicht als bester Freund des Menschen, weil er die Liebe erwidern kann. Sexualität muß nicht beiden Seiten Spaß machen, aber besser wäre es schon. Was empfindet das Tier dabei? Das ist auf dem Gebiet der Sodomie die entscheidende Frage. Ist es nur Opfer primitiver Gelüste oder hat es selbst etwas davon? Leider ist meist ersteres der Fall. Hühner und Kaninchen müssen oft ihr Leben dabei lassen. Schafe und Esel lassen die Sache fügsam über sich ergehen. Bei Kühen ist es kompliziert mitzubekommen, ob sie etwas daran finden, weil sie stets phlegmatisch dreinblicken. Aber Hunde haben oft merklichen Spaß an der Sache. Manchmal ergreifen sie sogar die Initiative.

Ein Hund sieht in seinen Hausgenossen Mithunde. Handelt es sich um einen Rüden, dann ist es ihm eine angenehme Pflicht, seine Hausgenossen von Zeit zu Zeit zu decken, vor allem wenn ihm keine läufige Hündin zur Verfügung steht. Dann schaut etwas Rosarotes aus dem

Bauchfell hervor und reibt am Menschen. Oder das Tier
scheuert sich mit der Impertinenz, die Hunden eigen ist,
an den Beinen der Besucher, die er fest mit seinen Vorderpfoten umklammert. Verschämt zu kichern oder die
Angelegenheit sonstwie zu ignorieren, hat wenig Sinn. Bestrafen frustriert das Tier nur noch mehr. Höfliche Zu-
rückweisung ist nach Ansicht von Hundeliebhabern eher
am Platz. Es sei denn, die Zuwendung ist erwünscht. Mit
ein bißchen Geschicklichkeit ist es nicht schwierig, das
Bein durch einen geeigneteren Körperteil zu ersetzen,
und eine tatsächliche Paarung kann vollzogen werden.
Meistens kommt es aber nicht soweit, weil der Hund seine
Aufgabe leckend erfüllt. Dafür hat er eine ideale Zunge,
und man kann es ihm, wie viele andere Kunststückchen,
ganz leicht beibringen. Zur Belohnung kann man einen
Leckerbissen auf der ausgewählten Stelle bereitlegen oder
dem Hund seine Dienste in gleicher Weise vergelten. So
wird jeder Hund zum Schoßhund.

Wir kennen sogar einen Fall von sexueller Annäherung
zwischen einem Hund und einem Gorillaweibchen: Congo
reagierte nach der Beobachtung von Yerkes stimuliert
auf männliche und weibliche Hunde, zeigte aber eine
deutliche Vorliebe für die männlichen. Bei Menschen ergriff sie selbst die Initiative. Sie nahm die Hand und
führte sie zu ihren Genitalien, wobei sie Masturbierbewe-

gungen ausführte. In *The Mind of the Gorilla* erzählt Yerkes, wie Congo versuchte, ihn zu verführen:

»Congo kam dicht zu mir heran. Sie legte sich auf den Rücken, drückte ihre äußeren Geschlechtsorgane gegen meine Füße und versuchte, mich wiederholt entschlossen auf sich zu ziehen, ebenso wie man sie im letzten Winter auf einen Rüden reagieren sah. Hierbei ging sie auffallend heftig und gewalttätig zu Werke, und es bedurfte vieler Behendigkeit und Abwehr meinerseits, ihre Attacke zurückzuweisen. Nachdem ihr erster Versuch fehlgeschlagen war, stellte sie sich auf alle Viere und bot sich unmittelbar auf die wahrscheinlich für Gorillaweibchen übliche Weise sexuell an. Genau wie zuvor hielt sie mir ihre Genitalien entgegen und versuchte, mich mehrfach damit in Kontakt ̇u bringen. [...] Ihr Drängen auf sexuellen Kontakt war äußerst peinlich und wegen ihrer enormen Kraft auch höchst gefährlich.«

Es sind noch weitere sexuell aufdringliche Affen bekannt. Yerkes kannte auch einen Schimpansen, der von einer Menschenhand masturbiert werden wollte. Hamilton wußte von Makakenweibchen, die zum Zeichen sexueller Bereitschaft mit den Lippen zu schmatzen begannen, sobald ein Mann in ihre Nähe kam. All diese Beobachtungen haben aber miteinander gemeinsam, daß sie in Gefangenschaft gemacht wurden. Unter solchen Bedingungen finden Tiere eher an Menschen Gefallen. Jeder Zoowärter kann ein Lied davon singen. So gab es im Amsterdamer Zoo einen Pinguin, der in der Paarungszeit die Besucher anbalzte. Und der Verhaltensforscher Oskar Heinroth zog schon 1923 eine Schar verliebter Kraniche hinter sich her. Manchmal sind solche Tiere schlicht durchgedreht, doch meistens handelt es sich um falsche Prägung. Ein Rüde, der daheim die Besucher anspringt, hat wahrscheinlich als Welpe in seiner frühen Entwicklungsphase zu wenig Hunde und zu viele Menschen zu Gesicht bekommen, etwa wenn er zu früh aus dem mütterlichen Zwinger geholt wurde. Umgekehrt wollen Hunde, die in dieser Phase – zirka bis zum zweiten Monat – keine Menschen gesehen haben, auch später nicht viel von ihnen wissen. Daß Tiere ein wenig auf Menschen fixiert werden, hat also Vorteile, wenn man später vertraut mit

Carl August Ehrensvärd, Der Stier I, 18. Jh.

ihnen umgehen will. Die Nachteile starker Prägung erfuhr Konrad Lorenz, der das Phänomen ausgiebig untersuchte, während der Paarungszeit seiner Enten am eigenen Leibe. Einer der Erpel bewies ihm seine Liebe, indem er den weißen Haarschopf von Lorenz bestieg und ihn flugs vergewaltigte. Fehlerhafte Prägung kann sogar gefährlich sein. So bekam der Pfleger Wilhelm Schmidt, der in Hagenbecks Tierpark ein Walroß mit der Flasche großgezogen hatte, später gehörige Probleme, sich eine funfhundert Kilo schwere Geliebte vom Leibe zu halten. Der Tierarzt Frankenhuis dagegen machte aus der Not eine Tugend. Er hatte einen Kranich zu behandeln, der in China von Kindern aufgezogen worden war. Vollkommen auf Menschen fixiert, versuchte der Vogel wacker, sich mit dem Arzt zu paaren. Der aber nutzte die einmalige Gelegenheit, um dem Tier Sperma abzuzapfen, was dem Zoo eine Menge Nachkommen einbrachte.

Obwohl im Zoo stets mit künstlicher Befruchtung gearbeitet wird, bleibt die Beschaffung des Samens ein Problem. Meistens werden die dazu vorgesehenen Organe der Tiere unter Vollnarkose mit einem Elektro-Ejakulator gereizt. Selbst mit Bienen wird das heute so gemacht. Um zu verhindern, daß sich die Königin auf ihrem Brautflug durch Drohnen unbekannter Herkunft unerwünschte Eigenschaften zuzieht, werden die Drohnen unter Vollnarkose ihres Samens beraubt. Anschließend wird er mit einer feinen Spritze unter dem Stereomikroskop in den Eileiter der Königin injiziert. Dergleichen teure Fummelei ist bei gewöhnlichen Nutztieren kaum noch erforderlich. Das Sexualverhalten ist bei ihnen derart verkümmert, daß die Männchen leicht dazu zu bringen sind, einen künstlichen Partner zu bespringen, wobei der Samen in einer Plastikscheide aufgefangen wird. Ein Stier springt auf jede Rundung – deshalb die Gefahr für gebückte Knechte –, und das Gerät für Deckbullen ähnelt noch am ehesten einem verbogenen Bügelbrett. Trotzdem wird dabei soviel Samen gewonnen, daß ein Spitzenstier in einem Jahr mehr als hundertsechzigtausend Kühe in der ganzen Welt befruchten kann. In meiner Studienzeit bei Professor Slijper Anfang der sechziger Jahre war man noch lange nicht soweit. Man suchte noch nach Verbesserungen an der künstlichen Kuh, um die Qualität des Samens zu erhöhen. Mitarbeiter des Professors hatten herausgefunden, daß eine echte Kuh kurz vor dem Deckvorgang ein Stückchen zurückweicht. Steckte etwa ein Geheimnis dahinter? Man baute eine nachgemachte Kuh auf Rädern zusammen und steckte einen der Mitarbeiter zur Samengewinnung hinein. Beim Testversuch sprang der Stier ungestümer auf als erwartet. Der Apparat rollte in einem Affenzahn über die Weide und endete, wie ich mich noch gut erinnere, in einem Graben. In dieser Entwicklungsphase wurde in der Vorlesung eine Abbildung eines verbesserten Modells gezeigt. Um Unheil zu verhüten, hatte es eine Bremse. Darauf beendete der Professor mit großer Gebärde die Vorlesung und sagte: »Hier, meine Damen und Herren, sehen sie die erste mit Bremsen ausgestattete Kunstkuh der Welt.« Das gesuchte Stimulans wurde nicht gefunden.

Offenbar besaß die herkömmliche Kunstkuh bereits genug der Eigenschaften, die einen Stier erregen. Daß ein Partner-Wunschbild auch von Tieren selbst künstlich erzeugt werden kann, zeigte sich in einem amerikanischen Delphinarium, wo man einen Delphin zu einem Seelöwen ins Becken gesetzt hatte. Beide waren Männchen. In einem bestimmten Moment ahmte der Delphin vor lauter Verspieltheit den Seelöwen nach, der davon so verwirrt wurde, daß er versuchte, sich mit dem Delphin zu paaren. Das wiederum gefiel dem Delphin nicht so gut, und er holte den Seelöwen mit ein paar Bissen wieder in die Realität zurück. Durch solche Erfahrungen gewitzt, treten die

Carl August Ehrens-
värd, Der Stier II,
18. Jh.

Wärter den äußerst seltenen Kalifornischen Kondoren mit
Handschuhen in Form eines Kondorkopfes gegenüber.
Die Jungvögel dürfen gar nicht erst auf den Gedanken
kommen, sich später einmal mit einem Menschen zu paaren, sonst ist die Art sicher bald ausgestorben. Mit weniger
seltenen Arten hat der Mensch nicht soviele Skrupel. Die
werden vorsätzlich betrogen. Jäger locken Enten mit Hilfe
hölzerner Lockvögel aus der Luft. Sehen sie auch primitiv
aus, so gelingt es dem Schnitzer doch stets irgendwie, das
Wesentliche zu treffen. Bei vielen Tieren ist das ein Pars
pro toto. So wagte sich ein Forscher einmal in das Gehege
eines Wapitihirsches, der mit seinem enormen Geweih
lebensgefährlich sein kann. Der Forscher hatte ein Geweih, das sonst in seinem Wohnzimmer hing, an seinem
Kopf befestigt. Das reichte, und der Hirsch meinte, es mit
einem Artgenossen zu tun zu haben. Und nur weil des For-
schers Geweih größer war als seines, sah er von einem
Zweikampf ab.

Es kommt auch vor, daß Menschen Tiere unabsichtlich
mit einem leblosen Gegenstand verführen. Als William
Sargent den Film *The Sea behind the Dunes* drehte, entdeckte
er, daß die Männchen des Königskrebses alles, was sich vor
Ort im Wasser befand, als paarungsbereite Weibchen ansahen. Die Palette reichte von alten Stiefeln und Backsteinen
bis zu Ankern und ganzen Booten. Es ist nicht einfach zu
filmen, wenn sich andauernd etwas mit den eigenen Füßen oder dem Kamerastativ paaren will. Auch ein Sketch
des belgischen Komikers Urbanus, worin eine Schildkröte

sich in einen deutschen Wehrmachtshelm verliebt, beruht auf Tatsachen. Einer ganzen Reihe von Tierpflegern sind aus verwandten Gründen von ihren Schildkröten die Schuhe geputzt worden. Ein Tiger im Zoo von Miami paarte sich wiederholt brummend und beißend mit einem Autoreifen. An der englischen Küste gab es einen Delphin, der die Urlauber in ihren Schlauchbooten entzückte. Hätten sie genauer hingesehen, hätten sie bemerkt, daß der Delphin sich nicht am Schiffsrumpf scheuerte, sondern seinen riesigen Penis ausgefahren hatte und am Rumpf masturbierte. Normalerweise sind Delphine gesellige Tiere, doch dieses Exemplar war auf die eine oder andere Weise ausgestoßen worden und sehnte sich nach Gesellschaft. Was kann ein intelligentes Tier wie ein Delphin, der nicht raucht, trinkt oder ausgeht, mit seiner Einsamkeit auch Besseres anfangen?

Delphine mit einem Gummiboot, Tiger mit einem Autoreifen, Rotkehlchen mit einem Büschel rotgefärbter Hühnerfedern, Stichlinge mit einem rotgefärbten Holzstückchen – das wirkt erbärmlich. Doch was sie tun, ist sehr menschlich. In unserer Gesellschaft wimmelt es nur so vor Scherzartikeln, die einen Teil fürs Ganze ausgeben. Männer werden von einem Foto im *Playboy* erregt. Frauen kaufen sich rosa Gummidildos. Inserenten erhöhen ihren Umsatz mit der Suggestion eines vollen Lippenpaares. Lippenstift, Mascara und Aftershave schaffen Illusionen, die in der Sprache von Biologen supranormale Reize heißen. Will sagen, daß gerne genommen wird, was nach mehr aussieht.

Ein frappierendes Beispiel ist das künstliche Gänseei. Rollt ein Ei aus dem Nest, dann hievt es die Gans mit ihrem Schnabel wieder hinein. Bietet man ihr alternativ ein viel größeres, künstliches Ei an, aus dem nie eine Gans schlüpfen könnte, so zieht sie es ihren eigenen Eiern vor. Nie werde ich die Filmausschnitte mit einer solchen Gans vergessen. Sie balancierte auf ihrem einen Monsterei, fiel herab, wuchtete sich wieder herauf und schien trotzdem stolz und zufrieden zu sein, ihre hoffnungslose Aufgabe zu erfüllen. Menschenmütter sind da nicht viel besser; sie wählen in Experimenten aus einer Anzahl Babyporträts regelmäßig triefäugige Wasserköpfe aus, die in Wirklich-

Entrückte Nonne mit
Esel, Stich, 18. Jh.

keit kaum lebensfähig wären. Männer werden durch die
beiden berühmtesten Vorbilder eines supranormalen Rei-
zes erregt: die Brüste von Marilyn Monroe. Immer suchen
sie nach besonders auffälligen Schmollmündern, besonders großen Brüsten, besonders langen Wimpern. Und
Frauen erfüllen ihnen mit allen möglichen Tricks ihre
Wünsche. Aber es gibt auch Tiere, die von Natur aus Reize
anzubieten haben, die uns übernormal erscheinen: die
langen Wimpern einer Eselin, die göttlichen Hüften einer
Stute, das große Euter einer Kuh, das weiche Haar von
Katzen. Unsere Sinne wollen gereizt werden und suchen
sich die stärksten Reize. Meistens gehen sie von Menschen
aus und manchmal von Tieren.

Die Sehnsucht nach Streicheleinheiten, frühe Prägung,

Superreize und nicht zu vergessen Schicksal und Glück treiben Mensch und Tier einander in die Arme. Manchmal führt das zu beiderseitiger Zufriedenheit, manchmal zu Enttäuschungen. Denn füreinander sind wir eigentlich nicht geschaffen. Einer Frau, die sich mit ihrem Hund einläßt, steht eine Überraschung bevor. Sie könnte an dem Tier hängenbleiben. Ein Hundepenis ist etwas ganz Besonderes. Er enthält zum einen einen kleinen Knochen, das sogenannte Baculum. Zum anderen befindet sich an der Basis ein zusätzlicher Schwellkörper, der sich aufrichtet, sobald er sich in der Vagina befindet. Bei einer Hündin zieht sich auch die Scheide zusammen, so daß die beiden fünf bis fünfzig Minuten miteinander verkoppelt bleiben. Das ist ein lächerlicher Anblick, vor allem wenn Menschen einen Wassereimer über die Tiere ausleeren. Doch die Anatomie erfüllt ihren Zweck. So hat der Rüde Zeit, außer seinem Samen auch noch Prostataflüssigkeit abzusondern, was die Befruchtung begünstigt. Seit alters mißbrauchen Wolfsjäger diesen Umstand. Mit einer läufigen Hündin locken sie ihre Beute an. Der Wolf erkennt in ihr den schwachen Abglanz seiner eigenen Art und paart sich mit ihr nach dem alten, noch immer gemeinschaftlichen Ritual. Nach dem Samenerguß bleiben Hund und Wolf eine Viertelstunde aneinander hängen. Das reicht, damit der Jäger dem Wolf mit einem Knüppel den Schädel einschlagen kann. Bei Mensch und Hund ist die Kraft der Koppelung schwächer, weil sich die Scheide der Frau nicht um die Schwellung des Rüden legt. Die größte Gefahr besteht darin, daß beim Loskoppeln Panik aufkommt, wobei die empfindlichen Schleimhäute der Frau, die für einen solchen Akt nicht vorgesehen sind, Schaden leiden können.

Die Paarung mit einem Hengst ist gänzlich unmöglich. Ein Penis von sechzig Zentimetern ist nun wirklich zu lang für eine menschliche Vagina. Bei welcher Länge die Grenze denn liegt, ist schwer zu bestimmen, weil die Vagina in Verbindung mit der Gebärmutter ziemlich dehnbar ist. Eine Annäherung an den maximalen Vagina-Inhalt wurde nach dem *Illustrated Book of Sexual Records* mit Hilfe von fünf englischen Pfund in Kleingeld gemessen: »Shilling nach Shilling verschwand in ihr«, so das Meßpro-

Frau paart sich mit Hengst, Illustration aus einem Buch von Yoshida Hambei, ca. 1705

tokoll, »bis vierzig von der elastischen Ritze verschluckt waren.« Der Einsatz wurde auf siebzig Stücke erhöht. »Triumphierend ging sie im Zimmer auf und ab, ohne das eine Münze hinausfiel.« Schließlich belief sich der Inhalt auf vierundachtzig Shilling, womöglich ausreichend für den menschlichen Rekordpenis von 35 Zentimetern, den Dr. David Reuben in *Everything You Always Wanted to Know About Sex* erwähnte – aber entschieden zu klein für den Penis eines Pferdes. Daß die Japaner dies schon lange wußten, beweist die folgende Geschichte aus ihrer reichen Überlieferung:

»Es lebte einmal eine sehr wollüstige Frau, die am Geschlechtsverkehr mit einem Pferde mehr Vergnügen fand als an allem anderen. Da aber das Geschlechtsteil des Pferdes zu dick und zu lang war, sah sie sich gezwungen, gewisse Vorsichtsmaßnahmen zu treffen. Dies bewerkstelligte sie so: Das eine Ende der Saite eines Samisen [der einheimischen Gitarre] band sie an der Wurzel des Pferdepenis fest und das andere Ende an der Decke. Dann brachte sie eine Bank herbei, stieg darauf und führte so den Koitus mit dem Pferde aus. Dem Pferd gefiel die Befriedigung auf diese Art anscheinend sehr gut, aber es wollte gern sein Geschlechtsteil der Frau ganz hineinstoßen; es ging jedoch nicht, weil die Saite des Samisen es zurückhielt. Ihr Mann hatte aber von diesen Dingen etwas erfahren, und es war ihm sehr unbehaglich zumute. Eines Abends ging er auf den Boden und schaute dem Vorgang insgeheim zu. Da sah er denn diese Ausschweifung seiner Frau, wie sie ihm erzählt worden war. Er wartete in aller Stille den passenden Augenblick ab, und als die beiden auf dem Höhepunkt des Genusses angelangt waren, schnitt er die Saite mit einem Schwerte durch. Seine Frau wurde auf der Stelle getötet, denn das Pferd hatte ihr das Geschlechtsteil bis unter die Brust durchgestoßen.«

Auch die Paarung zwischen Europa und dem Stier wäre ohne Zeus' Umsicht eine schmerzhafte Angelegenheit gewesen, ganz zu schweigen von einer Paarung zwischen Mensch und Elefant (anderthalb Meter) und Mensch und Wal (zweieinhalb Meter). Doch ein Penis kann auch zu klein sein. An dieser Stelle fallen namentlich die Menschenaffen durch die Prüfung. So gefährlich ein Gorilla aussieht, so lächerlich ist sein Pimmelchen. Es kann kein Zufall sein, daß Paul de Chaillu die von ihm erlegten Gorillas ohne Geschlechtsorgane nach Europa schickte. Kein Mensch hätte seine blutrünstigen Geschichten vom haarigen Monstrum geglaubt, wenn herausgekommen wäre, daß sein Penis selbst im erigierten Zustand nicht über fünf Zentimeter hinauskommt. Auch Schimpanse und Orang-Utan steht Bescheidenheit auf diesem Terrain gut an. Eine von ihnen geraubte Frau hätte sich höchstens betrogen gefühlt. Was den Penis anbelangt, ist der Mensch verglichen mit seinen nächsten Verwandten sehr gut ausgestattet.

Darauf darf er zwar stolz sein, aber ein so großer Penis legt ihm im Umgang mit anderen Arten Beschränkungen auf. Als einem der größten Lebewesen mit einem der größten Geschlechtsteile sind für den Menschen nur wenige Vaginas groß genug. Doch es gibt noch andere Öffnungen. Hühnerschänder stecken ihren Penis nicht in eine Vagina, denn die hat ein Huhn nicht, sondern in die Kloake, den gemeinsamen Ausgang aller Ausscheidungen. Wo ein Ei es schafft herauszukommen, kann auch ein Penis herein. Normalerweise müßte das Tier diese Praxis nicht mit dem Leben bezahlen. Doch erreichen viele den Gipfelpunkt des Genusses dadurch, daß sie dem Tier kurz

vor der Ejakulation lebend den Kopf abhacken, um durch die letzten Zuckungen des Schließmuskels die Befriedigung noch zu vergrößern. Im Fernen Osten wurden zu diesem Zweck auch viele Enten und Gänse mißbraucht. Und nach de Sade tat man es in Pariser Bordellen mit einer Truthenne. Ein legendärer Liebhaber von dergleichen Aviphilie war Tippo Sahib, der als »Tiger von Mysore« den Engländern im kolonialen Indien das Leben schwermachte. Bei Säugetieren bietet der Anus eine Alternative zur Vagina. So können auch männliche Tiere benutzt werden, was gemäß de Sade (in *Juliette*) besonders bei Ziegenböcken ratsam ist. »Der Anus des Bockes ist weiter und wärmer. Und geil, wie das Tier von Natur aus ist, bewegt es sich von sich aus hin und her, sobald es merkt, daß man spritzt.«

Dergleichen praktische Seiten der Sodomie werden selten so klar beschrieben wie in dem Buch *Sex-driven People*, wo R. E. L. Masters einem Mann das Wort erteilt, der sich mit einem Freund über zwei Säue hermacht:

Silen mit Hirschkuh, Dekoration auf einer Vase aus Eritrea

97

»Kaum hatten wir die Stallungen betreten, kamen die beiden Säue uns in ihren Koben entgegen und gaben jenes kehlige, rauhe Geräusch von sich, daß ich den ›Brunstschrei‹ nennen möchte. Immer wenn ich nun die Absicht habe, mit einer Sau oder einem Jungschwein in sodomitische Beziehungen zu treten, ahme ich nach dem besten Vermögen diesen Schrei nach und ›antworte‹ dem Tier. Das tat ich auch diesmal, wodurch die Leidenschaft sich sichtlich steigerte. Zeitweilig versuchten sie, sich gegenseitig zu besteigen, ließen es dann aber augenblicklich wieder bleiben, um uns ihre Aufmerksamkeit zuzuwenden. George erschrak etwas über ihr seltsames Verhalten, beruhigte sich aber, als ich ihm erklärte, daß ich mit beiden schon während ihrer letzten Hitzeperiode intim gewesen war, und daß die Hormoninjektion noch ein übriges getan hatte. Da wir beschlossen hatten, uns gegenseitig beim Koitus zu beobachten, brachten wir die beiden Säue in zwei getrennten Koben unter, damit diejenige, die gerade unbeschäftigt war, sich nicht störend einmischen konnte. Das hätte sie mit Sicherheit versucht, schon um die Aufmerksamkeit auf sich zu lenken. Ich weiß das aus eigener Erfahrung. Während ich mich vor einiger Zeit mit einer Sau beschäftigte, griff das andere Tier – aus Neid vermutlich – mich von hinten an und versuchte, an meinen Genitalien zu schnüffeln, was verständlicherweise ziemlich unangenehm ist. Ich habe zwar nicht die geringste Angst davor, es kann jedoch in so einem Fall vorkommen, daß es beißt. Ich ging also zu einer der Säue in den Koben und begann, ihren Körper und ihre Genitalien zu streicheln. Sie nahm augenblicklich eine erwartungsvolle, passive Position ein und verhielt sich absolut regungslos, solange ich mich mit ihr beschäftigte. Dann nahm ich meine – beim Koitus übliche – Stellung ein, stützte mich mit meinem Oberkörper gegen den Rücken der Sau, klammerte mich mit den Händen an ihren Schultern fest, um die richtige Stellung nicht zu verlieren. Die Beine bog ich leicht nach hinten und stemmte mich mit den Ballen meiner Füße und den Zehen fest gegen den Boden. Nun befand ich mich in der richtigen Lage, in sie einzudringen. In der Regel ergibt sich keine Notwendigkeit, den Penis mit der Hand zu führen, da die Vulvae der Säue – als Ergebnis von Niederkünften und der Brunst – mit ausreichender Sekretion versorgt sind. Gelegentlich allerdings habe ich zugegebenermaßen auch das Ziel verfehlt und bin statt dessen in den Anus eingedrungen, aber das merkt man sofort. Tatsächlich könnten die Organe einer Sau für ein rückwärtiges Besteigen nicht günstiger sein, ebenso wie die Größe des menschlichen Penis für die Vereinigung mit einer Sau gar nicht besser geeignet sein kann. Bei Jungschweinen, besonders bei sehr jungen, ist die Situation etwas anders. Die Vaginalöffnung ist für das Eindringen eines Penis nicht groß genug. Ist ein Schwein jedoch alt genug (fünf oder sechs Monate), um ›in Hitze‹ zu kommen, ist es auch sexuell hinreichend entwickelt, um am Geschlechtsverkehr schmerzlos teilzunehmen. Andererseits habe ich herausgefunden, daß bei diesen jüngeren Tieren sich ein manuelles Einführen des Penis als günstiger erweist.«

Wenn sie auch noch so nüchtern beschrieben wird, wird es stets Menschen geben, die eine Paarung zwischen Mensch und Tier widernatürlich finden. Doch die Mechanismen, die die Barrieren zwischen den Arten niederreißen (Prägung, supranormale Reize, die Entstehung neuer Arten, Neugier), sind nicht weniger natürlich als die Mechanismen, die die Barrieren aufrichten. Sowohl in der Gefangenschaft als auch in der Wildnis haben wir Beispiele von Tieren gefunden, die sich nicht an die Artgrenzen halten. Nicht nur innerhalb des Tierreichs und zwischen dem Menschen und dem Tierreich gibt es Geschlechtsverkehr, sondern sogar zwischen Tieren und Pflanzen. Das unschuldigste Lehrbeispiel für Sexualität – die Biene und die Blüte – ist ein schwerer Fall von grenzüberschreitendem Geschlechtsverkehr. Hier werden die Pflanzen mit Hilfe von Tieren befriedigt, und das in unserem Garten und auf unserem eigenen Balkon.

ZANDVOORT

Holland

TOURING ZANDVOORT TEL. 2262

5.
Merkwürdige Kinder

Schlaf, Kindlein, schlaf, dein Vater ist ein Schaf…

Hasen haben eine Hasenscharte. Dieser Einschnitt ist so tief, daß die Zähne auch bei geschlossenem Maul zu sehen sind. Damit können sie Halme, Knospen und Schößlinge mit Stumpf und Stiel abknabbern. Außerdem lassen sich die Hasen auf diese Weise bequem von den Kaninchen unterscheiden, bei denen die Lippenhälften durch ein Hautstück verbunden sind. Ein Hase mit einer Kaninchenlippe wäre gewiß sehr unglücklich.

Es gibt auch Menschen mit Hasenscharte. Dieser Konstruktionsfehler ist eine Konsequenz unseres symmetrischen Körperbau. Bei Menschen mit einer Hasenscharte ist die linke Körperhälfte nicht gut an der rechten befestigt, so daß – ähnlich wie bei einem alten, aus zwei Teilen gefertigtem Blechauto »made in Honkong« – in der Mitte ein Spalt klafft. Chirurgen müssen aus dieser Hasenlippe eine Menschenlippe machen. Niemand will sein Leben lang halb Mensch, halb Hase sein, genausowenig wie man mit Hühnerbrust, Rattenkopf, Hundsfott oder Eselsohren leben möchte.

Neben den Ärzten, die aus einer Hasenscharte eine Menschenlippe und aus Eselsohren Menschenohren machen, gibt es auch Kollegen, die menschliche durch tierische Organe ersetzen. 1984 waren die Zeitungen voll mit Meldungen über Baby Fae, ein amerikanisches Mädchen, dem im Alter von zwei Wochen durch Dr. Leonard Baily ein Pavianherz eingepflanzt worden war. Bis dahin hatte der Arzt vor allem mit Herzen von Ziegen und Schafen experimentiert. Dem Mädchen fehlte die linke Herzhälfte. Man verwendete mangels eines geeigneten Implantats vom Menschen das Herz eines jungen Pavians. Das Kind lebte noch fünf Wochen. Das reichte, um ethische Kommentare aller Art auszulösen. »Obszöne Sensationschirurgie«, befand der eine. »Mißlungen«, war der Unterton des anderen. Das Wort »unmenschlich« fiel. Kaum war das

Jan Lavies, Seejungfrau, Plakat, 1954

101

Mädchen tot, sprach eine befremdliche Zufriedenheit aus den Nachrufen: Das konnte ja nicht gutgehen. Man weiß doch seit Frankenstein, daß man nur mit Originalersatzteilen arbeiten kann. Die Ordnung war wiederhergestellt – aber nicht für lange. 1992 erhielt ein fünfunddreißigjähriger Mann eine Pavianleber. Ein fünfzehnjähriger Pavian mußte dafür sterben. Vor dem Krankenhaus hielten Demonstranten Transparente empor. »Tiere sind keine Ersatzteil-Lieferanten«, verkündete die Vereinigung *People for the Ethical Treatment of Animals.*

Die Angst, Tiere könnten zu Ersatzteillagern degradiert werden, ist nicht unbegründet. Allein in den Vereinigten Staaten warten zweitausend Menschen auf eine Leber und fünfundzwanzigtausend auf eine Niere. Zwar klappt es mit Affenorganen noch nicht so recht; der Überlebensrekord eines Mannes mit einem Schimpansenherz steht bei neun Monaten. Mit Organen anderer Tiere sind jedoch Erfolge zu verzeichnen. Herzklappen von Schweinen funktionieren beim Menschen bereits ebenso gut wie künstliche. Von außen merkt man nichts. Ginge man aber irgendwann dazu über, Menschen auch äußere Organe von Tiere zu verpflanzen, dann dürften wir uns gar nicht sonderlich wundern. Wir würden an die Hieroglyphen ägyptischer Götter mit Tierköpfen oder an die Mischwesen aus der indischen Mythologie erinnert werden. Und auch die Götterwelt der Griechen gleicht mit ihren Sirenen und Zentauren mehr einem Zoo als unserem ordentlichen Himmel mit seinen Heiligen und Harfenspielern, wo nur die Engel ein bißchen an Vögel erinnern. In ihrer Vorstellung von Göttern haben die Menschen von alters her davon geträumt, mit Tieren zu verschmelzen. Dabei dachte man freilich nicht an Schweineherzklappen oder Pavianherzen. Als Zentaur suchte man sich lieber einen Pferdepenis aus, als Greif den Adlerkopf, als Nixe nicht den Kopf, sondern den Schwanz eines Fisches. Es lag auf der Hand, daß solche Mischwesen nur durch Kreuzungen entstanden sein konnten. So war es jedenfalls im Falle des Minotaurus überliefert, einem Monstrum mit Männerkörper und Stierkopf. Minotaurus war der Sohn des kretischen Königs Minos, der seinerseits aus der Verbindung Europas mit dem göttlichen Stier hervorgegangen war.

Bei seinem Kampf um den Thron von Kreta setzte Minos
durch, daß die Götter alle seine Bitten erhörten. Nachdem
er alles für ein Dankopfer vorbereitet hatte, bat er den
Meeresgott Poseidon um einen Stier aus dem Meer. Der
kam sogleich angeschwommen, war aber so blendend
weiß, daß Minos ihn lieber für sich behielt und statt seiner
einen anderen Stier opferte. Poseidon war beleidigt. Aus
Rache sorgte er dafür, daß sich Pasiphaë, die Frau des Minos, in den weißen Stier verliebte. Um ihre tierischen Gelüste zu befriedigen, bat sie den Handwerker Dädalus,
eine lebensgroße, hohle Kuh zu bauen und mit echter
Kuhhaut zu überziehen. Auf verborgenen Rädern wurde
das Gerät auf die Weide gefahren, wo der weiße Stier unter Eichen graste. Durch eine Klapptür im Rücken kroch
die Königin paßgenau in die Kuh. Dädalus zog sich diskret
zurück, und der Stier berannte die hölzerne Hülle ungestüm und zur vollsten Zufriedenheit der Insassin. Wenig
später gebar Pasiphaë den Minotaurus.

Minos versuchte, den Skandal zu vertuschen. Auf Anra-
ten eines Orakels ließ er bei Knossos einen ausweglosen
Irrgarten, das Labyrinth, anlegen und verbarg Minotaurus darin. Jedes Jahr wurden sieben Jünglinge und sieben
Jungfrauen in diesen Irrgarten geschickt, um sich vom
Minotaurus zerfleischen zu lassen. Die jungen Leute kamen aus dem von Minos eroberten Athen. Einmal war so-

Jungfrau mit Einhorn, aus: *Defensorium Virginitatis*, von Franciscus de Resza, ca. 1490

gar ein echter Held dabei: Theseus, der sich freiwillig gemeldet hatte. Er tötete den Minotaurus und konnte dank des Ariadnefadens unversehrt den Ausgang aus dem Labyrinth finden.

Die Sage vom Minotaurus beruht auf dem Stierkult, der auf Kreta und anderswo schon lange vor der Griechenzeit verbreitet war. Der Stier war ein doppeltes Fruchtbarkeitssymbol: Er war männlichen Geschlechts und galt zugleich als weiblich wegen seiner Hörner, die mit ihrer Sichelform auf die Mondgöttin verwiesen. Für den Übergang von den alten Tiergöttern zu moderneren Göttern in Menschengestalt eigneten sich Mischwesen vortrefflich. So entstanden Menschen mit Tierköpfen und umgekehrt. Als der Minotaurus seine ersten Schritte ins Labyrinth setzte, saßen vor den Toren ägyptischer Städte schon seit Jahrhunderten Löwen mit Menschenhäuptern, die Sphingen. Als König der Tiere war der Löwe anfänglich natürlich männlich und bekam das Haupt des Königs aufgesetzt. Die Sphinx mit Frauenkopf oder Brüsten ist jüngeren Datums. Diese Geschlechtsumwandlung war ihrem Ansehen nicht zuträglich. Statt Königsgräber zu bewachen, hatte sich die Sphinx in griechischer Zeit zu einem hinterhältigen Biest entwickelt, das die Einwohner von Theben terrorisierte. Sie saß auf einem Felsen vor dem Stadttor und belästigte die Vorbeiziehenden mit langweiligen Rätseln. Wer die Antwort nicht wußte, wurde ohne Pardon aufgefressen. Die Griechen hatten der Sphinx auch einen Vater und eine Mutter zugesellt. Die beiden bildeten ein selbst für mythologische Wesen sehr böses Paar. Mutter Echidna hatte den Unterleib einer Schlange, woraus Monster wie die Schimäre, die Hydra oder der Zerberus hervorkrochen. Zerberus war der Höllenhund mit drei Köpfen und einem Schlangenschwanz. Hydra wuchsen für jeden abgeschlagenen Kopf zwei neue. Und was die Schimäre betrifft, stimmen die Experten lediglich darin überein, daß sie Feuer spie. Man schreibt ihr entweder die Köpfe eines Löwen, einer Ziege und einer Schlange zu, oder man stattet sie mit dem Kopf eines Löwen, einem Ziegenkörper und einem Schlangenschwanz aus. Der Vater der Sphinx, der zweiköpfige Hund Orthus, war sein eigener Bruder, also ein weiteres Kind der Echidna. Inzest und Sodomie auf einen Schlag – bei den alten Griechen kam es wirklich nicht darauf an.

In der christlichen Kultur hat die Sphinx niemals eine große Rolle gespielt, wahrscheinlich, weil sie nicht im *Physiologus* vorkam. Diese Schrift aus dem zweiten Jahrhundert, in der beispielsweise vom Einhorn und dem Phönix berichtet wird, diente vom ersten Bestiarium bis zu Jacob van Maerlants *Naturen Bloeme* im gesamten Mittelalter als Grundlage aller Tierbeschreibungen. Und deshalb schloß offensichtlich auch jede Tiergeschichte mit einer christlichen Moral ab. Manchmal waren die Fakten sogar ins Gegenteil gekehrt, um die erwünschte Moral zu unterstreichen. Uns scheint das unverzeihlich, aber für den mittelalterlichen Menschen war es selbstverständlich, daß sich die himmlische Moral über das irdische Wissen erhob. Die den Menschen umgebende Natur galt als Quell von Heidentum und Aberglaube und lenkte nur von Gott ab. Im *Physiologus* jedoch wurde sie zum Mittel, dem Menschen den Weg zum Himmel zu weisen. Eines der merkwürdigsten Mischwesen des *Physiologus* ist der Ameisenlöwe:

»Vom Ameisenlöwen.

Eliphas, der König von Theman, sprach: Der Ameisenlöwe ging zugrunde darum, daß er kein Futter fand. Der Physiologus sagt, dieser habe das Antlitz des Löwen und das Hinterteil der Ameise. Sein Vater ist ein Fleischfresser, aber seine Mutter verzehrt Spelzen. So sie nun miteinander den Ameisenlöwen zeugen, zeugen sie ihn als ein Wesen von zweierlei Art; und er kann nicht Fleisch fressen wegen der Art seiner Mutter, und nicht Spelzen wegen der Art seines Vaters. So geht er nun zugrunde darum, daß er keine Nahrung hat. So ist auch der Mann, der zwei Seelen hat, unstet auf allen seinen Wegen. Man soll nicht gehen auf zweierlei Straßen, noch zwiefältig reden im Gebet; und ist nicht gut das Ja-Nein und das Nein-Ja, sondern nur das Ja-Ja und das Nein-Nein.«

In dieser Beschreibung ist eher das Wort der Bibel wiederzuerkennen als der Ameisenlöwe der modernen Biologie, ein Insekt, deren Larve Fallgruben für Ameisen in den Sand gräbt. Wahrscheinlich hat sich der Physiologus bei der Interpretation von Hiob IV, 11 (»Der Löwe kommt um, wenn er keine Beute hat«) durch Aemilianus in die

Irre führen lassen, der einige Löwen »Myrmex« (Ameise) nannte. Zugleich wollte der Physiologus dem Evangelisten Matthäus beipflichten, denn »eure Rede sei ja, ja; nein, nein; was darüber ist, das ist vom Übel«. Im dreizehnten Jahrhundert bezweifelt Jacob van Maerlant jedoch gründlich, daß ein Mischwesen aus Löwe und Ameise möglich sei. Was der Physiologus als vorn und hinten unterschied, sieht van Maerlant als vorher und nachher. Ihm zufolge beginnt ein Ameisenlöwe sein Leben als ein Tier, das den anderen Ameisen wohlgesonnen ist, wächst sich aber später zu einem Feind aus, der Ameisen beraubt oder sogar tötet.

Zu solchen Korrekturen kam es öfter. Die Sirenen, die für den Physiologus noch bis zum Nabel Frauen und darunter Vögel waren, tauschten im Mittelalter ihr Federkleid gegen Fischschuppen ein. Als Nixen zieren sie bis heute die Wappen vieler Städte. Jene Vogelfrauen, die mit ihrem Gesang den griechischen Helden Odysseus zu verführen versuchten, lassen sich auf noch ältere, sumerische Vogelgottheiten zurückführen. Die Fisch-Frauen sind eine merkwürdige Kombination von mesopotamischen Fischmännern mit Nixen, Meerjungfrauen und Seeköniginnen aus unserer westeuropäischen Tradition. Es gab gute Gründe, an Frauen mit Fischschwänzen zu glauben; sie wurden nämlich zuweilen gesichtet. Columbus begegneten allein drei von ihnen. Und der holländische Naturforscher Valentijn behauptet, in Indien hätten fünfzig Menschen zwei Nixen herumschwimmen sehen – eine war eventuell auch ein Wassermann. Im neunzehnten Jahrhundert wurden Nixen von Seeleuten mit an Land gebracht und in London, Amsterdam, Paris und New York ausgestellt. 1830 wurde eine von ihnen für vierzigtausend Dollar verkauft. Im *Rijksmuseum für Volkenkunde* in Leiden liegen noch ein paar auf dem Dachboden herum. Sie sind ebenso originell wie gefälscht. Der Körper stammt von einem Affen, der Schwanz, selbstverständlich von einem Fisch, wurde wahrscheinlich in Japan kunstfertig angenäht, wo ein reger Handel mit echten und erfundenen Tieren blühte.

Wie eine Meerjungfrau geboren wird, wie um alles in der Welt ein Mensch an einen solchen Schwanz gerät, ob eine Sirene immer wieder neu aus Mensch und Fisch gezeugt werden muß – über all dem liegt der Schleier des Geheimnisses. Hier schweigt die Literatur, die sonst so erpicht auf Sodomie ist. Fest steht nur, daß man Meerjungfrauen und Sirenen wie fast allen Mischwesen nicht trauen kann. Sie bringen Seeleute vom Kurs ab, spielen die Hure und heulen im Dienst des Teufels. »Sirenen und Satyren werden hüpfen in Babylon«, prophezeite Jesaja, »und Igel und Onozentauren werden in ihren Palästen wohnen.«

Ein Zentaur ist ein Mensch mit einem Pferdeleib, doch was ist ein Onozentaur, wenn wir bedenken, daß »Onos« Esel bedeutet? Auch Bartholomäus Anglicus konnte das in seiner mittelalterlichen Enzyklopädie nicht vollständig klären:

»Der Onozentaur ist ein wunderliches Tier, das von einem Stier und einigen Eselinnen abstammt. Denn griechisch ›Onos‹ ist auf deutsch ›Esel‹, und das Tier ist vielleicht noch unkeuscher als der Esel. Der Physiologus sagt, daß der Onozentaur vom Nabel aufwärts menschliche Form hat und vom Nabel abwärts die Form eines Stieres.«

Normale Hippozentauren waren jedenfalls Söhne des Zentaurus, Sohn des Apollo, und der Stuten von Magnesia. Von ihrem Vater hatten sie Kopf und Arme, von ihrer Mutter Leib und Beine – von beiden einen stattlichen Pferdepenis. Lukrez glaubte nicht so recht daran. Ein Mischwesen aus Mensch und Pferd konnte es seiner Ansicht nach aus dem einfachen Grund nicht geben, weil die Pferdehälfte lange vor der Menschenhälfte erwachsen wäre. In einem bestimmten Moment würde der Jüngling entdecken, daß sein Hinterleib bereits vom Alter verschlissen ist: »Eine Kombination zweier Körper zu einem Wesen mit Doppelnatur aus zwei ungleichen Teilen kann wegen der fehlenden Harmonie der Eigenschaften nie und nimmer bestehen. Das trägere der beiden Wesen würde immer unterliegen.« Es erscheint logischer, daß der Zentaurenglaube auf dem Anblick der ersten Reiter fußt. Für die Griechen war das Pferd ein recht neues Tier, und es kam ihnen lange ungewöhnlich vor, darauf zu sitzen. »Als die Reiter der Thessalier in den Kampf zogen«, so erklärte der Bischof von Sevilla sich im siebten Jahrhundert die

Zentauren, »verschmolzen sie so dicht mit den Körpern ihrer Pferde, daß es schien, als ob sie ineinander übergingen.« Diese Auffassung gewann an Kraft, als die Inkas und Azteken von den europäischen Reitern überwältigt wurden. Sie sahen Pferd und Reiter als ein einziges Lebewesen an und gerieten in Panik. »Welch ungeheuerliche Zentauren ziehen gegen meine Kriegsleute zu Felde«, ruft entsetzt die Nymphe Amerika in dem Mysterienspiel *El divino Narciso*, das die mexikanische Nonne Juana Inés de la Cruz 1688 über die Ankunft der Spanier schrieb. Und über den peruanischen Stamm der Canisier schrieb Pater Stanislaus Arlet im Jahre 1698 an den General der Jesuiten:

»Die Verblüffung, die sie zeigten, als sie bei unserem Erscheinen das erste Mal Pferde und Menschen mit unserer Art Kleidung sahen, kam uns sehr zupaß. Unser Aussehen jagte ihnen eine solche Angst ein, daß ihnen Pfeil und Bogen aus den Händen fielen, weil sie – wie sie später zugaben – überzeugt waren, daß der Mann, sein Hut, seine Kleider und sein Pferd zusammen ein einziges Tier bildeten.«

Obwohl sie selbst davon profitierte, war die Kirche mit dem Glauben an Zentauren nicht glücklich. Genau wie Satyrn und Sirenen waren sie Sinnbilder der Lust. Für diejenigen, die ihnen nicht zwischen die Hinterbeine schauen durften, hielten sie immer noch Pfeil und Bogen als Symbol der Ejakulation in Händen. Keine Nymphe oder Frau war vor ihren geilen Lüsten sicher. Weil aber die Vorstellung des Zentauren nicht auszurotten war, wurde sie wenigstens einigermaßen christianisiert und damit zu einem Symbol des ewigen Wettstreits zwischen Verstand und Liebe einerseits, Instinkt und Lust andererseits – oder Christen- gegen Heidentum, Kirche gegen Kneipe. Wie dieser Wettstreit meistens ausging, kann man sich vorstellen.

In seiner Vorlesung *Die griechischen Götter und die menschlichen Mißgeburten* bot der Gynäkologe Prof. Dr. Schatz 1901 eine andere Erklärung für die Zentauren an. Die Sage sei durch Mißgeburten mit mehr als der üblichen Anzahl Gliedmaßen in die Welt gekommen. Die Zeit sei nicht mehr fern, daß jedes ernstzunehmende Buch über die griechische Mythologie in einem besonderen Kapitel die Götter den passenden Anomalien zuordnen werde. Diese Vorhersage ist zwar nicht eingetroffen, doch besteht eine auffällige Übereinstimmung zwischen bestimmten Anomalien und bestimmten Göttern, Fabelwesen und Nachtmaren. Die Phantasie des Menschen ist blühend genug, um alle mythischen Wesen zu erfinden, derer er bedarf. Aber wenn die Wirklichkeit etwas Brauchbares anbietet, läßt er sich gern inspirieren.

Man kann unschwer in einem von der Regel abweichenden menschlichen Körperteil den Hals einer Gans, den Kopf eines Hundes, die Oberlippe eines Hasen, das eine Auge eines Zyklopen erkennen. Die arme Mutter des Monstrums wurde dann oft, ehe sie sich versah, der Sodomie beschuldigt. Aber auch die Angst vor tierischen Monstren war groß und führte sogar zu Methoden der Empfängnisverhütung: Er habe jedesmal »sein Glied zurückgezogen und seinen Samen auf die Erde fallen lassen, aus Angst, etwas Lebendiges zu zeugen«, erklärte vor seinem Richter 1695 in Schweden ein Mann, der wegen Sodomie angeklagt war. In einem der von Liliequist herausgegebenen Aktenstücke erzählt ein Bauernsohn, daß er einmal das neugeborene Junge der Ziege seines Vaters hatte schreien hören, als sei es ein weinendes Kind. Später hatte er während seiner Geschlechtsbeziehungen zu Kälbern und Kühen stets darauf geachtet, keine Nachkommen zu zeugen. Wie solch ein tierisch-menschliches Monsterkalb aussah, konnte man 1782 im schwedischen Skirö besichtigen. Der Besitzer der Mutterkuh zeigte es jedem Schaulustigen, bis

eine Schar umherlaufender Hunde und Schweine in das
Zimmer eindrang und das kleine Monster auffraß.

Bis vor nicht allzulanger Zeit mußte man in Europa und
Amerika noch nicht zu abgelegenen Bauernhöfen pil-
gern, um Tiermenschen und Menschentiere zu sehen.
Leslie Fiedler, Autor des Buches *Freaks*, hat noch heute die
folgende Ansage eines Jahrmarktsschreiers im Ohr: »Jo-
Jo, der Junge mit dem Hundekopf, die größte an-thro-po-
lo-gi-sche Sensation in Gefangenschaft. Mit hohen Kosten
aus dem Dschungel Bra-si-liens herbeigeschafft. Sieht aus
wie ein Junge. Bellt wie ein Hund. Kriecht wie eine
Schlange auf dem Bauch.« Andere mißgestaltete Menschen wurden als »Koo Koo das Vogelmädchen«, »die
menschlichen Stachelschweine«, »der Alligatorjunge«
oder »der Raupenmann« angepriesen. Die »häßlichste
Frau der Welt«, Grace McDaniels, trat als »Mauleselfrau«
auf. »Sie schien wie aus rotem, offenem Fleisch. Ihr riesiges Kinn stand so schief, daß sie kaum ihre Kiefer bewe-
gen konnte. Ihre Zähne waren spitz, ihre Nase war groß
und krumm. Ihre Augen starrten grotesk aus ihren tiefen

Rechts: Giovanni
Battista Della Porta,
Schweinsmensch,
Schafsmensch, Esels-
mensch, aus: *De Hu-
mana Physiognomonia*,
ca. 1600

Höhlen.« »Natürlich sah Grace nicht wirklich wie ein Maultier aus«, gab Edward Malone, der größte Sammler von Freak-Fotos, später zu, »sie hatte eher etwas von einem Nilpferd – wenigstens im Gesicht.«

Lionel der Löwenmann hatte seinen Namen vor allem dem Gebrüll zu verdanken, mit dem er dem Publikum die Haare zu Berge stehen ließ. Jo-Jo, der Junge mit dem Hundekopf und Nachfolger des »L'Homme chien«, glich mit seinen seidigen, gelben Haaren im ganzen Gesicht so sehr einem Skyeterrier, daß man ihn leicht als Bastard eines Menschen und eines Hundes hätte ausstellen können. Aber so weit ging man auf der Kirmes nicht. Lieber erklärte man Tiermenschen mit einer Art »Ver-Sehen«. So beteuerte Lionel, daß seine Mutter, als sie mit ihm schwanger ging, zuschauen mußte, wie sein Vater von einem Löwen zerfleischt wurde. Früher war die Vorstellung allgemein verbreitet, daß eine schwangere Frau sich »versehen« kann, so wie jemand anderes sich vergißt oder verschluckt. Alles, was man während der Schwangerschaft sah, konnte auf das Kind Einfluß haben. So gebar 1494 eine Frau, die sich vor einem Bären entsetzt hatte, ein Kind mit einem Bärenkörper. Und Mütter von Kindern mit einer Hasenscharte waren zweifellos vor der Geburt von einem Hasen erschreckt worden. Ichthyose, eine Erbkrankheit, die zu einer Schuppenhaut führt, wurde unweigerlich durch »Versehen« erklärt. Die Mutter des im siebzehnten Jahrhunderts berühmten »Fischkindes« soll während ihrer Schwangerschaft zu oft am Meer gewesen sein. Damit eine Frau kein mißgestaltetes Kind bekam, mußte sie sich in acht nehmen und keinesfalls zur Kirmes gehen, wo man dergleichen Monstrositäten in Formalin zur Schau stellte. So verbat sich im siebzehnten Jahrhunderts gewiß der Besuch der Kirmes von Den Haag, wo die Siamesischen Zwillinge Judith und Helena ausgestellt waren. Sie waren miteinander verwachsen, weil ihre Mutter in den ersten Schwangerschaftsmonaten so einfältig gewesen war, Hunde bei der Paarung zu beobachten.

»Versehen« soll auch der Ursprung des Freaks unter den Freaks, des häßlichsten Menschen aller Zeiten, des »Elephant Man« gewesen sein. Er schreibt in seiner Autobiographie:

Mann mit Elefanten-
kopf, Stich, aus:
De Monstrorum,
von Fortunius Licetus,
ca. 1616

»Die Mißbildung, die sich nun an mir zeigt, wurde dadurch verursacht, daß meine Mutter sich vor einem Elefanten erschrak. Meine Mutter ging über die Straße, als ein von Zug von Tieren langsam vorüberkam. Die schaulustigen Menschen drängelten sie, und leider wurde sie unter den Fuß des Elefanten geschoben, wodurch sie die Fassung verlor. Durch diesen Vorfall während ihrer Schwangerschaft bin ich nun mißgestaltet.«

In Wahrheit hat Joseph Merrick, der »Elephant Man«, seine Mutter gar nicht oder kaum gekannt. Sie war nicht so sehr vor einem Elefanten erschrocken wie vor ihrem Kind, das schon in jungen Jahren Schaustellern mitgegeben wurde, um auf der Kirmes oder im Zirkus mit seiner Häßlichkeit seinen Lebensunterhalt zu verdienen. Nach einem Blick auf die Mißgeburt war ein jeder, so häßlich er auch sein mochte, wieder mit seinem eigenen Körper versöhnt. Auch allerlei schöne Mischformen zwischen Mensch und Elefant sind denkbar, wie uns die indische Götterwelt vorführt. Joseph Merrick aber hatte von beiden Seiten das Schlimmste abbekommen: weder den Rüssel noch die stolze Statur des Elefanten, sondern seine Haut; vom Menschen nicht das Vermögen, die Welt zu verändern, sondern seine unerfüllbaren Sehnsüchte. Frederick Treves, der Arzt, der ihn schließlich aus den Freakshows befreite, schrak bei der ersten Begegnung zurück:

»Am Auffallendsten war sein enormer, unförmiger Kopf. Aus der Stirn stach eine riesige knöcherne Masse wie ein Kropf hervor, während hinter dem Kopf ein Sack aus schwammiger Haut in Form eines Pilzes und mit der Oberfläche eines braunen Blumenkohls hing. Oben auf seinem Schädel fanden sich noch ein paar lange, glatte Haare. Aus dem Oberkiefer schaute eine weitere Knochenmasse hervor, die auf dem Plakat übertrieben worden war, damit sie an einen rudimentären Rüssel oder Stoßzahn erinnerte. Die Nase war nichts anderes als ein Fleischklumpen und nur durch ihre Lage als Nase zu erkennen. Das Gesicht war nicht in der Lage, mehr auszudrücken als ein knorriger Holzstumpf.«

Unter der Obhut seines Beschützers entpuppte sich der brummende Kretin als ein empfindlicher, intelligenter Geist in einem verqueren, widerspenstigen Körper. Angehörige höchster Gesellschaftskreise besuchten den Elefantenmann; die Königin schickte jedes Jahr eine handgeschriebene Postkarte. Doch es ist nie eine Schöne gekommen, um bei diesem Biest den einzigen Körperteil zum Leben zu erwecken, den die Natur unversehrt gelassen hatte: sein Geschlecht. 1890 starb der »Elephant Man« mit sechsundzwanzig Jahren und unberührt.

Bärenkind, Zeichnung, 1494

»Versehen« konnte auch bei der Befruchtung im Spiel sein. Zu der Abbildung eines froschköpfigen Jungen, zitiert Ambroise Paré 1517 die Aussage des Vaters, der erklärte, einer seiner Nachbarn habe ihm »geraten, seiner Frau wegen eines Fiebers einen lebendigen Frosch in die Hand zu geben, den sie festhalten mußte, bis er starb«. In der Nacht ging der Mann mit seiner Frau, die den Frosch immer noch in der Hand hielt, ins Bett, und das Verhängnis nahm seinen Lauf. Paré kannte noch zwölf weitere Arten, ein Monster zu zeugen. Monster, die je zur Hälfte aus Mensch und Tier bestanden, konnten auch durch »Vermischung der Samen« entstehen, wenn »Sodomiten und Atheisten sich auf unnatürliche Weise mit vernunftlosen Tieren vereinigen«.

Wenn Mensch und Tier sich so einfach miteinander kreuzen lassen, müssen Tiere untereinander noch weniger Schwierigkeiten damit haben. Bei der Entdeckung neuer Welten wurden unbekannte Tierarten anfänglich als Bastarde von bereits bekannten aufgefaßt. Das erschütterte die bewährte Ordnung weniger, als wenn man neue Arten hätte benennen müssen. Unter die vielen Mischlinge, die verschiedene Tierarten in sich vereinigen, rechneten die Griechen und Römer in Afrika eines, das sie als Mischung aus Kamel und Panther ansahen: die Giraffe oder *Camelopardalis*, die früher auch im Niederdeutschen Kamelpferd hieß. Das Zebra war das *Hippotigris*, das Tigerpferd. Doch das größte Durcheinander stiftete die Antike bei den Katzenartigen.

So betrachteten die Römer den Leoparden als Bastard von Löwe und Gepard. Letzteren lernten sie zuerst kennen, weshalb er als die ursprüngliche Art und der Leopard als Mischling verstanden wurde. Nimmt man diese Etymologie ernst, dann zählte auch die Giraffe, *Camelopardalis*, einen Gepard unter ihre Vorfahren.

Oft ist ein Doppelname keine Garantie dafür, daß man einst tatsächlich geglaubt hat, es mit einem Mischling zu tun zu haben. Es kann sich auch bloß um die Umschreibung eines doppeldeutigen Äußeren handeln. Karpfenlachse sind Karpfenfische mit einer Fettflosse am Rücken, wie sie für Lachse kennzeichnend ist. Der Hechtbarsch oder Zander ist ein Barschartiger mit der Körperform eines Hechts. Und die Lachsforelle erinnert sowohl an einen Lachs als auch an eine Forelle. Nur was bei uns als »Lachsforelle« auf der Speisekarte teurer Restaurants erscheint, hat nichts mit einem Lachs zu tun; sie ist eine ganz gewöhnliche Zuchtforelle, die billigen Abfall von teuren Krabben zu fressen bekam.

Im Süßwasser schwimmen aber auch echte Mischlinge. Zwischen nahezu allen heimischen Karpfenfamilien sind Kreuzungen möglich, was eine Menge unbestimmbare Mischlinge und überarbeitete Biologen zur Folge hat. Zu Land sind vor allem die Pferdeartigen dafür bekannt. Nach der Paarung mit einem Hengst wirft eine Eselin einen Maulesel, während eine Stute von einem Esel ein Maultier bekommt. Diese zwei Arten von Bastarden lassen sich leicht voneinander unterscheiden, denn ihre Stimme übernehmen sie ausschließlich von der väterlichen Seite. Der Maulesel wiehert, das Maultier macht i-ah. Maultiere waren früher beliebt, weil sie die Vorzüge eines Pferdes mit denen eines Esels ideal kombinierten. Aber sie blieben rar, denn sie können sich miteinander nicht fortpflanzen. Wie sich das für einen Mischling aus zwei verschiendenen Arten gehört, sind Maulesel und Maultiere in der Regel steril. Zwar werden die Weibchen wohl rossig, doch die Männchen können sie nicht befruchten, weil ihr Samen untauglich ist. In ihren Zellen steckt eine ungerade Anzahl Chromosomen. Als Produkt eines Pferdes mit 64 und eines Esels mit 62 Chromosomen hat ein Maulesel nur 63; ein Chromosom kann sich also nicht zum Paar ausbilden, was eine ungleichgewichtige Zellteilung zur Folge hat. Maulesel und Maultiere müssen deswegen immer neu aus den Mutterarten gezüchtet werden, und die haben keine sonderliche Lust dazu. In der Liebe zwischen Pferd und Esel funkt es nämlich nicht. Um sie doch zum Sex zu überreden, haben sich die Züchter allerlei Tricks einfallen las-

Fernand Khnopff, Die Kunst oder die Zärtlichkeiten, ca. 1896

sen, die manchmal sogar wirken. So kann man in der französischen Gegend Les Landes die Lalandage zu hören bekommen. Das ist ein erotisches Liedchen, das die Angestellten eines Gestüts anstimmen, wenn der Hengst in Hitze gebracht werden soll.

Im Zoo kreuzen sich Pferde und Esel auch mit anderen Mitgliedern ihrer Familie, den Zebras. Das Ergebnis, einen Zebroiden (Pferd X Zebra) oder einen Zebraesel (Zebra X Esel), sieht man am häufigsten in privaten Tierparks. Die großen Zoos tun heute alles, um Paarungen zwischen Tieren verschiedener Arten zu verhindern. Im neunzehnten Jahrhundert dagegen, der großen Zeit der Tierparks, betrachtete man es als große Herausforderung, über die Artgrenzen hinweg zu züchten. Im viktorianischen England kreuzte man mit Feuereifer Yaks mit Zebus, Quaggas mit Pferden und einheimische mit exotischen Hirschen. Vor allem letzteres ist nicht so kompliziert, kreuzen sich in den irischen Wicklow Mountains doch freiwillig sogar wilde Rothirsche mit Sikawild. Doch das Meisterwerk unter diesen Züchtungen sind die Liger und Töwen, die Thomas Atkins aus Tigern und Löwen züchtete. Der Zoo von Liverpool brüstete sich damit, dies sei das Unglaublichste, »das je mit diesen Tieren – im Wald die unversöhnlichsten Feinde – geschehen ist«. Ein für allemal war bewiesen, »daß auch der wildeste Geist der Herrschaft des Menschen unterworfen werden kann«.

Solche Prahlereien hört man zwar heute von Zoodirektoren kaum mehr, doch versucht man in der Viehzucht übermütiger denn je, den Schöpfer auszustechen. Was im Zoo die Liger und Töwen waren, sind für die Viehzüchter die Zafe und Schiegen. Berichte über Kreuzungen zwi-

115

Löwe mit Frauenge-
sicht, Stich, 16. Jh.

schen Ziegen und Schafen wurden schon vor Jahrzehnten
von Zeitungen als Triumphe der Wissenschaft gefeiert.
Diese Mischlinge bringen noch wenig praktischen Nutzen.
In ihrem Schlepptau aber sind im Augenblick auf dem
Lande Mischlingszüchtungen aller Art in Mode gekom-
men. Hühner und Schweine sind so gut wie alle hybrid.
Und unsere heimischen Zuchtkühe gehen immer öfter
mit amerikanischen Holsteinrindern fremd.

Wenn Viehzüchter einen Mischling oder sonstwie hybride Züchtungen produzieren wollen, mischen sie in der
Regel keine Arten, sondern Rassen miteinander. Das hat
für sie keinen negativen Beigeschmack. Immer neue
Mischlinge sind der Strohhalm, an den die moderne
Landwirtschaft sich klammert. Wenn es gelingt, dann vereinigen sich durch Kreuzung zweier Rassen ihre guten Eigenschaften. Aus einer Hühnerrasse, die zwar viele Eier
legt, sich aber kaum auf den Beinen zu halten vermag,
kann durch Kreuzung mit einem stabil gebauten Wenig-
Leger zwar ein schwachfüßiger Wenig-Leger herauskommen, aber auch ein fleißiger Eierleger mit strammen Beinen. Für den Bauern hat eine solche hybride Rasse den
Nachteil, daß er selbst sie nicht weiterzüchten kann, denn
dann ensteht ein völliger Wirrwarr von Eigenschaften.
Dem Züchter kommt das sehr entgegen, denn so kann er
dem Bauern immer neue Küken mit dem ausgeklügelten
genetischen Mix verkaufen. Und auch der Bauer, der
selbst eine gesunde Rasse züchtet, muß ab und zu einen
fremden Hahn herbeischaffen, um Inzucht zu vermeiden.

Neben Außenbastionen braucht eine etablierte Tierart
auch innere Mauern. Mit fremden Arten klappt es in der
Regel nicht, aber allzu nahe dürfen sich die Partner auch
nicht stehen. Gegen Sex mit nahen Verwandten besteht sowohl bei Menschen als auch bei Tieren ein Inzesttabu. Wie
jedes Tabu wird auch dieses vom Menschen gerne einmal
übertreten, doch belegt gerade der Abscheu, die man
demgegenüber empfindet, den Tabucharakter. Als ein
niederländischer Showmaster einmal in seiner Sendung
verkündete, daß er Kinderschänder gerne kastriert sähe,
bekam er von seinem Publikum einen solch herzlichen
Beifall, daß man daraufhin eine Repräsentativumfrage

durchführte. Unzucht mit der Tochter fanden die Befragten beinahe ebenso schlimm wie den Tod des Kindes durch Unfall oder Krankheit. Durch solche Emotionen gerät leicht in Vergessenheit, daß der Inzestbegriff sich nicht allein auf Beziehungen zwischen Eltern und Kindern beschränkt, sondern alle engen Familienangehörigen einschließt. Auch zwischen Erwachsenen gilt das Inzesttabu. Erwachsene entwickeln bei der Partnerwahl zwar eine Vorliebe für ihr Ebenbild – reich zu reich, häßlich zu häßlich, dunkel zu dunkel, inzestuöse Verbindungen sind dennoch meist auf Fürstenhäuser beschränkt. Für das Inzesttabu gibt es gute biologische Gründe.

Inzestuös gezeugte Kinder weisen oft erbliche Merkmale auf, die bei anderen Kindern selten sind. Das sind vor allem Eigenschaften, die man von Vater und Mutter gleichzeitig geerbt haben muß, um sie zu wecken. Diese Chance ist größer, je enger Vater und Mutter miteinander verwandt sind, was immer auch bedeutet, daß sie mehr Erbanlagen miteinander gemein haben. So ein seltenes Merkmal kann von Vorteil oder von Nachteil sein. Aber gegen eine einzige ungünstige Eigenschaft kommen alle günstigen nicht an. Auf viele Inzestkinder wartet das Sanatorium oder ein Königspalast. Wenn sich eine Gemeinschaft generationenlang untereinander vermehrt, dann entsteht Inzucht, und Anomalien werden chronisch. Bei Hunden hat man auf diese Weise allerlei Rassen gezüchtet. In der Regel sind Rassehunde ungesünder als eine beliebige Promenadenmischung, weil gemeinsam mit den erwünschten stets auch unerwünschte Eigenschaften auftreten. Boxer können nicht kraftvoll zubeißen; Möpse haben Atembeschwerden; Dackel haben es mit der Bandscheibe. Es ist immer gefährlich, Züchterweisheiten auf den Menschen zu übertragen. Doch als Rory Harrington – Erforscher der Bastardhirsche in den Wicklow Mountains und so rothaarig, wie ein Ire nur sein kann – eine strohblonde Finnin heiratete, tat er das unter dem Motto: »Hybride Kreuzungen sind besser.«

Züchtet man eine reine Rasse, egal ob Schweine oder Trauben, allzulange weiter, dann kommt es zu genetischer Erosion: Gute Eigenschaften verlieren sich, ohne daß neue hinzukommen. Dann muß frisches Blut eingekreuzt werden. Von seltenen Tieren, die man wie das Prze-walskipferd in Zoos züchtet, werden internationale Stammbücher unterhalten, um genetische Erosion zu verhindern. In der Landwirtschaft macht man sich die außerordentliche Vitalität und Wachstumskraft des Mischlings zunutze. Das klingt zwar romantisch, ist in der täglichen Praxis aber eher prosaisch. Der Samen eines bevorzugten Männchens wird in Tausende von Reagenzgläser verteilt und in flüssigem Stickstoff gekühlt, bis Nachfrage besteht. Ist Sodomie eine Paarung ohne Nachkommen, so stellt man bei der künstlichen Befruchtung Nachkommen ohne Paarung her.

Versucht man Arten statt Rassen zu kreuzen, ist die künstliche Befruchtung ebenfalls ein wichtiges Hilfsmittel. Man braucht keine Lalandage-Lieder mehr zu singen, damit Pferdesperma in eine Eselin gelangt. Die Züchtung von Maultieren macht somit keine Probleme mehr. Will man aber ein Schaf mit einer Ziege kreuzen, dann fangen sie erst an. Die Eizelle wird künstlich befruchtet, aber der Körper des Muttertiers entwickelt immer mehr Abwehrstoffe gegen das wachsende Embryo, das zur Hälfte aus fremden Proteinen besteht. Wenn der Züchter keine Vorsichtsmaßnahmen getroffen hat, fällt das unausgereifte Monstrum nach ein paar Wochen einem spontanen Abortus zum Opfer. Ist das Muttertier ein Schaf, dann kann der Züchter es schon vor der Befruchtung mit Injektionen an die Eiweiße von Ziegen gewöhnen. Eleganter ist es aber, die Tricks zu kopieren, die einem normalen Embryo helfen, die Zeit bis zur Geburt im Mutterleib zu überstehen. Denn auch ein gewöhnliches Embryo entsteht zur Hälfte aus den fremden väterlichen Proteinen. Bei Vätern der eigenen Art sind diese Eiweiße nicht so feindlich wie bei fremdartigen. Der Körper muß aber trotzdem Maßnahmen ergreifen, um die Abwehr der Mutter gegen ihre eigene Brut in Schach zu halten. Substanzen, die hierbei eine Rolle spielen, werden auch bei Organtransplantationen verwendet. Die besten Ergebnisse mit Mischlings-Züchtungen hat man bis heute mit verpflanzten Embryos erzielt. So züchtet man an der Universität von Kalifornien – berühmt für ihre viereckigen Tomaten – seit 1985 Zafe. Von einem sieben Tage alten Ziegen-Embryo werden Zellen in ein gleichaltriges Schafsembryo transplantiert, und das so entstandene embryonale Monstrum wächst in der Gebärmutter eines Schafes heran. Die Zafe, die so entstehen, haben den Kopf einer Ziege und den wolligen Körper eines Schafes.

In den letzten Jahren wurden solche Kreuzungsversuche von der Genmanipulation in den Hintergrund gedrängt. Dabei greift man direkt ins Erbgut ein. Ganze Stückchen werden herausgeschnitten und anderswo wieder eingesetzt. Genau genommen ist jedoch auch Genmanipulation eine Kreuzung. Das Erbgut der einen Art wird oft mittels Bakterien in das der anderen eingebaut. Darüber hinaus kann man durch Genmanipulation die Abwehr einer Proteinsorte gegen eine andere unterbinden, so daß sie ein wichtiges Hilfsmittel bei herkömmlichen Artenkreuzungen sein kann.

Und nun die Gretchenfrage: Kann man Menschen mit Tieren kreuzen? Theoretisch ginge das, wenn das Tier nur nah genug mit uns verwandt ist. Je näher, desto besser stimmen seine Eiweiße mit unseren überein. Um den Verwandtschaftgrad zwischen zwei Arten zu bestimmen, mißt man, wie heftig das Blut einer Art von der anderen abgestoßen wird. Vollständige Übereinstimmung wie zwischen eineiigen Zwillingen wird durch die Zahl 100 ausgedrückt, und der größtmögliche Unterschied – etwa zwischen Mensch und Floh – bei null angesetzt. Früher hielt man Kreuzungen bei einem Verwandtschaftsgrad von über 80 für möglich. Nimmt man aber die Übereinstimmung von 75 zwischen Schaf und Ziege zum Maßstab, muß diese Schätzung nach unten korrigiert werden. Die Verwandtschaft zwischen Mensch und Schimpanse liegt bei 72.

Das Bedürfnis, die Theorie der Praxis anzupassen, wurde stark durch den Siegeszug der Evolutionslehre befördert. Ernst Haeckel, der deutsche Kollege von Charles Darwin, stellte sich 1866 vor, wie die Zwischenform von Mensch und Menschenaffe ausgesehen haben könnte. Mensch und Affe trennte so wenig voneinander, daß ein einziges Kettenglied auszureichen schien, um die beiden zu verbinden. Pithecanthropus (Affenmensch) taufte er sein Missing link auf Verdacht. Als der Niederländer Eugène Dubois 1891 auf Java eine solche »menschenähnliche

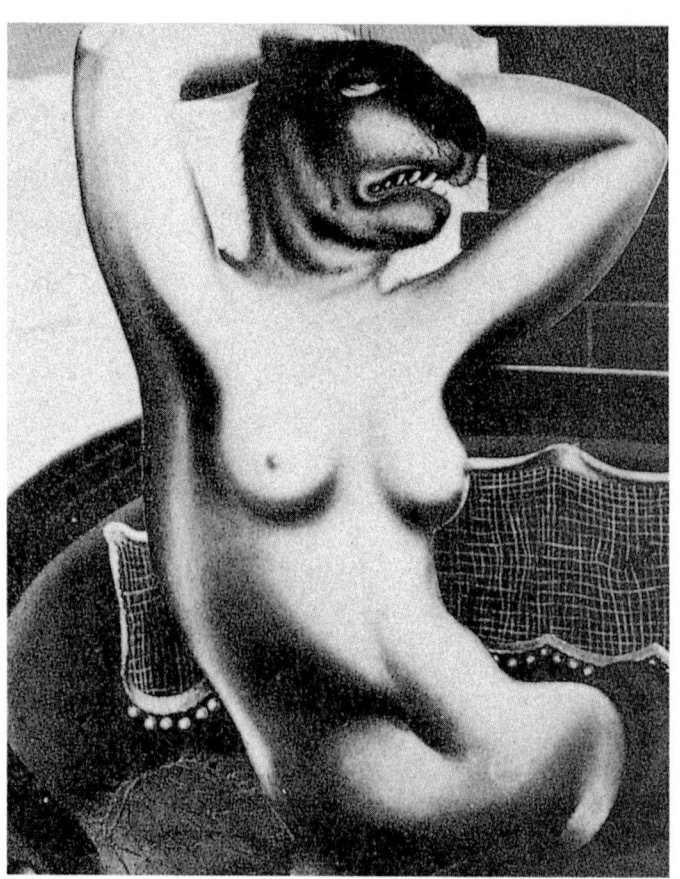

Felix Labisse, Das
Glück, geliebt zu
werden, ca. 1943

Übergangsform« entdeckte, war die Aufregung groß.
Eine Rekonstruktion dieses Pithecanthropus erectus, den
die Studenten »Pietje« nannten, kann man noch heute in
Leiden besichtigen.

Es brach eine Goldgräberstimmung aus, die immer
noch nicht abgeflaut ist. Überall in der Welt grub man die
Erde um, um das Bindeglied besser rekonstruieren zu
können. Einem Niederländer war das Wühlen zu umständlich. Dieser Herman Moens hielt mehr von einem Experiment. Er wollte in Afrika Äffinnen mit Negersamen
befruchten. Der junge Gelehrte der Biologie fragte 1905
bei Ernst Haeckel an, der ihm zurückschrieb:

»Die physiologischen Experimente, insonderheit die
Kreuzung niederer Menschenrassen (Neger) und Menschenaffen, die Sie durch künstliche Befruchtung be-

werkstelligen wollen, wären bei positiven Resultaten natürlich sehr interessant. Ich halte das Gelingen dieser
Versuche für möglich. Denn seit die enge Blutsverwandt-
schaft zwischen Menschen und anthropoiden Affen
durch viele Versuche (Friedenthal, Uhlenhuth u. a.) bewiesen ist, liegt es auf der Hand, daß auch die sexuelle Verwandtschaft sehr eng sein muß und einer Hybridform ent-
gegenkommt. Aufgrund zahlreicher, jüngerer Versuche
scheint sich herauszustellen, daß Mischlinge sogar aus
verschiedenen Arten erzielt werden können, die sich im
biologischen System sehr weit voneinander entfernt haben – vielleicht noch weiter als Neger und Gorilla oder
Schimpanse. Dennoch kann in besonderen Fällen nur das
Experiment entscheiden.«

Durch diesen Brief ermuntert, versuchte Moens 1908
Geld für seine Absichten mit einer Broschüre namens
*Wahrheit – experimentelle Untersuchungen bezüglich der Abstam-
mung des Menschen* aufzutreiben. Hierin wies er auf die
große Übereinstimmung zwischen Menschen und Affen
hin; sie seien Blutsverwandte:

»Das Blutserum des Menschen vernichtet die roten
Blutkörperchen aller Versuchstiere: des Laubfroschs, des
Aales, der Ringelnatter, der Otter, der Taube, des Huhnes,
des Reihers, des Pferdes, des Schweines, des Rindes, des
Kaninchens, des Meerschweinchens, des Hundes, der
Katze, des Igels, von Halbaffen (Lemuren), Affen der
Neuen Welt (Ateles und Pithesciurus) und Affen der Alten
Welt (Cynocephalus, Macacus, Rhesus) mit Ausnahme der
Blutkörperchen von Menschenaffen. Aus den sehr eng
verwandten Tierarten, die dasselbe Blut haben: Pferd
und Esel, Pferd und Zebra, Leopard und Puma, Löwe und
Tiger, Hund und Wolf, Hase und Kaninchen, Bartaffe
und braunschwarzer Makake entstehen Nachkommen
(Mischlinge oder Hybride). Menschen und Menschenaffen besitzen ebenso dasselbe Blut. Also ? Nach Ablauf meiner Tätigkeit im Kongo werde ich dieses Fragezeichen
durch das Ergebnis meiner Versuche ersetzen.«

Daß diese Versuche mit künstlicher Befruchtung durch-
geführt werden sollten, unterstrich Moens noch einmal
1909 in seiner Schrift *An die, die denken wollen.* Er hatte
zwar von Berichten über Schimpansen gehört, die sich

Halb Mensch, halb
Schwein, Stich, aus:
Monstres et prodiges,
von Ambroise Paré,
ca. 1573

Eingeborenenfrauen näherten, und kannte den Kommentar eines Kolonialarztes aus dem Kongo, auf diese Weise könne das Problem vielleicht einfacher gelöst werden. Dennoch hatte er die natürliche Befruchtung eines Menschen durch einen Affen anfangs nicht vorgesehen, weil das nur mit Zustimmung der Frauen durchführbar war. Allerdings:

»Daß sich dafür Frauen finden werden, ist sicher. Geschenke und Geld üben eine solche Macht aus, daß die meisten Neger ohne zu zögern bereit wären, ihre Frau oder ihre Frauen wegzugeben. Und nicht nur diese würden sich für die Untersuchungen eignen, sondern auch einige Frauen aus Europa. Sehr hochherzig sind die Menschen, welche nur im Dienste der Wissenschaft sich freiwillig und ohne Vergütung zur Verfügung stellen, wie es eine österreichische und zwei gut entwickelte deutsche junge Damen bereits für diese Forschungen getan haben.«

Obwohl sogar Königin Wilhelmina Moens finanziell unterstützte, wurden die Experimente wegen Geldmangels nie ausgeführt. Nach einem abenteuerlichen Leben, das Piet de Rooy in seinem Buch *Auf der Suche nach Vollkommenheit* penibel nachgezeichnet hat, starb Moens 1938 in Casablanca. Und heute ist fast ein Jahrhundert nach seinen ersten Plänen sein Fragezeichen noch nicht durch ein »Ergebnis meiner Versuche« ersetzt. Das ist eigentümlich. Zieht man den technischen Fortschritt in Betracht, müßte es durchaus möglich sein, Affe und Mensch zu kreuzen. Und auch an neuen Versuchspersonen wäre kein Mangel. Auf menschlicher Seite bräuchte man nicht mehr in Afrika nach »Pygmäen, Zwergvölkern aus dem Kongogebiet oder anderen Negerrassen« zu suchen. Denn wir wissen nun, daß alle Völker gleich weit vom Affen entfernt sind. Und als tierischer Partner ist mittlerweile ein Affe verfügbar, der dem Menschen näher steht als alle Affen, die Moens seinerzeit kannte: der Bonobo oder Zwergschimpanse.

Nicht der normale Schimpanse, sondern der 1929 erstmals beschriebene Bonobo ist unser nächster Verwandter, und das ist eine echte Erleichterung. Man könnte ihn als einen weiterentwickelten Schimpansen bezeichnen. Schlanker und zierlicher mit seinem ordentlich gescheitel-

Satyr, Druck aus dem
16. Jahrhundert

ten Haar und seiner hohen Stirn blickt er uns fast wie ein Mensch an. Sogar in sexueller Hinsicht ist die Kluft geringer. Sex in allen Positionen und Kombinationen ist für die Bonobos das Ein und Alles. Und dafür verfügen sie über ein Geschlechtsorgan, das sich in jeder Hinsicht mit dem eines Mannes messen kann.

Was technisch möglich ist, kann ethisch unverantwortlich sein. Doch wie könnte der Mensch, der Gene manipuliert, Schweine mit zusätzlichen Rippen züchtet, Rassen diskriminiert, Menschenaffen mit Aids infiziert und mit Frauen handelt, eine wissenschaftlich kontrollierte Paarung mit einem Bonobo aus ethischen Gründen verwerfen, ohne scheinheilig zu wirken? Es wird auf das Problem hingewiesen, was mit dem Kind geschehen soll. Aber das macht die Sache gerade interessant. In Anlehnung an den »Sexualarzt« Rohleder, der 1918 Affen Negerhoden implantieren wollte, könnte man vorschlagen, den Bastard unter der fachkundigen Obhut eines Pflegers aufziehen zu lassen, der auf Schwachsinnige spezialisiert ist. Doch niemand bedenkt, daß das Kind auch die besten Eigenschaften des Menschen und des Affen vereinigen könnte und uns, während er am Kronleuchter der Bibliothek schwingt, Goethe rezitiert und mit seinem gesunden Geist in seinem gesundem Körper den Bananenanbau revolutioniert, darüber belehrt, was wir schon immer wissen wollten: Wo ist unser Platz auf Erden? Endlich würden wir erfahren, wer wir sind. Das Missing link, das sind wir selbst.

Behaartes Mädchen, von Aldrovandi, 1640

6.
Lebenssäfte

A lles Leben ist flüssig. Damit nichts in die tote Natur ausläuft, ist das Lebendige von einem Gefäß umgeben: der Haut. Jeder Organismus ist eine Umhüllung jener Säfte, in denen die Prozesse ablaufen, die wir »Leben« nennen. In trockenen Substanzen passiert nicht viel. Ein trockenes Häufchen Backpulver ist seelenlos, erst in Wasser aufgelöst, sprudelt es. Es gibt die absonderlichsten Organismen – Schwefelatmer, Kopffüßler, Bewohner von heißen Quellen, doch mit weniger als fünfzig Prozent Wasser kommt kein Lebewesen aus. Auch wir sind flüssig.

Der intimste Vorgang zwischen zwei Organismen ist die Übertragung von Säften: ein Tröpfchen Sperma, ein Schlückchen Blut, Milch aus der warmen Brust. In der Liebe geht es nicht um Haut auf Haut, sondern um Saft in Saft. Und doch verehren viele Menschen die Haut des anderen und nicht seine Flüssigkeiten. Bei Sperma denken wir an Flecken im Laken, Blut jagt uns Schrecken ein, und Speichel bedeutet ekligen Sabber. Das Gefäß aber, aus dem die Säfte kommen, setzt uns oft schon durch seine schönen Formen in Entzücken; zuweilen reicht allerdings eine Berührung, um die Faszination wieder abzukühlen. So wie Mähen auf Säen folgt und Gebären auf Paaren, so ist das Überfließen der Säfte die natürliche Folge, wenn wir jene tote Hülle begehren. Denn was man von seinem Partner – ob Mensch, ob Tier – sieht und fühlt, ist mausetot. Überall, wo wir der Luft ausgesetzt sind, sind wir verhornt, schuppig und schwielig. Wenn wir jemandem über den Rücken oder durch die Haare streicheln, berühren wir ausgerechnet seine toten Teile. Jeder Liebhaber ist nekrophil. An dem tatsächlichen Partner – dem schmierigen Gallert, mit dem wir alle gefüllt sind – sind wir kaum interessiert. Eine Bauchspeicheldrüse macht niemanden an, ein Eierstock schon gar nicht. Ein Herz muß schlagen und nicht dem Geliebten zu Füßen gelegt werden. Wir bewerten den Inhalt nach der Verpackung, und es gibt gute

N. A. Abildgaard, Urrind Audumla mit Riese Ymir, Dänemark, ca. 1777

Gründe dafür. In der Verpackung sitzen nämlich die Nervenenden, die die Übertragung der Säfte mit angenehmen Gefühlen einleiten und unterhaltsam machen.

Die intimste und unentbehrlichste Flüssigkeit im Leben eines Säugetiers ist die Milch. Das Säugen geht mit soviel Wärme und Zärtlichkeit einher, daß viele Männer noch im Erwachsenenalter die Geborgenheit zweier Brüste suchen. Junge Väter finden es aufregend, nebenher an der Mutterbrust zu naschen. Großväter lutschen vergnügt wie ein Baby an ihrer Zigarre oder knabbern einen Kugelschreiber an. Zitzen erregen einen Mann sein Leben lang, sogar seine eigenen winzigen Brustwarzen.

Milch hat auch so etwas Sodomitisches. In Form dieses unschuldigen Saftes werden die Artgrenzen unzählige Male pro Tag überschritten. Unter »Milch« verstehen wir schon lange keine arteigene Säugernahrung mehr. »Milch« bedeutet Kuhmilch. Menschenmilch wird »Muttermilch« genannt – als ob es auch Vatermilch gäbe und als ob Kuhmilch nicht gleichfalls Muttermilch wäre. Täglich trinkt jeder von uns durchschnittlich anderthalb Gläser aus Brüsten eines nicht im entferntesten mit uns verwandten Tieres. Wollten wir unser Verlangen nach Milch mit den Möglichkeiten unserer eigenen Art befriedigen, müßte jede Frau pro Jahr tausend Liter Milch geben – pro Brust fünfhundert Flaschen. Statt dessen haben wir so viele Kühe, daß sie den Charakter ganzer Landstriche prägen.

Woanders trinkt man auch die Milch von Rentieren, Schafen, Kamelen, Ziegen, Yaks, Eseln und Pferden. Der intime Eutersaft ist ein flüssiges Esperanto. Anders als beim Sperma exitieren hier keine hohen Mauern zwischen den Arten. Nur die Zusammensetzung ist von Art zu Art verschieden: Seehundsmilch ist fetter als unsere, Elefantenmilch süßer. Doch kann im großen und ganzen jede Säugetierart mit der Muttermilch von anderen aufgezogen werden. Kätzchen und Igel schlürfen gierig Kuhmilch, wenn auch zu viel davon nicht gut für sie ist. Die verschiedensten Zootiere hat man schon an die Zitzen von Hündinnen gelegt. Die Chance, daß die Jungen im Normalfall an eine fremde Art geraten, ist so gering, daß die Natur hier keine strenge Vorsichtsmaßnahme getroffen hat.

Die Kompatibilität geht von beiden Seiten aus, denn auch eine Mutter gibt ihre Milch ohne weiteres an fremde Kinder ab. In Ethnologiebüchern kann man Fotos von Papuafrauen sehen, die Ferkeln die Brust geben, oder das Bild einer Thaifrau, die an der einen Brust ein Menschenkind, an der anderen ein Elefantenjunges säugt. Aber Milch fließt nicht in Strömen. Genau wie bei einer Ejakulation kommt auch die Muttermilch nur dann heraus, wenn die Nerven auf die angemessene Weise gereizt werden. Katzenjunge geben ihrer Mutter einen Stoß mit den Pfoten. Dieser »Milchtritt« kommt auch bei erwachsenen Tieren vor. Lämmchen stoßen so fest mit dem Kopf gegen das Euter, daß die Mutter manchmal davon umfällt. Andere Tiere reagieren auf Gerüche oder Geräusche. Nur für ein ausgesprochenes Augentier wie den Menschen ist oft der Anblick eines süßen Jungtiers – eines Babies, eines Hündchens, eines Fiat 500 – ausreichend, um beim Weibchen den Strom auszulösen. Saugen stimuliert natürlich auch.

Um der Kuh ihre Lebenssäfte anzuzapfen, reizt der Mensch die größten Brustwarzen, die das Tierreich hervorgebracht hat. Vielleicht entgeht es dem Bauern im Lauf der Jahre – doch das Melken einer Kuh ist eine erotische Beschäftigung, die nicht umsonst an das »Melken« eines Stieres für die künstliche Befruchtung erinnert.

»Milch ist eine durch unkeusches Betasten eines Muttertieres gewonnene Flüssigkeit, die eine bestimmte Sorte Mensch gerne trinkt«, definierte Eric van der Steen in *Alfabetises*. Pastorale Stiche von Milchmägden sind in diesem Zusammenhang weniger unschuldig, als sie scheinen. Mancher Bauernsohn wird beim Melken auf die Idee gekommen sein, was man mit Kühen sonst noch alles anstellen kann. Auf einem alten niederländischen Kupferstich muß die Bäuerin gegen die sterbende Kuh zurückstehen, neben der der betrübte Bauer steht:

»Sieh, wie der arme Teufel schreit,
Weil seine Kuh zum Sterben ist bereit.
Ich weiß, daß er sein Weib gern für die Kuh tät geben.
Die Frau ist immer böse; die Kuh gibt Milch zum Leben.«

Und:

»Könnt ein Mann sein Weib verkaufen,
Wie man's mit Kühen und Pferden tut,
Dann säh so manchen man zum Markte laufen,
von dem man's heute nicht vermut'.«

Heute hat beim Melken die Maschine die Hände verdrängt. Die Melkmaschine kann ohne weiteres in das Arsenal von Hilfsmitteln aus einem Sexshop aufgenommen werden. Die folgende Beschreibung aus dem Standardwerk *Tausend Ansichten des Molkereiwesens* läßt der Fantasie einigen Spielraum:
    »So eine Maschine arbeitet pneumatisch, über ein genau ausgerechnetes und über Jahre perfektioniertes System von Luft und Milchschläuchen. Am einen Ende davon befindet sich die Maschine mit Pulsator und Vakuumpumpe. Am anderen Ende sind die Schläuche an einem Apparat mit vier Zitzenhaltern befestigt. Diese sind doppelwandig mit Gummi bekleidet. Man schiebt sie über die Zitze, und der Pulsator imitiert dann durch einen sich regelmäßig verändernden Druckaustausch den Säugevorgang.«
    Daß die Maschine ihre Aufgabe auf angenehme Weise erfüllt, wird von den Kühen bewiesen, die ungeduldig warten, daß sie an die Reihe kommen. Das will nicht heißen, daß persönliche Zuwendung überflüssig geworden sei. Noch immer kommt in der Milchwirtschaft auf zehn Kühe ein Mensch.

Noch intimer als mit Hand oder Maschine ist das direkte Säugen eines Menschen durch ein Tier. Daß Menschen von Tieren gesäugt und sogar aufgezogen werden können, davon zeugt die Überlieferung. In der Geschichte wimmelt es von Menschenkindern, die bei Wölfen, Kühen oder anderen Tieren aufwuchsen. Romulus und Remus, zwei Jungen, die von einer Wölfin großgezogen wurden, haben Rom gegründet. Und nach den alten nordischen Sagen trank der erste Mensch auf Erden, der Riese Ymir, aus dem Euter der Urkuh Audumla. Aber auch christliche Schöpfer bediente sich der Milch. »Hast Du mich nicht als Milch ausgegossen und mich als Käse gerinnen lassen?«, fragt Hiob seinen Herrn rhetorisch.

P. P. Rubens, Romulus und Remus, von der Wölfin gesäugt, ca. 1618

Derartige Mythen haben drei Jahre lang jeden Samstagnachmittag mein Leben geprägt. Als Wölfling bei den Pfadfindern spielte ich unbewußt die Erzählung aus dem *Dschungelbuch* nach, in der Rudyard Kipling vor hundert Jahren beschrieb, wie ein Menschenkind – allein im Urwald und bedroht vom Tiger Shere Khan – von Wölfen als Junges angenommen wird. Vater Wolf sieht ihn als erster:

»›Mensch‹, brummte er. ›Ein Menschenwelpe. Sieh an!‹ Nah vor ihm und sich an einen niedrigen Ast klammernd, stand ein nacktes, gebräuntes Baby, das nicht laufen konnte – der zarteste, runzligste Knirps, der je des Nachts in die Wolfshöhle geraten war. Es schaute auf, Vater Wolf mitten ins Gesicht, und lachte. ›Ist das ein Menschenwelpe?‹, fragte Mutter Wolf. ›So etwas habe ich noch nie gesehen. Bring es her.‹
Ein Wolf, der gewohnt ist, seine eigenen Welpen herumzuschleppen, kann nötigenfalls ein Ei zwischen seine Zähne nehmen, ohne es zu zerbrechen. Und so griff Vater Wolf das Kind mit seinen Kinnladen genau am Rücken, doch hatte das Kind keine Schramme von den Zähnen, als er es zwischen die Welpen legte.

›Wie klein! Wie nackt und – wie kahl!‹, sagte Mutter Wolf zärtlich. Das Baby drängelte sich zwischen den Welpen durch, um nah an das warme Fell heranzukriechen. ›Aha! Er ißt mit den anderen mit. So also ist ein Menschenwelpe. Welcher Wolf hätte je sagen können, daß er einen Menschenwelpen unter seinen Kindern hatte?‹

›Ich habe zwar schon davon gehört, aber nie in unserem Rudel oder zu meiner Zeit‹, sagte Vater Wolf.«
Mutter Wolf akzeptiert das Menschenkind sogleich: »Ob ich ihn behalten will? Und ob ich ihn behalten will! Halt still, kleiner Frosch. O du Mowgli – denn Mowgli, den Frosch, werde ich dich nennen. Der Tag wird kommen, daß du Shere Khan jagen wirst, so wie er euch gejagt hat.«
Und auch das Rudel akzeptiert das nackte Baby, wenn auch nicht ohne Murren. Denn was immer man auch tut – die andere Art bleibt fremd. Das ist denn auch die Moral des Dschungelbuchs. Wenn Mowgli größer wird, bahnt sich der Mensch im Wolf einen Ausweg:

»Da begann in Mowglis Innerstem etwas zu nagen, wie es noch nie in seinem Leben genagt hatte. Er schnappte nach Luft und schluchzte, und die Tränen rollten über sein Gesicht. ›Was geschieht hier, was geschieht hier‹, sagte er. ›Ich will nicht aus dem Dschungel fort, und ich weiß nicht, was hier passiert. Sterbe ich jetzt, Bagheera?‹ ›Nein, kleiner Bruder. Das sind nur Tränen, wie die Menschen sie haben‹, sagte Bagheera. ›Nun weiß ich, daß du ein Mensch bist und kein Menschenwelpe mehr. Der Dschungel ist in der Tat nun für dich verschlossen. Laß sie laufen, Mowgli. Es sind nur Tränen.‹ Der Morgen dämmerte, als Mowgli allein den Hügel hinabstieg, um mit den geheimnisvollen Dingen Bekanntschaft zu machen, die sie Menschen nennen.«

Ist Mowgli mehr als ein Mythos? Hunderte von Malen haben seriöse Zeitungen gemeldet, daß Kinder von Wölfen oder anderen Tieren aufgezogen wurden und sich wie ein wildes Tier verhielten. Doch nur selten »in unserem Rudel oder zu meiner Zeit«, um Vater Wolf zu zitieren. Obendrein hat der nachlässige Gebrauch des Wortes »Wolfskinder« große Verwirrung gestiftet. Ausgerechnet die drei berühmtesten Fälle, Kaspar Hauser, der Wilde Peter von Hannover und der kleine Wilde von Aveyron, waren zwar Vertreter des *Homo ferus* (des wilden Menschen), wie Linné unsere verwilderten Verwandten nannte. Doch von Wölfen sind sie nicht großgezogen worden. Obwohl sie jahrelang außerhalb der Gesellschaft von Menschen aufwuchsen und alle ihre Gewohnheiten von dieser Verkrümmung herrührten, wurden sie nicht von Tieren großgezogen. Kaspar Hauser beispielsweise war bis zu seiner Pubertät in einem dunklen Loch eingeschlossen, aus dem er 1828 freikam. Das Gerücht sagte, er sei ein Fürstenkind, das anderen Erbfolgern im Wege gestanden hatte. Nach ihm werden Ratten, die im psychologischen Laboratorium isoliert aufgezogen wurden, bis heute »Kaspar-Hauser-Ratten« genannt.

Auch von dem kleinen Wilden von Aveyron, der 1800, ungefähr elfjährig, im Wald gefunden wurde, glaubte niemand, daß er von Wölfen aufgezogen worden war. Daß man ihn dennoch gründlich von Pariser Gelehrten untersuchen ließ, hatte mit dem Zeitgeist zu tun. Man glaubte an Jean-Jacques Rousseaus Lehre vom »edlen Wilden«. Danach war der Mensch von seiner Anlage her gut und wurde erst durch die Erziehung von seinen schlechten Mitmenschen, die selbst auch verzogen worden waren, böse gemacht. Echte »edle Wilde« sollten diese Theorie beweisen. Ein zweiter Grund, sich derart in verwilderte Kinder zu vertiefen, war die Frage nach dem Ursprung der Sprache. Wenn es keine anderen Menschen gibt, die ihm vorsprechen, welche Sprache nimmt ein Mensch dann an? Die Ursprache? Und welche mag das sein?

Im dreizehnten Jahrhundert produzierte man Kaspar-Hauser-Gestalten mit Absicht, um die Sprachfrage zu klären. Friedrich II. von Hohenstaufen riß Kinder von der Mutterbrust und gab sie Betreuern, die kein Wort mit ihnen reden durften. Das Wort »Versuchsperson« wurde damals noch ganz wörtlich genommen. Als Friedrich beispielsweise wissen wollte, was mit unserem Essen geschieht, ließ er zwei Soldaten sich den Bauch vollschlagen. Danach mußte der eine Soldat schlafen, der andere ein Stückchen spazierengehen. Um die Wirkung der Tätigkeiten auf die Verdauung zu überprüfen, wurden beide zum Schluß kurzerhand aufgeschnitten. Es gab damals Soldaten satt. Der Versuch mit den Kindern endete gleichfalls mit ihrem Tod. Der kam zu Friedrichs Bedauern, bevor sie ein Wort gesprochen hatten. Anders erging es den Kindern, die bei einem geistesverwandten Experiment vor mehr als 2600 Jahren einem Ziegenhirten übergeben wurden. Nach zwei Jahren sprachen sie das erste Wort und wiederholten es unablässig: »bekos«. Weil dies das phrygische Wort für Brot ist, kam Pharao Psammetich zu dem Schluß, daß die Phrygier das älteste Volk – noch älter als seine Ägypter – seien. Aber bereits im Altertum war es einigen Menschen aufgefallen, daß »bekos« außer phrygisch auch sehr ziegenhaft klingt. Alles in allem war die Frage nach der Ursprache im neunzehnten Jahrhundert immer noch nicht beantwortet. Weil Menschenversuche in der Zwischenzeit ethisch unzulässig geworden waren, mußte man sich mit den Experimenten begnügen, die die Natur selbst anstellte. Wolfskinder waren deshalb ein beliebtes Forschungsgebiet.

Der am besten dokumentierte Fall eines Wolfskindes ist das indische Mädchen Kamala. Im Alter von sieben wurde sie zusammen mit einem anderthalbjährigen Schwesterchen in einem Termitenhügel gefunden, wo ein Wolf seinen Bau hatte. Das geschah 1920. Die Mädchen wurden in einem Waisenhaus untergebracht. Die Pastorenfrau verfaßte einen minutiösen Bericht über die sieben Jahre, die Kamala hier verbringen sollte, und die paar Monate, die ihre Schwester noch zu leben hatte. Bei ihrer Ankunft waren sie von schmutzigem Grind bedeckt und rochen stark nach Wolf. Ihre Nägel waren zu Klauen gewuchert. Vom Laufen auf allen Vieren hatten sie dicke Schwielen an Knien, Ellbogen und Handflächen bekommen. Kleider vertrugen sie ebensowenig wie ein Bad. Schnüffeln und Heulen konnten sie wie ein Wolf. Alle Versuche, ihnen etwas anderes als Milch zu essen zu geben, mißglückten so lange, bis eines Mittags in ihrer Anwesenheit die Hunde gefüttert wurden. Der Pastor konnte Kamala nicht mehr halten, als sie sah, wie die Hunde sich gierig um ihr Futter balgten. »Nach einigen fehlgeschlagenen Versuchen der Hunde, sie mit aufgerichtetem Schwanz zu verjagen, begann sie, an ihrer Mahlzeit von Fleisch, Eingeweiden und Knochen teilzuhaben. Einen der Knochen nahm sie in ihrem Mund in einen Winkel mit, wo sie ihn wie mit Klauen unter ihren Knien festklemmte und abnagte.

Obwohl Wolfskinder meist in warmen Ländern vorkommen, wo ein Kind in der freien Natur größere Überlebenschancen hat, werden auch aus Europa Dutzende von Kindern mit tierischen Pflegeeltern vermeldet. 1835 zählt A. Rauber in seinem Buch *Homo sapiens ferus* bereits eine ganze Reihe auf. Darunter war der hessische Bursche, von dem »ein unbekannter Mönch« berichtete:

»1344. In der Landschaft Hessen wurde ein Knabe gefangen. Wie später herauskam und wie er auch selbst erklärte, wurde er im Alter von drei Jahren von Wölfen gefangen und auf wunderbare Weise großgezogen. Immer gaben ihm die Wölfe das beste Stück ihrer Beute zu essen. Im Winter schufen sie eine mit Blättern und Kräutern gefüllte Kuhle, worein sie den Knaben legten. Um ihn vor der Kälte zu schützen, lagerten sie sich selbst um ihn herum. Sie ließen ihn auf Händen und Füßen kriechen und mit ihnen laufen, bis er die größten Sprünge machen konnte. Als man ihn fand, mußte er an Schienen gebunden werden, um an stehende Haltung gewöhnt zu werden. Der Bursche erklärte häufig, lieber mit Wölfen als mit Menschen umzugehen. Wegen der Merkwürdigkeit des Falls brachte man ihn an den Hof des Fürsten Heinrich von Hessen.«

In der Regel übernimmt der Bär in Europa die Rolle des Wolfs. »Wenn ein hungriger Bär männlichen Geschlechts ein Kind findet, das man sorglos irgendwo liegenließ«, so kam Doktor Counar, dem Leibarzt des polnischen Königs Jan III. Sobieski zu Ohren, »verschlingt er es auf der Stelle. Findet es aber eine säugende Bärin, dann wird sie es sogleich in ihre Höhle tragen und mit ihren Jungen zusammen säugen und aufziehen, welches dann nach einiger Zeit von Jägern gefangen und aus ihren Klauen gerettet wird. Solch ein Kind hielt man zu meiner Zeit in einem Kloster, wie ich es in meiner lateinischen Abhandlung *De Suspensione Legum Naturae* vermeldet habe. Dieser Knabe war ungefähr zehn Jahre alt (was sich kaum aus seiner Größe und seinem Antlitz ableiten ließ), war von abscheulicher Gestalt und konnte sich weder seines Verstandes noch seiner Sprache bedienen. Er lief auf Händen und Füßen und erinnerte abgesehen von seinem Körperbau in nichts an einen Menschen. Da er aber doch einem menschlichen Geschöpf glich, wurde er getauft. Dennoch blieb er stets unruhig, unleidig und wollte allezeit weglaufen. Schließlich lehrte man ihn, aufrecht zu stehen, indem man seinen Körper streckte und an eine Wand lehnte, so wie man es mit Hunden tut, wenn man ihnen das aufrechte Sitzen beibringen möchte.«

Zur Regierungszeit Jans III. gab es auch ein Bärenkind, das der König »zum Pfeifer bei den Soldaten beförderte, obwohl er – der Bärenpolack – lieber auf allen Vieren als auf zwei Beinen ging«. Ein Vorgänger auf dem Thron, Jan II. Kasimir, bekam 1661 ein solches Kind geschenkt; Jäger hatten es in den Wäldern von Litauen »mitten in einer Gruppe von Bären« gefangen, obwohl es sich mit Geschrei, Zähneknirschen und seinen Krallen wie ein junger Bär zur Wehr gesetzt hatte. Der König gab ihn einem polnischen Edelmann zum Hausknecht, doch von Zeit zu Zeit flüchtete er in die Wälder, wo er die Baumrinde mit seinen Krallen abschabte, um den Saft davon abzusaugen. »Man sah einmal eine Bärin, die zwei Menschen getötet hatte, in

seine Nähe kommen, ohne daß sie ihm etwas zuleide getan hätte. Im Gegenteil liebkoste sie ihn, schleckte seinen Körper und sein Antlitz ab.«

Yamoto Bunko, Shozan, ca. 1840

Den Affe als Pflegemutter eines Menschen kennen wir von »Tarzan«. In Hunderten von Filmen zogen Dutzende von Schimpansen Dutzende von kleinen Tarzans auf. Doch ob ein Affe einen Menschen tatsächlich großziehen kann, wurde schon von den antiken Schriftstellern bezweifelt, die sonst auf jede unwahrscheinliche Geschichte hereinfielen. Claudius Aelianus, dem wir so viele phantastische Geschichten aus der weiten Welt verdanken, weil er in seinem ganzen Leben Italien nie verließ, niemals ein Schiff betrat, nichts von der See wußte und darauf noch stolz war – dieser Claudius Aelianus schrieb:

»Es scheint, daß der Affe der größte Schelm unter den Tieren ist. Er ist am ärgsten, wenn er es dem Menschen gleichtun will. So fiel es einem Affen, der aus einiger Entfernung ein Mädchen beim Baden eines Babys beobachtete, auf, wie sie ihm vorher die Windeln auszog und ihn nach dem Bad wieder fest einwickelte. Er paßte auf, wo sie

Mutter-Zentaurin gibt
die Brust, Stich, 18. Jh.

ihn zur Ruhe legte und sprang in einem unbeobachteten Moment zum Fenster herein, von wo er alles überblicken konnte. Er nahm das Baby aus seiner Wiege, zog es nach dem Vorbild des Mädchens aus, setzte die Wiege nach draußen. Dort goß er zufällig bereitstehendes kochendes Wasser über das arme Kind, das so auf elendige Weise ums Leben kam.«

Ob die Geschichte von Aelianus, die von einem ins andere Buch abgeschrieben wurde, nun wahr ist oder nicht, sie hält doch auf drastische Weise Menschen den Spiegel vor, die umgekehrt versuchten, einen Affen aufzuziehen. Welche Geschichte man auch von Forschern liest, die Menschenaffen von klein auf betreuen – sei es aus Gewinnsucht, sei es um sie eine Sprache zu lehren, doch immer mit der dazu unverzichtbaren Liebe –, sieht man schließlich zu seinem Entsetzen, wie das verzärtelte Kind sich in einen widerspenstigen Affen verwandelt. Als ob tatsächlich das Tier im Menschen durchkäme, als ob mit all der Liebe doch nur ein Monster in die Welt gesetzt worden wäre.

So beliebt viele Wolfskinder in den ersten Jahren nach ihrer Entdeckung waren, so jämmerlich gingen sie später zugrunde. Die Untersuchungsergebnisse enttäuschten jedes Mal die hochgespannten Erwartungen. Anstatt sich als edle Wilde zu zeigen, präsentierten sich die Wolfskinder als unerziehbare, scheue, kränkliche Wesen mit einem beschränkten Verstand. Der Mangel an Erziehung brachte keine unverdorbenen guten Eigenschaften zutage, sondern ausschließlich schlechte. Ein Mensch, der sich nicht unter Menschen entwickeln kann, wird niemals zum vollwertigen Menschen; denn das Gute und das Böse muß ihm in einem Arbeitsgang eingepflanzt werden. Unserer Zeit wird diese Wahrheit durch die erschütternden Versuche des amerikanischen Psychologen Harlow vor Augen gehalten. Was mit Menschen nicht erlaubt ist, meinte er mit Affen sehr wohl zu dürfen. Er trennte sie sofort nach der Geburt von ihrer Mutter und bot ihnen zum Ersatz einen eisernen Pfahl an, der zuweilen mit weicher Haut überzogen und in anderen Fällen mit einem künstlichen Saugapparat ausgestattet war. Die weiche Haut wirkte viel anziehender als die Zitze. Äffchen, die hier wenigstens noch ein geringes Gefühl der Geborgenheit empfanden, wurden seltener verrückt als Affen, die ihr Leben auf einer völlig metallischen Kunstmutter beginnen mußten. Aber nur Wärme allein ist für einen vollwertigen Menschen auch nicht ausreichend. Das beweisen gerade die Wolfskinder, die von einem Tier zwar Wärme oder Milch bekommen haben, aber nicht die zugehörige menschliche Zuwendung, die jemanden erst zum Menschen macht.

Ebensowenig wie sie sich edel verhielten, bedienten sich die Wilden einer Ursprache. Die Wolfskinder stammelten zwar irgendwelche Wolfslaute, übten sich in »stundenlangem Brummen«, oder sie brabbelten mit weniger Zusammenhang als die ersten »Worte« eines dressierten Schimpansen. Kaspar Hauser, der richtig sprechen konnte, war eine Ausnahme, denn er hatte seine ersten Lebensjahre unter Menschen verbracht. Kamala lernte fünfundvierzig Worte, die sie jedoch niemals in einen wirklichen Zusammenhang zu bringen vermochte. Ein späteres Kaspar-Hauser-Mädchen, Isabel Queresma, die acht Jahre von ihrer portugiesischer Mutter in einen Hühnerstall gesperrt worden war (»Ich konnte das Kind nicht zur Arbeit mitnehmen, und wo sollte ich sonst mit ihr hin?«) bewegte bei ihrer Befreiung im Jahr 1980 ihre Arme wie Flügel und konnte »nur Piepgeräusche von sich geben«.

Gibt es Wolfskinder eigentlich wirklich? Säugt ein Wolf oder Bär aus eigenem Antrieb ein Menschenkind? Man könnte die verwilderten Kinder befragen, aber schon Counar meinte zu seinem Bärenkind im polnischen Kloster: »Wenn man ihn über sein Leben im Wald befragte, konnte er dazu ebensowenig sagen, wie wir von unserer Zeit in der Wiege erzählen können.« Außerdem gibt es anatomische Komplikationen. So behutsam, wie Vater Wolf Mowgli ohne eine Schramme in seiner Schnauze herumtrug, vermag das ein richtiger Wolf mit einem echten Kind nicht. Einem Menschen fehlt die Nackenfalte zum Hochnehmen. Auch tritt bei einem Baby anders als bei einem Welpen keine Erstarrung ein, sobald es am Nacken gepackt wird. Ein Kind würde strampeln, was ihm im Maul eines Wolfs das Leben kosten würde. Deshalb ist es auch sehr unwahrscheinlich, daß ein Menschenbaby je von einem Affen großgezogen worden ist. Denn ein

Mensch verfügt nur über zwei statt vier Extremitäten, um sich im Fell festzuklammern. Im Tierreich allerdings gibt es Beispiele, daß Junge von fremden Arten aufgezogen werden, und nur deswegen kann man das Phänomen »Wolfskind« nicht restlos für unmöglich erklären.

Es ist gut möglich, verwaiste Kätzchen einer säugenden Hündin unterzuschieben. Der amerikanische Tierarzt Bonnie Beaver berichtet, daß so eine Katze beim Pinkeln wie ein Hund das Bein hob. Über den umgekehrten Fall berichtet Charles Darwin:

»Dureau de la Malle erzählt von einem Hund, der von einer Katze aufgezogen wurde. Er ahmte das wohlbekannte Katzenverhalten nach, sich die Pfoten zu lecken und damit Ohren und Gesicht zu putzen. Dasselbe wurde auch von dem berühmten Naturforscher Audouin beobachtet. Ich habe dieses vielmals bestätigt gefunden. In einem Fall war ein Hund zwar nicht von einer Katze gesäugt, aber zusammen mit deren Jungen von ihr großgezogen worden und hatte dadurch obengenanntes Verhalten angenommen, was er später während seiner dreizehn Lebensjahre fortdauernd wiederholte. Dureau de la Malles Hund lernte von den Katzen auch, mit einem Ball zu spielen, indem er ihn mit seinen Vorderpfoten fortrollte und hinterher sprang.«

Ähnliche Verwechslungen von Säugetieren wurden von der Presse in reichem Maße aufgegriffen. Viele Zootiere hatten eine Hündin als Pflegemutter. Vögel sind noch leichter hinters Licht zu führen, weil sie ihre eigenen Eier nicht am Geruch erkennen können. So wurden Störche beim Brüten von Zwerghühnern unterstützt. Ganze Volieren voller Exoten wurden von Hühnern erbrütet. Bei Wildvögeln klappt das untereinander ebenfalls. Auf diese Weise kommt beispielsweise ein Fink zustande, der wie eine Meise singt.

Den Kuckuck gibt es nur dank der Verwechslung von Eiern. In das Nest einer anderen Art legt er ein Ei, daß äußerlich dem seines Wirtsvogels gleicht. Sobald er geschlüpft ist, läßt der junge Kuckuck seine Stiefgeschwister über den Nestrand purzeln. Anstatt ihn zu bestrafen, belohnen ihn seine Pflegeeltern mit mehr Futter. Sie arbeiten für ihn sogar noch eifriger, als sie es für ihre eigenen

Jungen getan hätten, weil er mit seiner größeren Schnabelsperre einen größeren Anreiz zum Füttern auslöst. Ein aufgesperrter Schnabel ruft einen derart unwiderstehlichen Drang zum Füttern hervor, daß Vogeleltern, die mit Futter zu ihren Jungen fliegen, die Speise unterwegs über einem Teich einem Karpfen verfüttern, der zufällig mit offenem Maul an die Oberfläche kommt. Doch das tollste Ding in dieser Hinsicht geht auf die Rechnung des Täuberichs Dolf, der drei von ihren Eltern verstoßene Zwergkaninchen mit Milch aus seinem Kropf fütterte. Eltern und Pflegeeltern waren gut miteinander bekannt, weil sie denselben Stall in Middelburg miteinander teilten. Pünktlich zur Essenszeit zwängte sich der Täuberich durch eine Öffnung in der Kiste, worin die Zwergkaninchen lagen.

Viele Tierarten werden vom Menschen selbst großgezogen. Bei Ferkeln auf Neuguinea geschieht das an der Brust, sonst meist mit der Flasche. Das kann gelingen, doch im Falle von Menschenaffen beispielsweise bekommen die Jungen nicht die richtige Erziehung mit. Weil sie außerhalb ihrer Affengemeinschaft von Menschen aufgezogen wurden, lernen viele Affen nicht, wie sie später mit ihren eigenen Jungen umzugehen haben. Affenmütter, die von Harlow künstlich befruchtet worden waren, weil sie aus Mangel an Erfahrungen mit Artgenossen keine Männchen bei sich duldeten, zerschlugen nach der Geburt die Schädel ihrer Jungen auf dem Boden.

Da man diese Gefahren jetzt kennt, trifft man Vorsichtsmaßnahmen. Am besten ist es natürlich, die Affen in einer Gruppe von Artgenossen aufwachsen zu lassen, deren Tricks sie abschauen können. Wenn das nicht geht, bekommen die Gorillas in Zuchtstationen Unterricht in Kinderversorgung. Eine Aufseherin macht mit einem Klammeraffen vor, wie man ein Kleines an die Brust drücken muß. Einmal gab sogar eine Bekannte des Direktors ihrem Baby die Brust direkt vor dem Käfig einer werdenden Gorillamutter. Das half.

Während der Aufzucht der einen durch die andere Art können also Fehlprägungen entstehen. Wären Wolfskinder als Baby auf Wölfe oder Bärenkinder auf Bären fixiert, dann würden sie sich als Erwachsene auch mit einem Wolf oder einem Bären paaren. Leider starben die meisten Wolfskinder schon früh und wurden nicht alt genug, den Beweis liefern zu können. Ausnahmen wie ein gewisser Vincent, der vierzig wurde, oder ein Man Singh aus dem nordindischen Mathura, der fünfundsechzig Jahre erreichte, alterten nur körperlich; ihr Geist indes blieb kindlich. Man würde sich gewiß wundern, wenn solche Kinder später tatsächlich Gefallen an Tieren fänden. Worauf auch ein wilder Mensch fixiert sein sollte, macht jeder Tarzanfilm vor: Ich Tarzan, du Jane.

Doch sind Prägungen immer mit im Spiel. Weil Hirtenjungen sowohl unter Menschen als auch unter Kühen aufwachsen und viele Stadtmädchen sowohl zwischen Menschen als auch zwischen Hunden, haben Kühe oder Hunde später bei ihnen einen Stein im Brett, wenn die Liebe sich nicht auf die eigene Art beschränkt. Auch eine fremde Art muß etwas Vertrautes an sich haben.

Unsere flüssigen Bestandteile schwappen nicht einfach umher. Die meisten sind in Zellen und Zellteile eingeschlossen. Doch die Feststellung, daß alles Leben flüssig ist, wird durch unser gewichtigstes Organ untermauert: Unser Blut ist voller Leben und fließt. Fünf bis zehn Prozent von unserem Körper nimmt es ein und gelangt in die entferntesten Winkel. Es ist vielleicht gewöhnungsbedürftig, etwas Flüssiges ein Organ zu nennen, doch das Blut erfüllt dafür alle Bedingungen dafür.

Blut nährt das Leben. Es ist die Quelle des anderen Lebenselixiers, der Milch. Um einen Liter Milch herzustellen, müssen vierhundert Liter Blut ihre Nährstoffe an die Brust abgeben. Blut ist also viel weniger nahrhaft als Milch; die verlängerte Blutkörperchensuppe, enthält zwar alles, aber von allem nicht so viel. Deshalb kommt es auch nur wenig als Vermittler zwischen den Arten zum Einsatz. Flöhe und eine Handvoll Mücken- und Läusearten nutzen das ebenso wie die Blutegel. Doch damit haben wir sie schon so ziemlich. Sie stellen ihr Blut aus dem unseren her. Wenn wir eine vollgesogene Mücke totschlagen, haben wir vornehmlich uns selbst totgeschlagen, denn mehr als die Hälfte des Flecks auf der Tapete besteht aus unserem eigenen Blut.

Die Übertragung unseres Blutes auf ein saugendes Insekt hat etwas von Geschlechtsverkehr. Nach anfänglichem Geschnüffel schiebt das Tier sein Stachelorgan in uns herein und spritzt. Diese unerwünschte Intimität verhindert das Gerinnen des Blutes. So kann auch ein Mann einmal erfahren, wie es ist, vergewaltigt zu werden – und zwar von einer Frau. Denn nur weibliche Insekten haben einen Legestachel, der zum Saugrohr umfunktioniert werden kann, oder tragen Eier mit sich, die nach Blut dürsten. Eine Mücke totzuschlagen, ist für alle Beteiligten eine seltsame Kombination aus Blutvergießen, Mordlust und Fortpflanzung.

Es gibt auch Säugetiere, die von Blut leben. Die Vampirfledermaus überfällt nachts schlafende Kühe, Pferde oder Hühner und beißt mit ihren messerscharfen Zähnchen ein Loch in sie, um Blut aus ihnen zu saugen. Menschen mögen sie auch. Darüber berichteten im neunzehnten Jahrhundert reisende Naturforscher wie Henry Walter Bates. In Brasilien übernachtete er einmal in einem lange nicht bewohnten Zimmer, das an verschiedenen Stellen undicht war:

Vampir beißt schlafendes Opfer, Illustration aus dem Fortsetzungsroman *Varney The Vampire*, 19. Jh.

»In der ersten Nacht schlief ich fest und bemerkte nichts Ungewöhnliches. In der zweiten wurde ich gegen Mitternacht vom Rauschen eines großen, in meinem Zimmer herumfliegenden Schwarms von Fledermäusen geweckt. Sie hatten meine Lampe gelöscht. Als ich diese wieder angezündet hatte, bemerkte ich, daß es in meinem Zimmer vor Fledermäusen wimmelte, daß die ganze Kammer buchstäblich schwarz von Fledermäusen war, die unablässig um mich kreisten ... In dieser Nacht kamen verschiedene dieser Tiere in meine Hängematte. Ich ergriff einige, die an mir herumkrochen, und warf sie gegen die Wand meiner Behausung. Bei Tagesanbruch bemerkte ich an meiner Hüfte eine Wunde, die mir unzweifelhaft eine Fledermaus zugefügt hatte. Nun wurde es mir denn doch zu bunt, und ich machte mich mit den Negern daran, die Tiere zu vertreiben. Ich schoß eine große Anzahl von ihnen, die an den Balken hingen, ab und ließ die Neger von draußen auf das Dach steigen und Hunderte von alten und jungen Fledermäusen umbringen.«

Noch immer werden in Südamerika Vampire in großem Stil bekämpft. Bei einer der vielen Kampagnen wurden achttausend große Grotten gesprengt oder begast. Oft traf das ausgerechnet die nützlichen Fledermausarten. Man hofft durch die Ausrottungskampagnen zu verhindern, daß die Vampire in den riesigen Rinder- und Pferdeherden die Tollwut noch weiter verbreiten. Auf einen intimen Kontakt zwischen Menschen und Vampiren legen erstere auch aus diesem Grund keinen sonderlichen Wert. Eine Ausnahme macht da Bates' Zeitgenosse Charles, der siebenundzwanzigste Graf von Waterton, der sich als einer der ersten Naturschützer, jedoch vor allem als Exzentriker Meriten erwarb. Daheim auf seinem englischen Landsitz empfing er seinen Besuch bisweilen unter dem Tisch liegend wie ein Hund. In Rom balancierte er mit einem Bein auf dem Kopf eines vergoldeten Engels auf dem Dach des Petersdoms. In Südamerika ritt er auf einem lebendigen Krokodil (»Wenn man mich fragte, wie ich mich auf seinem Rücken halten konnte, würde ich antworten, daß ich jahrelang mit Lord Darlington auf Fuchsjagd geritten bin«), und ebendort äußerte er einen sehr speziellen Wunsch:

»Gerne würde ich einmal von einem Vampir ausgesaugt werden ... Weh kann der Eingriff nicht tun, denn der Patient pflegt stets zu schlafen, wenn der Vampir ihn beißt. Und was den Blutverlust angeht, fällt der letztlich nicht ins Gewicht. Viele Nächte schlief ich mit dem Fuß außerhalb meiner Hängematte, um diesen geflügelten Chirurg, angenommen er wäre da, anzulocken. Aber es nützte alles nichts.«

Ein schlafender Mensch in Erwartung eines Vampirs, der kommt, um sein Blut zu saugen. So verschroben dieses Bild erscheint, so bekannt ist es uns doch aus zahllosen Vampirfilmen. Nur wird der schlafende Mann hier durch eine blonde Jungfrau ersetzt, um den erotischen Aspekt zu betonen. Die Vampire dieser Filme sind keine Fledermäuse, sondern Menschen. Vampirgeschichten erzählte man sich in Europa schon jahrhundertelang, ehe Südamerika und die ausschließlich dort lebenden Vampirfledermäuse entdeckt wurden. Wenn ein Lebender durch Blutverlust sterben kann, so war man allgemein überzeugt, dann kann ein Toter durch Bluttrinken wieder lebendig werden. Jedenfalls galt das für jene Toten, die, wie man glaubte, im Grab keine Ruhe finden konnten, weil sie

im Leben eine Sünde begangen hatten, die wiedergutge-
macht werden mußte. Bram Stoker machte die osteuropä
ischen Volksüberlieferungen über solche umherirrenden
Toten mit seinem *Dracula* unsterblich. Als sich herausstellte, daß es auch Fledermäuse gab, die nächtens Blut
trinken, setzten jene Tiere mit ihren schwarzen Flügeln
nahtlos die Tradition menschlicher Gespenster fort; die
waren ja auch oft in schwarze Capes gekleidet. Von Kindes-
beinen an kennt jeder Europäer den Unterschied zwischen Geistern mit Vogelflügeln, den guten Engeln, und
den Geistern mit Fledermausflügeln, den bösen Teufeln.

Inzwischen werden immer mehr Jungfrauen in immer
zahlreicheren Filmen von immer neuen Fledermäusen pe-
netriert. Damit ist der Vampirfilm zur wohl bekanntesten
Form von Sodomie geworden. In der Regel spielen die
Filme in Transsylvanien oder der umliegenden Gegend.
Leider gibt es dort ebensowenig wie bei uns blutsaugende
Fledermäuse. Es ist dort zu kalt für sie, und Blut hat zu wenig Nährstoffe, um eine Fledermaus in kalten oder gemä-
ßigten Klimazonen warmzuhalten. In Mitteleuropa benö-
tigte eine Fledermaus soviel Blut als Brennstoff, daß sie

Hugging and Kissing,
1989

143

nicht mehr vom Boden hochkäme. In den Tropen braucht ein Vampir den Inhalt eines ganzen Menschen – fünf Liter Blut –, um ein Vierteljahr zu überleben. In unseren Breiten müßte es schon ein ganzer Mensch pro Monat sein. Wir leben in Ländern, wo große Mengen Milch fließen – Blut dagegen nicht.

Die meisten Intimkontakte zwischen zwei Menschen fangen damit an, daß sie einander in den Mund sabbern. Wir nennen das Küssen. Während ein Mitteleuropäer schwerlich darauf käme, die Zahnbürste von jemand anderem zu verwenden, stochert er gierig mit seiner Zunge in anderer Leute Mund herum. Auch wenn es nicht bis zum Austausch von Sperma, Blut oder Milch kommt, ist der Austausch von Speichel zwischen Partnern etwas ganz Gewöhnliches. Zwar erweckt allein der Anblick von Speichel und Rotz großen Widerwillen, und die Zivilisiertheit eines Volkes wird an der Anzahl von Bäumen gemessen, die gefällt werden, um Papiertaschentücher daraus herzustellen. Doch der Wunsch, die schleimige Substanz eines anderen in den Mund zu bekommen, gilt als Zeichen wahrer Liebe. Schleim ist das Schmieröl der erotischen Mechanik.

Das ist bei Schimpansen nicht anders. Obwohl sie ihren Mund dabei weit aufreißen, sieht es ganz menschlich aus, wenn sie einander bei einer innigen Begrüßung küssen. Diese Sitte liegt etwa in der Mitte zwischen dem heftigen Schmatz eines Kleinkindes und der Umarmung vormaliger Ostblockführer. Auf die gleiche Weise küssen Schimpansen auch Menschen, die sie gerne haben. Ein Wärter, der im Zoo von San Diego von den Schimpansen zu den Bonobos versetzt worden war, bekam den Schreck seines Lebens: Er war stolz wie ein Backfisch auf seine neue Verlobte; als er sich sogleich von einem Bonobo küssen ließ, fühlte er jedoch plötzlich etwas Warmes, Glitschiges in seinem Mund. Da merkte er, daß wir nicht die einzige Art sind, die Zungenküsse mag.

Für Hunde ist der Zungenkuß ganz gewöhnlich. Ein Lecken mit ihrem nassen Allzwecklappen gilt bei ihnen als innige Liebkosung. Viele Menschen sind von solch einem feuchten Beweis der Zuneigung überrascht. Es gibt aber auch Leute, die sich mit Behagen sogar im Gesicht zur

Freude von Tier, Mensch und Krankheitskeimen abschlek-
ken lassen. Wer davon keine Krankheit bekommt, der bekämpft sie vielleicht gerade auf diese Weise. In Philadel-
phia haben erst neulich vierhundert Amerikaner an
einem Kursus für Mund-zu-Mund-Beatmung mit ihren
Hunden teilgenommen. So hoffen sie, ihren treuesten
Freund im Falle eines Herzinfarktes zu retten, denn dieses
Wohlstandsleiden ist dort selbst bei Hunden nichts Außergewöhnliches.

Menschen, die niemals auf den Gedanken kämen, sich
mit einem Tier zu paaren, schlürfen mit Genuß tierisches
Sperma. Manchmal ist die Substanz sogar noch lebendig,
nämlich wenn wir Austern essen. Bei Fischmilch oder ge-
backenen Hoden ist das Sperma tot. Dieses zugleich lek-
kere und widerwärtige Essen genießen manche unwis-
send, viele jedoch willentlich und mit deutlichem erotischen Beigeschmack. Fischzüchter auf der ganzen Welt
zwinkern ihren Kunden mit dem Auge zu, wenn die ein
bißchen Fischmilch bei ihnen kaufen. In Südamerika ist es
ein großes Fest, wenn die Kälber einer Herde kastriert werden und die Männer um die größten Hoden würfeln.
Nordamerikanische Frauen mögen solche sogenannten
mountain oysters (Bergaustern) ebenso wie ihre südameri-
kanischen Geschlechtsgenossinnen nicht sonderlich. Das

Max Klinger, Die
Sirene

liegt nicht daran, daß dieses Gericht so mühsam zuzubereiten ist (die Haut abziehen, in Scheiben schneiden und in Butter braten), sondern weil sie fürchten, von den Kälbertestikeln könnten ihnen Haare auf der Brust wachsen. Auf schicken Parties wird aber auch von den Damen gerne vom *turkey fried* genascht, das sind die bitteren Hoden des Truthahns.

Die verschleiernden Namen – oft werden Schafshoden auf französisch *rognons blancs* (weiße Nieren) tituliert – und das Gekicher verstärken die erotischen Gerüchte um die genitalen Leckereien nur. Schon die Römer sprachen verniedlichend von *minute apicianum*, wenn sie Eintopf von Kapauntestikeln meinten. Für jeden Mann war klar, daß das Essen die Potenz steigern sollte. Am besten taugten hierfür natürlich die Hoden eines potenten Stieres. In Spanien stehen die wildesten Kampfstiere aus den berühmtesten Arenen in diesem Ruf. Im berühmten Restaurant »Florian« in Barcelona wird Stierhoden mit Petersilie und Knoblauch gereicht; dazu erfährt man den Namen des Stiers, sein Gewicht, den Stammbaum, eine kurze Personenbeschreibung, Ort und Datum des Todes und den Namen des Toreros, der dafür verantwortlich ist. Sie schmecken nach Bries. Und das ist auch schon alles. Die Essenz der Männlichkeit, die einst darin wohnte, ist längst in der Pfanne und unserem Magen-Darm-Trakt untergegangen, bevor sie unser Temperament anfachen könnte. Das wußte auch der französische Arzt Serge Voronoff, aber er glaubte eine Lösung für das Problem zu kennen.

In den zwanziger Jahren pflanzte Voronoff älteren Männern »Affendrüsen« ein, um neue Lebenskräfte zu wecken. Mit Scheibchen von Affentestikeln, die man in ihren eigenen senilen Hodensack genäht hatte, und dergestalt mit frischen Lebenskräften ausgestattet, machten alte Männlein Handstand vor den Linsen begeisterter Pressefotografen. Ein General erklärte, sich nach dem Eingriff wieder wie ein Sergeant zu fühlen. Männer, die ihr Bett jahrelang nur zum Schlafen aufgesucht hatten, posierten stolz mit einem neugeborenen Sohn oder einer Tochter. Eine Lebensversicherungsgesellschaft weigerte sich, einen Kunden von Voronoff auszuzahlen, weil er dank seiner Operation noch lange nicht das Alter erreicht habe, das in seinem Paß stand. So kam wieder einmal ein tierisches Element in den Mann, und die ewige Jugend erschien in greifbarer Nähe. Serge Voronoff bezog ein Schloß an der französischen Riviera, wo er dem Vernehmen nach einen besonders großen Menschenaffen für sich selbst verwahrte. Seine Behandlung wurde so bekannt, daß sie in die Belletristik Einzug hielt.

In dem Roman *Nora* des französischen Schriftstellers Félicien Champsaur läßt sich der bereits wieder etwas kindische Anatole France von Doktor Voronoff behandeln; er hat sich in eine Äffin verliebt, die als Negertänzerin in den »Folies Bergères« Furore macht. Sherlock Holmes bekommt es in *The Adventure of the Creeping Man* mit einem alten Professor zu tun, der sich aus Liebe zu einem jungen Mädchen von dem obskuren Gelehrten Lowenstein mit Affenserum behandeln läßt. Außer dem erwünschten hatte das auch einen unerwünschten Effekt: Des Nachts läuft der Professor auf Händen und Füßen umher und schwingt sich im Nachthemd durch die Baumwipfel. Holmes folgert als Kenner, daß man Lowenstein-Serum von irgendeinem Klammeraffen und nicht von einem Menschenaffen injiziert hat. »Ein Mensch mit den höchsten Anlagen«, läßt Conan Doyle seinen Helden schwadronieren, »kann sich zum Tier zurückentwickeln, wenn er von dem rechten Weg abkommt, der ihm vorgezeichnet ist.«

Das war Ende der zwanziger Jahre. Affen durften jetzt ihre Hoden wieder behalten, denn Voronoff war zu weit gegangen. Mit den Hoden junger Pferde versuchte er noch, berühmten, doch altgewordenen Deckhengsten die letzten Tröpfchen Supersamen auszupressen. Die Tiere schienen für die Suggestion minder empfänglich als ihre menschlichen Verwandten, und das fiel angesichts der teuren Behandlung bald auf. In der heutigen Zeit der Herztransplantationen wird immer deutlicher, daß sich ein fremdes Organ nicht so einfach einpaßt. Voronoffs Methode erhielt den Gnadenstoß, als man 1929 erstmals das Geschlechtshormon Testosteron isolierte. Affendrüsen erwiesen sich als eine Affenliebe. Daß man so daran geglaubt hatte, lag nach Ansicht von Voronoffs Biographen David Hamilton am Zeitgeist. Jugendlicher Elan war enorm gefragt, nachdem der Erste Weltkrieg eine ganze

Generation von jungen Leuten dahingerafft hatte. Vor allem in höheren Kreisen vermißte man die Jugend schmerzlich, weil diejenigen, die dazu bestimmt waren, das englische oder französische Imperium zu übernehmen, von den schnell wachsenden Unterschichten überrannt zu werden drohten. »Nationale Degeneration« drohte. Aber Voronoffs Erfolg fußte letztlich auf der Reputation des Affen als eines virilen Vergewaltigers. Zurück zur Jugend – das hieß irgendwie auch zurück zur abgehärteten Kraft von Urvater Affe.

Gegenwärtig behilft man sich lieber mit Rindern und Ferkeln. Affendrüsen pflanzt man nirgendwo mehr ein, doch besteht weiter Nachfrage nach fremden Geschlechtshormonen. Moderne Menschen lassen sich künstliche oder aus Haustieren gewonnene Geschlechtshormone einspritzen, so daß man endlich weiß, wie man sich fühlt, wenn fremde sexuelle Säfte durch die Adern fließen.

Weibliche Geschlechtszellen werden noch häufiger gegessen als männliche. Auf jedem Strammen Max liegen ein oder zwei davon. In Form von Fischlaich nimmt man weibliche Geschlechtszellen zu Tausenden zu sich, was beim Stör und seinem Kaviar obendrein auch noch sehr schick ist. Eizellen zu essen, ist vernünftiger, als Sperma zu sich zu nehmen, weil die eigentliche Fortpflanzungszelle oft von einem großen Nahrungsvorrat, dem Dotter, umgeben ist. Während aber der Genuß männlicher Geschlechtszellen im Ruf steht, das sexuelle Vermögen von Männern zu stärken, essen Frauen keine weiblichen Geschlechtszellen zur Steigerung ihrer Lust.

Wer ein Ei ißt, nimmt ein rein geschlechtliches Produkt zu sich. Doch auch weibliche Geschlechtsorgane werden gegessen. Das römische Schleckermaul Apicius hat Rezepte für gefüllte Schweinevagina überliefert; sein Landsmann Plinius behauptete, daß die Vagina einer Sau, deren Frucht man abgetrieben hatte *(ejectitia)*, noch appetitlicher wäre als die einer Sau, die auf natürliche Weise geworfen hatte *(porcaria)*. Für den feinen Geschmack von Martial mußte die Sau mit Vorliebe trächtig gewesen sein. Für Horaz hingegen machte das alles keinen Unterschied, wenn die Vagina nur hübsch groß war. Penisse dagegen wurde nach dem Küchenhistoriker Johannes van Dam, dem ich

A. Paul Weber, Auge
in Auge, ca. 1962

meine Kenntnisse antiker Fleischgerichte verdanke, sogar
von den Römern verschmäht. Er kennt nur ein einziges
Rezept für Penis. Es stammt aus der sehr armen jüdisch-je-
menitischen Küche:

»Man nehme einen Penis, blanchiere und säubere ihn.
Man koche ihn zehn Minuten und schneide ihn in Scheiben. Man brate Zwiebeln, Knoblauch und Koriander in Öl
an. Man füge den Penis hinzu und brate das ganze. Man
mische gehackte Tomaten, Pfeffer, Kümmel, Safran und
Salz untereinander und bestreue den Penis damit. Man
decke die Pfanne ab und lasse das Ganze im Ofen zwei
Stunden langsam garen.«

Es kann schwierig werden, einen geeigneten Penis aufzutreiben. Nach unseren Gesetzen müssen die bei der
Schlachtung anfallenden Penisse vernichtet werden. Die

aus Bullenpenis hergestellten Gummiknüppel, die zuweilen noch bei der Polizei in Gebrauch sind, kommen aus dem Ausland. Dabei sollen Penisse leckerer sein als Hoden. Daß letztere bei uns gegessen werden, erschien dem niederländischen Gesetzgeber so unwahrscheinlich, daß er es zu verbieten vergaß. Abgehärtete Feinschmecker, die unlängst Penis gegessen haben, berichteten allerdings, daß der Geschmack hinter den Erwartungen zurückblieb.

Dasselbe gilt für Blut. Wenn man das eigene Blut aus einer Wunde leckt und sich selber schmeckt, kommt einem das noch süß vor. Doch der Gedanke an die groben Blutwürste unserer Kindheit läßt uns die Jugend schwerlich zurücksehnen. Das ist natürlich Geschmackssache. In Frankreich gibt es kulinarische Gesellschaften, die sich – mit Togen und skurrilen Mützen bekleidet – mit ausgefeilten Ritualen der Blutwurst widmen. Das erinnert an Kulte rund um das Blut, die wir von sogenannten primitiven Völkern kennen. Auf dem Genuß von Blut liegt ein Tabu, das mindestens so alt ist wie das zweitälteste Buch des Alten Testaments, das Buch Leviticus:

»Und wider einen jeden, der irgend Blut ißt, sei er aus dem Hause Israel oder von den Fremden, die unter ihnen wohnen, wider einen solchen, der Blut ißt, werde ich mein Angesicht wenden und ihn aus seinem Volk ausrotten. Denn die Seele des Fleisches ist im Blute, und ich habe es euch für den Altar gegeben, daß man euch damit Sühne erwirke; denn das Blut ist es, daß durch die Seele Sühne erwirkt.«

Ebenso wie die Moslems lassen die Juden deshalb ihre Schlachttiere leerbluten, ehe sie davon essen. Natürlich gibt es auch Völker wie etwa die Tibeter, die ihre Tiere erwürgen, um besonders viel Blut in ihnen zu bewahren. In unseren Weltgegenden wird dem Blut von den Christen, die das Blut ihres Heilands anbeten, besondere Ehrfurcht erwiesen. Jedenfalls war das Blut-Tabu im England des Jahres 1667 noch mächtig, als Dr. Edmund King das Blut eines Lamms durch die Adern eines Menschen strömen lassen wollte. Die Transfusion wurde frühzeitig wegen »einiger Bedenken moralischer Natur« verhindert. Diese Überlegungen müssen den Einwänden geähnelt haben, die seit dem neunzehnten Jahrhundert gegen das Impfen vorgebracht werden: Das Einführen einer aus einem Tier gewonnenen Flüssigkeit führe zur »Vertierung menschlicher Wesen«.

Inzwischen hat das Tabu seine Schärfe verloren. Wir injizieren uns selbst fremder Leute Blut und spritzen das unsere in Versuchskaninchen. Durch die Injektionsnadel und die Sterilität allen erotischen Beigeschmacks beraubt, strömen die Säfte aus dem einen Organismus ohne irgendein Tabu in die Adern des anderen. Hier ist es die Natur selbst, die Hemmungslosigkeiten im Wege steht. Ausgerechnet beim Blut haben wir es mit Gruppen und Faktoren zu tun, die das willkürliche Austauschen verunmöglichen. Tierblut darf nicht in unsere Adern gelangen, und sogar Menschenblut muß sorgfältig ausgewählt und behandelt werden, damit es nicht mit tödlichen Folgen für den Organismus abgewiesen wird. Weil es flüssig ist, läßt sich Blut scheinbar mühelos übertragen, doch es bleibt ein eigenes Organ voller Stoffe, die es als unverwechselbares persönliches Kennzeichen eines Wesens ausweisen. Deshalb gibt es hier Grenzen, die an den Baum der Erkenntnis erinnern: Wer sie überschreitet, der verleibt sich das verbotene Fremde ein.

Unsere Körpersäfte sind das Intimste, das wir mit anderen Wesen austauschen können. Man kann aber einem Tier auch den Pelz abziehen und ihn selbst tragen. So schlüpft man buchstäblich in eine andere Haut. Man schmückt sich mit fremden Federn.

Bis vor kurzem galt es als innigster Wunsch einer Frau, einen Pelzmantel zu besitzen. Wer sich in ein Tierfell hüllte, sah nicht nur kokett aus, sondern galt seltsamerweise auch als kultivierter. Je höher die Kreise, desto mehr näherte sich der Anteil der Pelzjackenträgerinnen den hundert Prozent. Noch seltsamer ist, wie schnell die Anti-Pelz-Kampagnen diese Lage umzukehren vermochten. Plötzlich ist es ungehörig, sich in einem Pelzmantel öffentlich zu zeigen. Schnell wäre heute eine johlende Kindermeute hinter der Dame her. Solch ein plötzlicher Umschwung ist nur möglich, weil man auf latente Gefühle des Abscheus aufbauen konnte. Trotz ihres modischen Schicks waren Pelze stets mit Schuldgefühlen, Blut und Tod beladen. Nun trägt man Kunstpelze, die ihre Wirkung gleichfalls nicht verfehlen. In einem nachgemachten Leopardenpelz sendet eine Frau eine unverkennbare Botschaft aus, die ursprünglich für Leopardenmännchen bestimmt war. Komischerweise wirkt sie ebenso stark auf menschliche Männchen. Als wären sie selbst Leoparden, starren die Männer auf dem Laufsteg den Talmi-Leopardinnen hinterher. Viele Menschen finden Leopardenmuster ordinär, doch das bedeutet nur, daß hier die Symbolik überdeutlich ist. Stolz, ordinär und sexy spaziert das Leopardenmädchen neben ihrem Burschen, der enge Ledersachen trägt.

Ohne Behaarung wird Pelz zu Leder und bekommt nun etwas betont Männliches. Männer fühlen sich in Leder maskuliner, wie sich Frauen im Pelz femininer fühlen, und sie bewundern andere Männer in Leder. Gegenseitig reizen sie sich mit Motorradfahren und Lederfetischismus. Homo- wie Heterosexuelle können durch Leder sexuell erregt werden, und deshalb laufen sie damit herum. Außenstehende nehmen das, wie der Experte Paul van Gelder meint, als beunruhigend wahr: Es ist ein Zeichen sexueller Vorlieben, die zugleich tierisch und primitiv sind. Leder und Sex gehören dabei untrennbar zusammen. Das erklärt auch die Enttäuschung eines zitierten Lederkerls, der einen Neuling aus der Lederbar mit zu sich nach Hause genommen hatte: »Ich hatte einen prächtigen, in Leder gekleideten Jungen angesprochen, und als wir loslegten, zog er einfach alles aus!«

Weil Leder und Pelz erotisch besetzt sind, geraten sie in die Nähe von Nekrophilie. Das Tier muß tot sein, damit wir seine Haut übernehmen können. Ein schönes Mädchen im Leopardenrock mag sich wie ein lebender Leopard vorkommen, ein wenig, als wäre sie dem Tier einverleibt. Der Lederjunge hingegen identifiziert sich überhaupt nicht mit der alten Kuh, deren tote, abgewetzte Haut ihn umhüllt. Was für ein Tier das Kleidungsstück einst war, macht bei Leopardenpelzen und Schafswollsocken einen gewichtigen Unterschied. Bei Leder tut das nichts zur Sache, weil mit dem Haar auch die Identität verschwindet.

Ein ganz spezieller Fall war allerdings die Weste von Doktor Melchior, dem Schiffsarzt des Seefahrers Willem

Barentsz. Auf Walfischfang gerbte der Doktor das einzige
Stück Walfischhaut, das sich gerben läßt, und schnitt sich
eine Weste daraus. Mit demselben Material – Penisleder –
ließ er seine Bibel einbinden. Selten waren Sex, Tier, Tod
und Religion so eng miteinander verbunden.

7.
Gott und Gebot

Ein Tier ist ein Ding, darüber sind sich die Juristen einig. Ein Ding besitzt keine Rechte, wie sie einer Person zustehen. Der Gesetzgeber darf, in den Worten von Prof. Langemeijer, »der Überzeugung keine Bedeutung zumessen, daß Tiere leiden, wenn sie Schmerz, Hunger, Durst oder Übermüdung verspüren, sondern einzig überprüfen, ob die Masse der in der Rechtsordnung lebenden Menschen oder zumindest eine repräsentative Gruppe sich das Leiden zu eigen macht«. Nur darum darf man einem Hund kein Bein brechen. Und darum können auch jeden Tag Millionen von Tieren straffrei durch die Fleischwölfe unserer Agrarindustrie gedreht werden; ohne jeden Prozeß werden sie wegen eklatanter Eßbarkeit zu Tode gebracht.

Prof. Langemeijer schrieb seine Ansicht 1954 nieder. Seither ist die »repräsentative Gruppe« von in der Rechtsordnung lebenden Menschen, die sich das »Leiden zu eigen macht«, in ganz Europa stark angewachsen. In den Niederlanden gibt es die Stiftung *Lekker dier*, die sich für das Schicksal schmackhafter Tiere einsetzt. Es gibt sogar einen Tierschutzbund niederländischer Polizeibeamter. In Amerika sind die *Beaver defenders* (Biberschützer) und die *Jews for Animal rights* (Juden für die Rechte von Tieren) aktiv; England hat die *Chicken's lib*, und woanders als in der Schweiz könnte die »Kosumenten-Arbeitsgruppe zur Förderung tierfreundlicher, umweltgerechter Nutzung von Haustieren« existieren? Wenn Frauen gleiche Rechte haben und Schwarze, Schwule und Geisteskranke mit ihnen gleichziehen, dann – so finden immer mehr Menschen – haben auch Tiere ein Recht auf Rechte. Recht haben sie. Tiere sollten nicht als Ding gelten, sondern als Person; nicht als Objekt, sondern als Subjekt; nicht als Mittel, sondern als Zweck. Doch Rechte haben auch Pflichten zur Folge. Nur wenige Aktivisten sind sich darüber im klaren, daß ein Tier mit Rechten auch für seine Handlungen

Hinrichtung einer
Sau vor der Kirche
von Falaise, Stich aus:
L'Homme et la Bête, von
Arthur Mangin

Altes Weib kämpft
gegen den Teufel in
Tiergestalt, 15. Jh.

verantwortlich gemacht werden kann. Wenn ein Richter ein Tier als Persönlichkeit betrachtet, kann es auf der Anklagebank landen. Genau das kam dem Hund Provetie im Jahr 1595 teuer zu stehen, als er von den Leidener Schulzen und Schöffen des Totschlags an einem Kind beschuldigt wurde:

»Provetie scheute sich am vorletzten Sonntag, dem 9. Mai 1595, nicht, das Kind des Jan Jacobsz van der Poel zu beißen, welches bei seinem Onkel spielte und dabei ein Stück Fleisch in der Hand hielt. Und der obengenannte Provetie hat, indem er danach schnappte, das obengenannte Kind gebissen und damit eine Wunde im zweiten Finger der rechten Hand verursacht, die durch die Haut bis ins Fleisch ging, so daß Blut aus der Wunde lief und das Kind in wenigen Tagen durch den Schreck aus dieser Welt geschieden ist. Darüber hat Herr Eysser den Provetie in Haft genommen und nach eigenem Geständnis des Beklagten in eiserne Ketten gelegt. Die Schöffen der Stadt Leiden verurteilten ihn, daß er mit Geleit auf den Platz von Gravesteyn gebracht werde, wo man gewöhnlich die Übeltäter straft, und daß er dort durch den Scharfrichter mit einem Strick zwischen Himmel und Erde an den Galgen gehängt werde, bis daß der Tod folgt. Danach soll sein Leib bis zum Galgenfeld geschleppt werden und dort zur Abschreckung aller anderen Hunde hängen bleiben.«

Ob die am Galgen baumelnde Hundeleiche die anderen Leidener Hunde auf redliche und gesetzestreue Gedanken gebracht hat, ist zu bezweifeln. Auch als Mittel gegen Rückfälligkeit oder zum Zweck profaner Rache kommt uns heute ein kompletter Prozeß mit Arrest und Aburteilung ziemlich umständlich vor. Wozu all die Mühe, einen Hund an den Galgen zu bringen? Daraus spricht deutlich das Bedürfnis nach Ordnung. An der Rechtsordnung war gerührt worden, und das mußte bestraft werden, weil sie gottgegeben war. Ein Tierprozeß war ein Ritual im ewigen Streit zwischen Gut und Böse. Vor Gericht hatte die Ansicht, ein Tier sei eine Sache, keine Chance. Das Dilemma bestand darin, daß man im Tier die göttliche und deswegen gute Schöpfung sehen wollte; die Verurteilung eines Tieres hätte als Kritik an Gottes Schöpfung aufgefaßt werden können. Doch konnte diese gute Schöpfung auch von den Mächten des Teufel besessen sein. Und der Teufel mußte aus der Welt – mit Mann und Maus und Hund. Daher rührt die Sorgfalt für das rituelle Detail: Anklagebank, Geständnis, Henkersmahlzeit, fortgeworfene Handschuhe des Scharfrichters, Glockengeläut. Heute erscheint uns die Streitfrage lächerlich, ob ein toller Hund für unzurechnungsfähig erklärt werden müsse. Die Richter von früher nahmen das bitter ernst.

»Früher« umfaßt nahezu die gesamte christliche Zeitrechnung, vom frühen Mittelalter bis ins neunzehnte Jahrhundert. Derartige Prozesse wurden vor allem in Frankreich geführt. Doch auch in Deutschland, Italien, Schweden, Holland und Amerika wurden Schweine, die Kinder gebissen, oder Stiere, die Bauern auf die Hörner genommen, oder Eselinnen, die Knechte verführt hatten, aufgehangen, erwürgt oder auf dem Scheiterhaufen verbrannt. Ein für schuldig befundener Ziegenbock wurde von den Russen ihrer Tradition entsprechend nach Sibirien verbannt. Sechs blutbefleckte Ferkel, die man bei der Leiche des französischen Kleinkindes Jehan Martin überrascht hatte, wurden 1457 als mutmaßliche Mittäter ihrer Mutter vorgeladen, aber aus Mangel an Beweisen gegen eine Bürgschaft freigelassen. Pferde oder andere Lasttiere, mit denen eine Jungfrau entführt worden war, kamen nicht so glimpflich davon. Tiere konnten nicht allein für das bestraft werden, was sie angestellt, sondern auch für das, was sie unterlassen hatten. Wurde jemand vergewaltigt, dann mußten nach altem deutschen Recht alle Tiere des Hauses getötet werden, weil sie dem Opfer offensichtlich nicht hilfreich beigestanden hatten. Tiere konnten sogar zur Aussage aufgerufen werden; aus England hören wir von einem Papagei als Zeugen.

Tiere waren menschlichen Pflichten unterworfen und von Dämonen besessen und wurden deshalb auch nach ihrer Frömmigkeit beurteilt. Im Jahre 1394 wurde in Mortaigne ein Schwein wegen Heiligenschändung gehängt. Das Tier hatte eine geweihte Hostie gefressen. Einem anderen Schwein, das ein Kind getötet und angefressen hatte, wurde es als erschwerender Umstand angerechnet, daß es dies an einem Freitag getan und damit die Fastenregeln übertreten hatte. Wo geistliche Sünden profan bestraft wurden, konnten auch profane Vergehen mit geistlichen Strafen belegt werden. Insektenschwärme, Rattenscharen und andere Plagetiere, die nicht persönlich auf der Anklagebank erscheinen konnten, wurden nach den erforderlichen Gebeten und Prozessionen von einem Kirchentribunal exkommuniziert. Um wenigstens etwas in Händen zu haben, wurden zuweilen einige Exemplare feierlich im Gerichtssaal getötet, während man den Bannfluch verkündete. Auch Freispruch war möglich, wenn der Verteidiger mit Erfolg plädiert hatte, daß Gott die Pflanzen sowohl den Menschen als auch den Insekten zur Nahrung geschaffen hatte. Es kam auch vor, daß die Insekten längst ihre Winterruhe angetreten hatten, bevor die kirchlichen Juristen ihre Haarspaltereien beendeten. Es ist nicht bekannt, wie der verschleppte Prozeß ausgegangen ist, den die Kirchengemeinde von Saint-Julien gegen die Käfer angestrengt hatte, die die örtliche Weinernte bedrohten; das letzte Blatt des Rechtsspruches wurde von Insekten angefressen.

Für die Verurteilung von Tieren mußte man manchmal Gedankenkonstrukte in die Welt setzen, denen wir heute nurmehr mühsam folgen können. Doch beim Aburteilen von Sodomie war die Sachlage ganz einfach. Die Bibel, die außer Offenbarung, Abenteuerroman und Pornosammlung auch Gesetzestext ist, schreibt im Buch Mose unmißverständlich:

»Du sollst auch bei keinem Tier liegen, daß du an ihm unrein werdest. Und keine Frau soll mit einem Tier Umgang haben; es ist ein schändlicher Frevel. Ein Mann, der einem Vieh beiwohnt, der soll des Todes sterben; auch sollt ihr das Tier töten. Wenn eine Frau sich einem Tiere nähert, um mit ihm zu schaffen zu haben, so sollt ihr die Frau und das Tier töten. Sie sollen gewiß getötet werden; ihr Blut komme über sie.«

Mensch und Tier mußten gesteinigt werden. In diesen Worten klingen archaische Bannflüche durch. Die Hethiter, die Vorgänger der Juden im Heiligen Land, waren längst nicht so streng. Ihnen war zwar bei Todesstrafe verboten, bei einer Kuh oder einem Hund »zu liegen«. Wenn jedoch »ein Mann bei einem Pferd oder Maulesel liegt, wird er nicht bestraft, nur darf er nicht in des Königs Nähe kommen und kann kein Priester mehr werden«. Solche Nuancen haben mehr mit dem Unterschied zwischen reinen und unreinen Tieren zu tun als mit der Regulierung des Geschlechtslebens. Mit seinen strengen Gesetzen setzte sich das Alte Testament nachdrücklich von den früheren Bewohnern des Heiligen Landes ab: »Denn alle solche Greuel haben die Leute dieses Landes getan, die vor euch waren, und haben das Land unrein gemacht.« Nach den Vorschriften des Alten Testaments richteten die Juden ihren Talmud aus. Hiernach war es Witwen sogar verboten, einen Hund zu halten, weil sie das Schoßtier eventuell einem richtigen Mann vorziehen könnten. Aber auch symbolisch wurde jedwede Vermischung von Tieren mit Menschen oder Göttern gebannt. Gott wie bei den Ägyptern oder Griechen mit Kopf oder Körper eines Tieres darzustellen, war bei den Juden streng verboten. Von der Vereinigung Gottes mit einem Tier ganz zu schweigen: ein »Lamm Gottes« ist dem gläubigen Juden ebensolch ein Greuel wie ein Goldenes Kalb.

Der alttestamentarische Fluch gegen die Sodomie war Wasser auf die Mühlen eines Antisemiten wie Voltaire:

»Leviticus richtet diesen Vorwurf an die jüdischen Damen, die durch die Wüste irrten. Zu ihrer Verteidigung muß ich anführen, daß sie sich in einem Land nicht waschen konnten, wo es kein Wasser gibt und wohin man immer noch kaum auf dem Rücken eines Kamels gelangen kann. Sie konnten keine sauberen Kleider oder Schuhe anziehen, weil sie durch ein außergewöhnliches Wunder vierzig Jahre lang dieselben Kleider trugen; sie hatten keine frische Wäsche. Wegen ihres Geruchs konnten die Ziegenböcke sie recht gut für Ziegen halten. Diese Ähnlichkeit kann leicht zu amourösen Beziehungen zwischen den zwei Arten geführt haben.«

Der flämische Jurist Joost de Damhoudere wandte im sechzehnten Jahrhundert die ursprünglich jüdischen Gesetze sogar gegen die Juden selbst: In seinem juristischen Handbuch rubrizierte er den Koitus eines Christen mit einem Juden unter Sodomie. Ein gewisser Jean Alard, der in Paris mit einer Jüdin zusammenwohnte und Kinder mit ihr hatte, wurde in Paris wegen Sodomie verurteilt und zusammen mit seiner Gefährtin auf den Scheiterhaufen ge-

Hugo van der Goes,
Sündenfall, ca. 1470

bracht, »weil ein Koitus mit einer Jüdin genau dasselbe bedeutet, wie wenn ein Mann mit einer Hündin kopuliert«.
Diese Auffassungen sind ebenso schändlich wie eindeutig.
Es gibt keinen Zweifel daran, was man hier unter Sodomie
verstand. Ursprünglich war Sodomie die Bezeichnung für
die sexuellen Ausschweifungen, die Gott mit der Verwü-
stung der Stadt Sodom strafte. Doch niemand weiß genau
zu sagen, welche Ausschweifungen das eigentlich waren.
Bei uns wird der Begriff heute für den geschlechtlichen
Umgang mit Tieren gebraucht; in anderen Ländern auch

für Homosexualität. Im Staat New York erklären Strafrichter sogar heute noch nach dem Buchstaben des Gesetzes jeden der Sodomie für schuldig, der »fleischliche Gemeinschaft mit einem Säugetier oder Vogel hat«, der »einer weiblichen oder männlichen Person durch den Anus oder durch den Mund beiwohnt« oder der »Geschlechtsverkehr mit einer Leiche pflegt«. Vielleicht waren die europäischen Gesetze nicht großzügiger, sondern formulierten nur schwammiger, wenn sie jahrhundertelang von einem *crimen nefandum contra naturam* oder einer *offensa cujus nominatio crimen est* sprachen: ein Vergehen gegen die Natur, das man besser nicht beim Namen nennt. Die Psychiater haben die Defintion mit ihrem Küchenlatein nicht einfacher gemacht und zur »Sodomie« die etwa gleichbedeutende »Zoophilie« erfunden.

Zusammmen mit allem anderen übernahm das Christentum von den Juden auch die Gesetze gegen Sodomie. Wo möglich, wurden sie sogar noch verschärft. Ganz wie die Juden sich gegen die früheren Bewohner des Heiligen Landes abgrenzten, versuchten die Christen, sich in ihren ersten Jahrhunderten durch Selbstzucht und Enthaltsamkeit von den Römern und anderen Heiden zu unterscheiden. Das war nicht gerade schwierig; als passionierte Fremdgänger, Sklavenliebhaber und Orgienfreunde kannten die Römer noch nicht einmal Sodomieverbot. Es gab ein paar Verordnungen gegen öffentliches homosexuelles Betragen, doch weiter mischte sich der römische Gesetzgeber nicht in das Privatleben seiner Bürger ein. Die Christen dagegen verabscheuten jedwede Unkeuschheit. Die Sünde, die den Menschen aus dem Paradies vertrieben hatte – nur wenn sie ausschließlich der Fortpflanzung diente, ging Sexualität gerade noch durch. Wer aber wahrhaft vorbildlich leben wollte, enthielt sich ihrer besser ganz. Auch wenn sie es nicht mit hungrigen Löwen zu tun bekamen, war das Leben für die frühen Christen nicht gerade ein Zuckerschlecken. Das Neue Testament erlangte zwar nie die Gesetzeskraft wie einst das Alte, doch ertönte ein Gebot lauter denn je: Du sollst nicht unkeusch sein. »Fliehet die Unzucht!«, schrieb der Apostel Paulus an die Korinther. »Wer aber Unzucht treibt, der sündigt an seinem eigenen Leibe. Oder wisset ihr nicht, daß euer Leib ein Tempel des heiligen Geistes ist, der in euch ist?« Sex mit Tieren diente nicht der Fortpflanzung und war also ebenso streng verboten wie im Reich der Natur. Zu den widernatürlichen Handlungen zählte sogar das Berühren des Geschlechtsteils eines Tieres. Wer das aus purer Lust tat, der beging eine Todsünde. Der nur Neugierige kam mit einer läßlichen Sünde davon. Wo es – wie in der Viehzucht – gänzlich unumgänglich war, tierische Geschlechtsteile zu berühren, mußte das – so noch eine Kirchenverordnung von 1927 – älteren und verheirateten Personen vorbehalten sein. Die verheiratete Person mußte aber aufpassen, nicht zu weit zu gehen. Denn der Geschlechtsverkehr zwischen Mensch und Tier galt für die Kirche noch schändlicher als Ehebruch und gab dem Ehegatten das Recht, »die ehelichen Pflichten zu verweigern«.

Eine einzige Änderung nahmen die Christen an den alttestamentarischen Geboten vor: Die Todesstrafe wurde nicht mehr durch Steinigung, sondern auf dem Scheiterhaufen vollzogen. Zwar gingen viele Prozeßakten verloren, doch sind aus der Blütezeit der Sodomieprozesse vom sechzehnten bis zum achtzehnten Jahrhundert Hunderte von Akten erhalten geblieben. Oft betraf das nachzulesende Geschehen die Armen im Geiste. Oder die vermeintliche Sodomie, auf der unweigerlich Todesstrafe stand, bildete die ideale Anschuldigung, um einen im Wege stehenden Ehepartner loszuwerden oder eine alte Fehde zu beenden. Bezeichnend ist der Prozeß gegen Jean de la Soille, einen sechsundzwanzigjährigen Eseltreiber aus Villeneuve-L'Archeveque. Am 20. November 1555 wurden die Zeugen verhört:

»Aymon Groupan, Küfer, wußte seit langem, daß der Monsieur De Terron den Jean de la Soille in Dienst genommen hatte, um für seine Esel zu sorgen, und daß obengenannter de la Soille die gründlichste Fürsorge der im Prozeß behandelten Eselin zuteil werden ließ, der er in einem separaten Stall zu schlafen gewährte. Der obengenannte Josse Valcroin, Krämer hier am Ort, hat erklärt, daß er einen Jungen in Dienst hatte, der La Biche hieß, welcher La Biche ihm wiederholt gesagt habe, daß obengenannter de la Soille ein infamer Sodomit sei und daß er eine Eselin, der er mehr Sorgfalt widme als den anderen, auf eine höchst schändliche Manier gegen die Natur mißbrauche.

Roger Dumoulin, Herbergswirt am Ort, hat erklärt, daß er den obengenannten de la Soille mehrere Male auf frischer Tat ertappt habe, unter anderem am Samstag, den 13. dieses Monats, dem Tage, an dem obengenannter de la Soille arrestiert wurde.«

Der Angeklagte wird für schuldig befunden und dazu verurteilt, in einem offenen Wagen, an dem der Esel festgebundenen wurde, abtransportiert zu werden. Während der Verurteilte auf eine Leiter gebunden wird, die an einem Pfahl auf dem Hauptplatz der Stadt lehnt, »soll oben genannte Eselin in seinem Beisein verbrannt werden; anschließend soll oben genannter de la Soille gehängt und erwürgt werden, woraufhin sein Körper ins Feuer geworfen werden soll, worin oben genannte Eselin zu Asche verbrannt ist«.

Oft werden auch die Prozeßakten ins Feuer geworfen, »damit keine Spur der abscheulichen Tat übrig bleibt«. Der Prozeß gegen de la Soille ist einer von vierzig, die mit einer Abschrift in der Bibliothèque Nationale erhalten geblieben sind, weil ein Bevollmächtigter des Königs, Simon Gueulette, sie in ein umfangreiches juristisches Sammelwerk aufzunehmen beabsichtigte. Aus dieser Sammlung stammt auch die Akte aus dem Jahr 1622 über den Stellmachermeister Antoine de la Rue, der mit kaum fünfunddreißig Jahren sterben mußte:

»Raymond Pardiat, Apotheker hier am Ort, hat gesagt und erklärt, daß oben genannter Antoine de la Rue am letzten Dienstag, 18. April, zu ihm gekommen sei, um eine Salbe zur Linderung seiner Schmerzen zu erbitten. Obwohl oben genannter de la Rue, danach befragt, ihm nichts über die Stelle und den Grund des Leidens beichten wollte, konnte er sehr wohl erkennen, daß oben genannter de la Rue sich bei irgendeiner fleischlichen Vereinigung die Haut geschürft habe und daß er oben genanntem de la Rue nichtsdestotrotz die Salbe gegeben habe, die er wünschte.

Thomas Le Fevre, genannt Belle Humeur, Stellmacherlehrling im Dienste des oben genannten Antoine de la Rue, hat erklärt, daß er wußte; daß oben genannter Antoine de la Rue fortwährend fleischlichen Umgang mit der

Sexuelle Hexerei:
Frauen verwandeln
sich in Füchse, an-
onyme japanische
Drucke

weißen Stute pflegte, die er in seinem Stall stehen hatte
und die er sogar einzig zu diesem Zwecke angeschafft
hatte.

Nach dem gebräuchlichen Eid, die Wahrheit und nichts
als die Wahrheit zu bekennen, hat Angelique Renée Millot,
Frau des Antoine de la Rue, erklärt, daß ihr Ehemann sie
nicht nur mißhandelte und schlug und obendrein noch
täglich mit einer Stute kopulierte, worunter sie litt, ohne
klagen zu dürfen, sondern daß er sie auch noch unter hef-
tigem Andrängen und gar mit Gewalt zwingen wollte, ihm
ein widernatürliches Beisammensein, auf andere Weise als
es sich für eine eheliche Beiwohnung gehört, zuzugeste-
hen, und daß oben genannter de La Rue bei ihr, die dergleichen niemals zugelassen hätte und sogar in einer eigenen, separaten Kammer schlafen wollte, eines Nachts im
Schlaf und überraschend seine ekligen Vorhaben ausführte.«

Der Angeklagte leugnete alles, außer daß er einmal
seine Frau mit dem Stock geprügelt habe, weil sie sich ge-
weigert habe, den Apotheker Pardiat nicht mehr zu sehen,
mit dem sie seiner Meinung nach ein Verhältnis hatte. Weiter konnte ihre Aussage ihn nicht überraschen, denn sie
wäre nun einmal eine Schlampe und habe die ganze Sache

mit ihrem Geliebten ausgekungelt. Doch ihr Plan ging
auf. Am 22. Juni 1622 wurde de La Rue verurteilt und wenig später auf dem Markt von Montpensier gehängt. Sein
Körper wurde zusammen mit dem des Pferdes in einem
Feuer zu Füßen des Galgens verbrannt und beider Asche
in alle Winde zerstreut.

Erst aufhängen und dann auf den Scheiterhaufen – das
erscheint uns übergründlich. Entscheidend von beidem
war das Verbrennen, damit die Welt ein für allemal vom
Bösen gereinigt werde. Das Aufhängen bedeutete einzig
eine Milderung des Feuertodes. Es kam auch vor, daß man
das Opfer erst brandmarkte, dann erwürgte und schließlich verbrannte. Dem Tier wurde in der Regel mit einem
Schlag der Kopf abgehauen, bevor es ins Feuer kam. In
einem Urteil von 1684 aus Ottendorf wurde ausdrücklich
bestimmt, daß der Körper des in Rede stehenden Tier-
schänders bei der Verbrennung unter dem seiner Mit-
täterin, einer Stute, zu liegen kam. Einmal entging ein
widernatürliches Gespann nach der Verurteilung den
Flammen. Diese Ausnahme wurde 1609 in Niederrad
einem Mann und einem Pferd zuteil, die man nach der
Exekution in eine Kadavergrube warf.

In noch selteneren Fällen kam es dazu, daß das Tier lebend davonkam. Dieses Glück hatte die Eselin, die nach E. P. Evans in seinem Buch *The Criminal Prosecution and Capital Punishment Of Animals* auf frischer Tat mit Jacques Ferron ertappt worden war. Im Jahr 1750 wurde sie freigesprochen, weil sie das Opfer einer Gewalttat geworden war und nicht aus freien Stücken an der Schandtat ihres Herrn mitgewirkt hatte, der zum Tode verurteilt wurde. Die Eselin hatte ihr Leben einigen ortsansässigen Notabeln zu verdanken, die beteuerten, sie schon vier Jahre zu kennen. Weil sie sich immer, sowohl daheim als auch unterwegs, tugendhaft und redlich betragen und niemandem etwas zu Leide getan hatte, waren die Notablen von Vanvres »bereit zu bezeugen, daß sie in Wort und Tat und in ihrer ganzen Lebensart durch und durch rechtschaffen sei«. Diese entlastende Aussage hob nicht nur das biblische Gebot auf, nach dem Mensch und Tier gemeinsam zu richten seien. Es wandte sich auch gegen die moralischen und juristischen Erwägungen, in die beispielsweise der Rechtsgelehrte de Damhoudere das göttliche Wort umgemünzt hatte:

»Warum trifft diese Strafe auch die Tiere, die nicht gesündigt haben und nicht gegen ein Gesetz verstoßen konnten, das sie nicht begreifen? Jede Sünde muß freiwillig begangen werden, und unverständige Tiere haben keinen freien Willen. Das ist der Grund, warum wir sie keiner Verbrechen für schuldig halten können. Die rechte Antwort ist denn auch nicht, daß die Tiere bestraft werden, weil sie eine persönliche, ihnen selbst bewußte Sünde begangen haben, sondern daß die Tiere das Hilfsmittel waren, mit dem Menschen das Schrecklichste des Schrecklichen begangen haben. Darum müssen sie auch mit einem abscheulichen Tod bestraft werden. Es ist nicht mehr als recht, daß genannte Hilfsmittel – ich meine die unverständigen Tiere – zusammen mit dem Menschen bestraft werden. Es wäre für immer schändlich und untragbar, wenn solch ein vernunftloses Tier unter den Augen der Menschen leben bliebe, nachdem durch dieses Tier ein vernunftbegabter Mensch auf elendige Weise zu Tode gekommen ist.«

Es ist kein Zufall, daß die Höhepunkte der Sodomieprozesse ungefähr mit der Hexenverfolgung zusammenfallen. Bei Sodomie wie bei Hexerei arbeiten Mensch und Tier im Dienste des Teufels zusammen. Als Handlanger der Hexe konnten allerlei Tiere dienen; Satan nahm, was er kriegen konnte. Die weitaus beliebteste Gefährtin der Hexen war jedoch die Katze. Sie erreichte damals ihren Tiefpunkt in der menschlichen Wertschätzung. Das Nachttier war selbst häufig schwarz, konnte mit funkelnden Augen plötzlich aus dem Nichts auftauchen und hatte neun Leben; so stellte die Katze das ideale Vehikel des Teufels dar. Über die Art der Beziehungen zwischen Hexe und Katze machte man sich keine Illusionen: Katzen dienten dazu, ihnen den Hintern zu küssen. Eine Menge Katzen sind mit Hexen auf dem Scheiterhaufen gelandet. Und weil Ketzerei mit Hexerei gleichgesetzt wurde, war Katze auch gleich Ketzer.

Als Europa aus den Nähten platzte und der Treck nach Amerika in Gang kam, nahmen die Kolonisten leider mehr alte Gesetze als junge Frauen mit in die Neue Welt, was nicht ohne Folgen blieb. In der Kolonie Massachusetts wurde 1642 William Hackett mit achtzehn Jahren zum Tode verurteilt, weil er sein Glied in eine Kuh gesteckt hatte. Sein Einspruch, dergleichen sei daheim in England auf dem Bauernhof durchaus üblich, nutzte weder ihm noch der Kuh: Zuerst wurde sie vor seinen Augen verbrannt, dann bekam er den Strick. Im selben Jahr des Herrn wurde nach Zeugnis der *Magnalia Christi Americana* in New Haven »ein schäbiger Wicht wegen beispiellos widerwärtiger Bestialität hingerichtet«. Obgleich der Verurteilte, ein etwa fünfzigjähriger Töpfer, »stets eifrig zur Kirche« gegangen war und sich »beflissen hatte, andere Menschen von ihren Sünden abzubringen«, hatte er sich eine halbe Ewigkeit lang den widerwärtigsten Tierschändungen hingegeben. Seine Frau hatte ihn schon zehn Jahre zuvor mit einer Hündin ertappt, jedoch auf sein dringliches Bitten nichts weiter darüber verlauten lassen. Später hatte er das Tier, wohl als stellvertretende Sühne, aufgehängt. Nun, da er selbst an den Galgen kam, wurden »vor seinen Augen eine Kuh, zwei Ferkel, drei Schafe und zwei Säue getötet, mit all denen er seinen niedrigen Gelüsten gefrönt hatte«.

Der Moment, in dem die Sodomie nicht mehr als Kapitalverbrechen galt, sondern die Richter Nützlicheres zu tun bekamen, ist ziemlich genau zu bestimmen, nämlich die Zeit der Französischen Revolution. Im Gefolge von Montesquieu und weiterer Denker der Aufklärung wurden Kirche und Staat, Moral und Recht, Gott und Gebot voneinander getrennt. Man solle endlich aufhören, Gott immer nur zu fürchten, befand Montesquieu, wo man ihn doch viel besser loben konnte. Die Sittlichkeit zog vom Gerichtshof ins Gewissen um. Vom einen auf den anderen Tag kostete Sodomie den Täter nicht mehr den Hals, höchstens noch seine Freunde und Freundinnen. Das war nicht nur in Frankreich so, sondern auch in anderen Ländern, die unter französischen Einfluß kamen. Zwar wurde die rigorose Trennung von Recht und Moral nach der Franzosenzeit hier und da wieder zurückgenommen, doch tauchte der Straftatbestand der Sodomie nie mehr in den Gesetzbüchern von Italien, Spanien, Portugal, Rumänien, Belgien, der Niederlande und natürlich Frankreich selbst auf. Die Einstellung blieb stets gerade liberal genug, Keuschheitsaposteln wie dem französischen Arzt Lucien Nass Widerstand zu bieten. Dieser stellte noch 1912 entrüstet fest, daß »das französische Strafrecht dieses Verbrechen nicht kennt. Das liegt sicher daran, daß einige Schweinereien zu schäbig sind, als daß man sie ohne Gefahr für die Ehre bekämpfen oder überhaupt erwähnen könnte«.

Länder wie Deutschland und England führten die Unterscheidung zwischen Recht und Moral gleichfalls ein. Dennoch blieb Sodomie als Gesetzesverstoß hier noch lange strafbar. Sodomie bremste das Bevölkerungswachstum, brachte die Ehe in Gefahr und erfüllte obendrein das Gros der Bevölkerung mit Abscheu. Es ist bezeichnend für den Unterschied zwischen romanischer und germanischer Mentalität, daß man als Bauer in den deutschsprachigen Kantonen der Schweiz bis weit nach dem Zweiten Weltkrieg noch lange nicht all das mit seiner Kuh anstellen durfte, was in den französischen Kantonen längst erlaubt war. Und wer in Deutschland »zur Befriedigung seiner Lust mit seinem Körper das Geschlechtsteil eines Tieres berührt«, riskierte bis 1969 außer einer Gefängnisstrafe auch den Verlust seiner bürgerlichen und politischen

Rechte. Die Höhe der Strafe hing ebenso wie in Österreich und der deutschen Schweiz von der »Beischlafähnlichkeit« des Deliktes ab.

In England und Amerika, wo Sodomie oft mit Homosexualität in einen Topf geworfen wurde, stellte man die Strafverfolgung beider Delikte gleichzeitig ein. Doch konnte man nach den Buchstaben des Gesetzes in England bis weit nach dem Krieg für Sodomie zehn Jahre bis lebenslänglich Zuchthaus bekommen. Dafür war es nur erforderlich, daß »das Organ, mit dem das männliche Fortpflanzungsorgan verkehrt hatte, auch nur im Geringsten davon durchdrungen wurde«. War das nicht der Fall, konnte man mit einfachen Gefängnisstrafen davonkommen. Der Geist derartiger Bestimmungen lebt in Amerika noch am stärksten fort, wo längst nicht alle Bundesstaaten das Delikt der Sodomie aus den Gesetzbüchern getilgt haben. Doch wird man auch dort heutzutage in Fällen von Sodomie eher an den Psychiater überwiesen als auf die Anklagebank gesetzt. »Das Verhalten Erwachsener, die Kontakt mit Tieren suchen oder bevorzugen, liegt außerhalb der Normalität«, schreiben Donald McNamara und Edward Sagarin in *Sex, Crime and the Law*: »Doch müssen sie darum noch nicht die Toleranzgrenze der Gesellschaft überschreiten. Mit Gesetzen gegen Sodomie ist wenig oder nichts gewonnen, und es ist sicher nichts mit langen Gefängnisstrafen gegen einige Unglückliche auszurichten.« Ebensogut, meinten sie, könnte man die Jagd auf Leichenschänder eröffnen. Uns wird heute immer klarer, daß man im letzten Jahrhundert vor lauter Jagden auf Onanierer, Homophile und Tierschänder weit schlimmere Dinge wie Inzest und Vergewaltigung in der Ehe geflissentlich übersehen hat. Auf letztere konzentriert sich folgerichtig die heutige Aufmerksamkeit.

Das Strafrecht ist das einfachste, doch auch das untauglichste Mittel gegen Unsittlichkeit. Im Fall der Sodomie greift es indirekt noch am besten. Der Besitzer des geschändeten Tieres kann eine Klage wegen Hausfriedensbruchs oder Sachbeschädigung erheben. Auf dem direkten Weg fällt Sodomie unter Erregung öffentlichen Ärgernisses, und glücklicherweise gibt es auch Bestimmungen gegen Tierquälerei. So war kein besonderes Sodomiegesetz erforderlich, um gegen den folgenden, kürzlich aus Sachsen gemeldeten Fall vorzugehen:

»Ein übel beleumdeter achtunddreißigjähriger Mann schlich sich nachts in einen Kuhstall, um an einer Kuh seine Geschlechtslust zu befriedigen. Zunächst führte er sein Geschlechtsteil in die Scheide eines dreiviertel Jahr alten Rindes ein. Dann versuchte er dies bei einer Kuh, die jedoch ausschlug und ihn zu Boden warf. Aus Zorn darüber bohrte er den Stiel einer Mistgabel zuerst in den After des Jungrindes, dann in den After der Kuh mit aller Gewalt hinein. Die Kuh verendete kurz darauf, während das Kalb am nächsten Tag notgeschlachtet werden mußte.«

An den inneren Verletzungen zeigt sich, daß der Stiel mehrmals vor und zurück gestoßen worden sein mußte: »Der Angeklagte wurde wegen Vergehens gegen die Sittlichkeit und wegen Sachbeschädigung zu zwei Jahren und drei Monaten Gefängnis verurteilt.«

Tierärzte haben des öfteren mit inneren Verletzungen zu tun, die zu denken geben. Im französischen Ort Trémonzey war es der Viehhalter selbst, der bemerkte, daß viele seiner Hühner und Truthähne auf verdächtige Weise ums Leben kamen. Im Mai 1992 wurde der Hühnerschänder auf frischer Tat ertappt und wegen Tierquälerei angeklagt. Man könnte in einem solchen Fall auch von Lustmord sprechen.

Vom körperlichen Schaden abgesehen, ist es die Frage, inwiefern ein Tier bei »gewöhnlichem«, nichtsadistischem Verkehr mit einem Menschen zu leiden hat. Um das Tier so weit zu bringen, wie der Mensch es gerne will, ist oft Gewalt vonnöten. Barbara Noske spricht deshalb nicht von Sodomie, sondern von *interspecific rape* (ungleichartige Vergewaltigung). Die Analogien zu Vergewaltigungen von Menschen durch andere Menschen – Zwang, Angst, Gewalt, Trauma – liegen auf der Hand. Aber es ist nicht immer der Mensch, auf dessen Konto die Vergewaltigungen gehen. Manchmal ergreifen die Tiere die Initiative, und zwar so ungestüm, daß jeder unparteiische Richter auf Vergewaltigung erkennen würde. Außer einem Rehbock, der auf jede menstruierende Frau in seiner Nähe mit sexueller Aggression reagierte, führt Borgmann in seinem *Lexikon der Liebe* eine große Dogge an, die eine Frau auf den

Boden warf, um sie buchstäblich mit Gewalt zu nehmen. Eine Elefantenkuh versuchte ihren Dompteur so oft mit dem Rüssel am Kreuz zu betasten, daß die Elefantennummer aus dem Programm genommen werden mußte. Auch bei einem Vergewaltigungsprozeß zwischen Mensch und Tier würde wegen der vielen möglichen Nuancen die Beweisführung heikel werden.

Diese Beweisführung scheiterte jedenfalls 1966/67 bei einem aufsehenerregenden Prozeß gegen den niederländischen Schriftsteller Gerard van het Reve. In einem »Brief an meine Bank«, abgedruckt in der Zeitschrift *Dialoog*, stellte sich der Autor die Wiederkunft Gottes auf Erden vor:

»Wenn Gott sich noch einmal in lebender Substanz vergegenwärtigt, wird er als Esel zurückkehren und höchstens in der Lage sein, ein paar Silben auszusprechen. Er wird verkannt und gegeißelt und geprügelt werden. Doch ich werde ihn erkennen und sogleich mit ihm ins Bett gehen. Aber ich werde ihm Binden um seine Hufe wickeln, damit ich nicht zu viele Schrammen abbekomme, wenn er kommt und dabei strampelt.«

Der Homosexuellenjäger Dipl. Ing. C. N. van Dis (»Sie sollen – fern von Gott und in Gesellschaft des Teufels – schmerzhaft ihre eigenen Zungen kauen«) machte eine Parlamentsaffäre daraus. Es kam zu einem Prozeß, doch nicht aus Gründen der Sittlichkeit, sondern wegen »hämischer Gotteslästerungen und einer Manier, die die religiösen Gefühle kränkt«. Es wurden mehrere Sachkundige aufgetan, doch der verwickelte Knoten wurde vor allem durch die Argumente des Volksschriftstellers selbst gelöst:

»Sexueller Verkehr der Gottheit mit einem Menschen kommt in der Regligionsgeschichte häufig vor, und selbst dem Christentum ist die Sache nicht fremd: Die Heilige Jungfrau jedenfalls wird von Gott in Gestalt des Heiligen Geistes geschwängert, von dem es nicht nur heißt, daß er ›wahrhaft Gott‹ sei, sondern auch, daß er ›Feuer und Liebe‹ sei. Nirgends steht meines Wissens geschrieben – und nach der Kennzeichnung ›Feuer und Liebe‹ ist das auch wenig wahrscheinlich –, daß dieser Verkehr asexuell gewesen sein soll. [...] Die Gottheit, Hohes Gericht, ist nicht wählerisch. Mit dem folgenden Stoßseufzer von mir

Tier bespringt Frau,
indische Miniatur,
17. Jh.

möchte ich enden: Ob Gott nun ein Lamm mit blutig
durchbohrten Pfoten sei oder doch ein einjähriger, maus-
grauer Esel, der sich dreimal hintereinander lang anhal-
tend in seiner geheimen Öffnung von mir besitzen läßt –
welchen Unterschied macht das schon, solange er die Sünden der Welt trägt und sich unser aller erbarmt.«

In der Berufung wurde Van het Reve am 31. Oktober
1967 von der fünften Kammer des Amsterdamer Ge-
richtshofes freigesprochen. Andernfalls hätte das Gott
wohl selbst übernommen.

Gesetze gegen Sodomie sind überflüssig. Auch ohne
drohenden Richter ist es schon arg genug, bei der Sodomie ertappt zu werden. In dieser Hinsicht besteht immer
noch ein Tabu. Ein Mann, der mit einem Kalb erwischt
wird, ist ein Schmierfink, eine Frau mit einem Hund eine
Schlampe und ein Südländer mit der Ziege eine Lachnum-
mer. Wer als Hühnerschänder entlarvt wird, bringt es im

Leben nicht mehr weit. Sexueller Verkehr mit einem anvertrauten Haustier wird beinahe ebenso mit Abscheu betrachtet wie vollzogener Inzest. Der Erpresser, der einen amerikanischen Politiker bei Sodomie ertappt, hat für den Rest seines Lebens ausgesorgt. Nahezu alles ist heutzutage erlaubt, der Pranger bleibt allein den Tierschändern vorbehalten. Das merkte die belgische Zeitschrift *Dol*, die stets ihr Bestes gibt, jene heiligen Kühe zu schlachten, die bis in die achtziger Jahre überleben konnten. Alles durfte vorkommen – sogar das Geschlechtsleben des belgischen Premierministers. Doch es gab Probleme, als dieser bei der sexuellen Vereinigung mit einem Hund abgebildet wurde. Der Grossist für die Niederlande wies die Ausgabe zurück. *Belge*, dem Nachfolger des Blattes, gab ein Prozeß den Rest, den die Witwe von Hergé, dem Schöpfer des Comics *Tim und Struppi*, angestrengt hatte. Anlaß war ein Comic, in dem Tim seinen Struppi besteigt. Auch das belgische »Radio 3« mußte Besserung geloben, nachdem dort an einem Abend eine Erzählung über zwei Kinder verlesen wurde, »die zusahen, wie ein Mädchen von einem Hund gefickt wird«. Das Telefon beim Staatsrundfunk lief heiß. Im selben Jahr hatte auch Alan Cooper, ein Naturfreund aus Manchester, mehr vom Durchschnittsbürger zu befürchten als vom Staatsanwalt. Bei einer Schwimmtour soll er einen Delphin abgeschleppt haben. »Es war eine phantastische Erfahrung, mit dem Delphin zu schwimmen, doch nun ist alles verdorben. Ich habe zwei Morddrohungen und viel andere anonyme Post bekommen.« Der Delphin war nicht auf Sex ausgewesen, er hatte seinen Penis einfach nur in das Knie oder in den Ellbogen seines menschlichen Gefährten eingehakt, um ihn durchs Wasser zu ziehen.

Mit einem Tabu pflegen vielfältige verschwommene Ängste einherzugehen. In unserer biologisch aufgeklärten Welt ist die Angst geschwunden, ein Monster zu gebären. Aber die Angst vor Krankheiten ist möglicherweise größer denn je. Menschen, die sich nach jedem Gang zur Toilette die Hände waschen müssen, kostet es große Überwindung, einen empfindlichen Körperteil in ein Tier zu stecken oder sich von einem Tier ablecken zu lassen. So knüpft eine Angst an die andere an. Immer wieder gei-

Keith Haring, Mann
auf Delphin

stert das Gerücht umher, das Aids-Virus sei durch Sodomie mit infizierten Affen auf Menschen übertragen worden. Das ist eine beinahe buchstäbliche Anleihe bei einem
anderen Jahrhundert. Die Krankheiten waren andere,
doch die Angst die gleiche. Syphilis sollte von einem Mann
herstammen, der es mit einer kranken Stute getrieben
habe, oder ebenfalls durch die Paarung mit einem Affen
entstanden sein. Doch auch der umgekehrte Glaube kam
vor: daß nämlich Sodomie Geschlechtskrankheiten zu hei-
len vermöge. Namentlich in Arabien glaubte man, von seinem Tripper durch die Paarung mit einem Tier genesen
zu können. So wurde, nach einem offiziellen Bericht der
französischen *Académie de Médicine* oft auch noch das Tier
angesteckt:

»Es ist in Algerien allgemein bekannt, schrieb General
Daumas 1866, daß gewisse Araber dem Glauben anhängen, durch die Kopulation mit einer Eselin von ihren Ge-
schlechtskrankheiten geheilt zu werden. Das Verbrechen

der Sodomie ist in Afrika bei diesem Menschenschlag derart verbreitet, daß der Ursprung der ›Dourine‹, einer Syphilis bei Esel und Pferd, von den meisten Tierärzten diesen widernatürlichen Kontakten zugeschrieben wird. Im Folgenden sei ein authentischer Fall berichtet. Ein Freiwilliger der Legion, der sich aus therapeutischen Gründen einer Eselin bediente, um von seinem Leiden kuriert zu werden, steckte das Tier an. Ein Maultierhengst, der sie später deckte, holte sich dabei die Krankheit und steckte seinerseits die Stuten an, mit denen er sich paarte. Die unfruchtbaren Maultierstuten kamen mit Hengsten zusammen, die ihrerseits die Krankheit bekamen und sie schließlich so weit verbreiteten, daß seitdem unter den Pferden Südfrankreichs und anderer Teile Europas wahre Epidemien ausgebrochen sind.«

Auf unserer Wanderung durch die Jahrhunderte, in den Himmel und über die gesamte Erde sind wir auf Strafen für Sodomie getroffen, die vom Scheiterhaufen bis zur Furcht vor Krankheiten und Gespött reichen. Aber gestraft wurde immer und überall. Menschen mögen es eben nicht, wenn Menschen es mit Tieren tun.

8.
Von der Schönheit des Absonderlichen

E in Schöngeist war Alfred Haighton nicht gerade. Im
Krieg finanzierte er die berüchtigte niederländische
Literaturzeitschrift *De Nieuwe Gids* mit dem Geld, das sein
Vater mit der ersten niederländischen Versicherungsge-
sellschaft gegen das Risiko in Lotterien verdient hatte, die
Lotisico. Einem Felix Krull hätte dieses Unternehmen be-
hagt, denn Vater Haighton verstand es auf unbegreifliche
Weise, reich zu werden, indem er Menschen gegen Pech
im Lotto versicherte. Sein Sohn Alfred war ein Faschist,
ein Querulant und dazu noch ein Liebhaber einbeiniger
Frauen. Um sich so oft wie möglich seiner Lieblingsbehin-
derung zu erfreuen, investierte er sogar Geld in eine Pro-
thesenfabrik. Das half; gleich dreimal brachte er es fertig,
eine einbeinige Frau zum Jawort zu überreden.

Ist das nun skurril oder nicht? Wieviele Männer stehen
auf einbeinige Frauen und umgekehrt? Wie normal ist
Abnormität? Ist Geschlechtsverkehr mit einem Schwein
schon an sich abnorm oder nur, wenn es drei Beine hat?
Und wie steht's mit einem Känguruh? Wie oft tun es Menschen überhaupt mit Tieren?

Die letzte Frage ist am schwierigsten zu beantworten.
Einbeinigkeit oder Dreibeinigkeit ist einfach zu erkennen,
doch mit seinen sodomitischen Neigungen geht niemand
hausieren. Homosexualität ist heutzutage in gewissen
Kreisen »in«. Seinen Hang zum Sadismus kann man im
Club ausleben, wenn man nur den Beitrag pünktlich bezahlt. Und sogar für Väter, die sich an ihren Kindern zu
schaffen machen, gibt es hier und da Verständnis. Aber
wir warten noch darauf, daß in einer Talkshow der erste
Mann in allen Einzelheiten davon schwärmt, was für eine
selige Nacht er mit seiner Ziege verbracht hat. Wo die Öf-
fentlichkeit fehlt, gibt es eine hohe Dunkelziffer. »Gegenwärtig«, so schrieb der Sexologe Haeberle 1978, »erscheint es verwunderlich, daß kirchliche, juristische und
psychiatrische Sachverständige sich die Mühe gemacht

Picasso, Mädchen mit
Krähe, ca. 1904

haben, dem Thema solche Aufmerksamkeit zu schenken. Wir wissen heute, daß dieser Art sexueller Handlungen sehr ungewöhnlich sind. Bei Männern und bei Frauen sind diese Handlungen so selten, daß sie von keiner wirklichen sozialen Bedeutung sind.« Maurice Chickedel, einer jener amerikanischen Ärzte, die an die Heilbarkeit von Homosexualität glaubten, dachte anfangs auch, daß die Scherereien mit der Sodomie bald ein Ende hätten:

»Als ich im Alten Testament las: ›Wenn sich eine Frau zu einem Tier legt, um mit ihm zu schaffen zu haben, dann sollt ihr die Frau und das Tier töten‹, war ich davon überzeugt, daß der große Gesetzgeber Gott hier eine überflüssige Klausel verfaßt hatte. Als ich bei Plutarch vom heiligen Bock der Ägypter las und daß die Frauen, die mit dem Tier eingeschlossen wurden, ihm tatsächlich beiwohnten, hielt ich die Worte des Plutarch für eine Erfindung. Doch seither weiß ich es besser. Die schreckliche Wahrheit ist mir nach und nach bewußt geworden. Der einzige Trost besteht darin, daß die Sache in Europa und Asien häufiger vorkommt, als in den Vereinigten Staaten.«

Auf der Suche nach genauen Zahlen auf dem Gebiet der Sexualität langt man irgendwann bei den beeindruckenden Fakten an, die Kinsey und seine Mitarbeiter in ihren Berichten zusammengetragen haben. Alfred Kinsey, ein Professor der Biologie, befragte 20 000 Amerikaner nach ihren sexuellen Erfahrungen mit Tieren. Er fragte nicht erst ob, sondern gleich wie oft sie solche Erfahrungen gemacht hatten. Das beseitigte die gröbste Scheu und veranlaßte mehr als fünf Prozent der Befragten zu einem Bekenntnis: Acht Prozent der Männer und dreieinhalb Prozent der Frauen hatte schon einmal etwas Sexuelles mit einem Tier angestellt. Noch sensationeller waren diese Ergebnisse, wenn man sie auf die Männer vom Lande einschränkte. Dann schoß das Ergebnis auf fünfzig Prozent in die Höhe. Die Hälfte der Bauernjungen hatte also sexuelle Erfahrungen mit Tieren. Das klingt plausibel. Im Befragungszeitraum, den vierziger Jahren, standen Tiere im amerikanischen Landleben für körperliche Spiele uneingeschränkt zur Verfügung, Mädchen dagegen nicht. Viele Bauern sahen es lieber, wenn unverheiratete Nachbarsjungen mit dem Esel im Stall ver-

Caravaggio, Johannes
der Täufer, ca. 1595

schwanden als mit ihrer Tochter. Einige Nachbarsjungen
teilten diese Ansicht übrigens vollauf. »Es sind«, so Kinsey,
»Fälle von äußerst frommen Männern bekannt, die sich
noch mit zwanzig und darüber hinaus ausschließlich auf
Tiere ausrichteten, weil sie den heterosexuellen Koitus
mit einer Frau moralisch unverantwortlich fanden.« Für
die meisten Jungen stellten Tiere aber nur ein Ventil dar,
bis sie an ein Mädchen gelangen konnten. In der Regel
blieb es bei ein paar Erfahrungen im Laufe weniger Jahre.

Und so ging es zu vielen Zeiten überall auf dem Lande
zu, wo die Ehemoral streng und der Umgang mit Tieren
innig war. Die Jungen hatten die Zeit, die Mittel und ein
Motiv. Oft schliefen sie im Stall bei den Tieren oder waren

den ganzen Tag als Hirten auf dem Feld mit ihnen allein. Sofern das überhaupt nötig war, brachten die Tiere sie in der Brunftzeit auf die Idee. Ansonsten hörten sie die Erzählungen anderer, älterer Jungen, wenn die es nicht ohnehin den Jüngeren vormachten. »Jeder schien das immer schon gewußt zu haben«, erinnert sich der schwedische Schriftsteller Ivar Lo-Johannson an seine Pubertät zu Beginn dieses Jahrhunderts. »Fast alle älteren Jungen sprachen davon, daß dieser oder jener Junge es mit einem Tier getrieben habe. Fast nie gaben sie zu, daß sie es selbst gewesen waren. [...] Mein Großvater erzählte, daß man früher nur Frauen als Hirten zuließ. Nun war ich alt genug, um zu verstehen warum. Der scharfe Wollgeruch der Schafe und ihr einladendes Betragen regten einen auf. Das weiche Fell der Färsen, wie sie draußen in den Wäldern und auf den Feldern aufeinander stiegen, wie öffentlich sie ihr Geschlecht und ihren Trieb zur Schau stellten, waren noch verführerischer.«

So erwachten die Triebe auf dem Lande schon in jungen Jahren. Nach den Gerichtsakten, die Jonas Liliequist erforschte, wurden auffallend viele »Jungen unter fünfzehn Jahren angeklagt, viele von ihnen zwischen neun und zwölf, einige noch jünger; der jüngste gerade einmal sieben Jahre alt«. Obwohl Zaungäste eigentlich unerwünscht waren, gestanden im Jahre 1707 zwei Zwölfjährige, daß sie gemeinsam abwechselnd Sodomie mit einer Stute getrieben hatten; der eine hatte den anderen angelernt. Ein zehnjähriger Junge willigte 1726 ein, die Kuh unter der Bedingung festzuhalten, daß sein dreizehnjähriger Freund ihm danach denselben Gefallen erweisen würde. In einer Eingabe an das schwedische Parlament wurde eindringlich darauf hingewiesen, wie schädlich das Viehhüten sein kann, wenn es kleinen Jungen die Gelegenheit gibt, Tiere beim Kopulieren zu beobachten. Im achtzehnten Jahrhundert versuchten die Autoritäten, so wenig Aufhebens wie möglich von Sodomieprozessen zu machen, um die Jugend nicht noch schlauer zu machen, als sie ohnehin schon war.

Aus unserem Jahrhundert sind wir über die Sodomie auf dem Lande am besten durch Ronald Grassberger informiert, der in den Gerichtsakten von 1923 bis 1965 fün-

Le Vainqueur

dig wurde. Pro Jahr wurden in dieser Zeit etwa fünfzig Menschen wegen Sodomie verurteilt. Fast immer handelte es sich um Männer vom Lande. Weil viele Gesetzesübertretungen erst angezeigt wurden, wenn »das mißbrauchte Vieh Schaden genommen hat oder die Entrüstung über einen fremden, heimlich oder mit Gewalt in den Stall eingedrungenen Unhold zum persönlichen Einschreiten des Viehhalters führte«, ging Grassberger davon aus, daß die tatsächliche Häufigkeit der Sodomie vier- bis fünfmal so hoch lag. Daraus folgt, daß nur ein bis zwei Prozent der Männer auf dem Lande einmal sexuellen Kontakt mit einem Tier gehabt haben, so daß sich europäische Bauern im Umgang mit ihrem Vieh sehr viel keuscher verhielten als ihre amerikanischen Berufsgenossen mit ihren fünfzig Prozent.

Wie es sich für eine kriminologische Abhandlung mit deutscher Gründlichkeit gehört, rechnete Grassberger auch aus, zu welcher Jahreszeit die Tiere am häufigsten geschändet wurden, nämlich im Frühling. Sehr groß war der Unterschied zwischen den Jahreszeiten indes nicht, was vermutlich daran lag, daß »unzüchtige Handlungen zu fünfundachtzig Prozent im Stall verrichtet wurden und

Spaß am Reiten, erotische Postkarte, ca. 1904

dort vom Wetter weder gestört noch begünstigt wurden«.
Ungefähr ein Viertel der verurteilten Männer drang in
einen fremden Stall ein; in der freien Natur wurde ande-
rer Leute Vieh nicht häufiger mißbraucht als das eigene.
Wer so etwas en détail aufdröselt, hat natürlich auch eine
Tabelle aufgestellt, wie oft wer ein wie altes Tier an wel-
chem Körperteil mißbrauchte. Vaginale Paarungen mit
Kühen und Kälbern schienen durchweg am beliebtesten.
Stuten und Fohlen wurden seltener von Menschen bestie-
gen, ungefähr ebenso oft wie Ziegen, die ungefähr fünfmal so häufig an die Reihe kamen wie Schafe oder
Schweine. Im Vergleich zur Häufigkeit österreichischer
Kühe war die Häufigkeit der Paarungen mit Pferden auffallend hoch, vor allem angesichts der Tatsache, daß ein
Pferd eigentlich viel zu hoch für einen Menschen ist. Hu-
saren, die ihr Pferd auch einmal auf andere Weise benutzen wollten, griffen sich der Überlieferung zufolge dafür
einen umgedrehten Eimer. Für eine Kuh ist eine derartige
Trittleiter längst nicht in jedem Fall erforderlich, denn
Kühe legen sich im Stall häufig nieder. Kälber sind naturgemäß noch bequemer zu besteigen. Außerdem haben sie
einen ausgeprägten Sauginstinkt, und nichts ähnelt den
Zitzen ihrer Mutter so sehr wie der Penis eines Bauern-
sohns. Ein Kollege, der mir gestand, als Junge auf diese
Art seine ersten sexuellen Erfahrungen gemacht zu haben
(»Ich fand es ein bißchen eng«), hat sich nach seinem Ex-
amen auf Säugetiere spezialisiert. Hunde sind ebenso geschickt, Geschlechtsteile zu lecken, wobei sie oft von ihren
menschlichen Partnern am Geschlecht gestreichelt werden. Das geschieht auch mit Stieren, sofern ein Land-
mann von dergleichen in Zeiten der künstlichen Befruchtung überhaupt noch erregt werden kann.

Und dann gibt es natürlich noch die Hühnerschänder.
Ihr Zeitvertreib ist in vielen Weltgegenden noch so ge-
bräuchlich, daß die Zeitungen erst darüber berichten,
wenn etwas schiefgeht. Die Nordspanische Zeitung *Faro de
Vigo* veröffentlichte im Dezember 1990 ein Foto mit fol-
gender Unterzeile:

»Spielende Kinder fanden am Ufer des Rio Mino bei
Orense die leiblichen Überreste des neununddreißigjähri-
gen H.R.C. Er war von einem Felsblock zerquetscht wor-

den. Wie das Foto erkennen läßt, stand sein Hosenschlitz offen, und er hielt ein Huhn vor seinen Unterleib. Durch heftige Bewegungen bei der Vergewaltigung des Huhns geriet ein lockerer Felsblock aus dem Gleichgewicht, was den Mann das Leben kostete.«

Aus dem Bericht ging nicht hervor, ob das Huhn durch den Felsblock oder die Vergewaltigung ums Leben kam. Bei letzterem hätte der Täter obendrein das Tierschutzgesetz verletzt.

F. Hofbauer, erotisches Exlibris

Mädchen haben erheblich seltener sexuelle Kontakte mit dem Viehbestand als ihre männlichen Geschwister. Von den Verurteilten in Österreich waren nach Grassberger nur ein Prozent weiblich. In Amerika hatten nach Kinsey nur anderthalb Prozent aller Mädchen Erfahrungen mit Tieren (erwachsene Frauen dreieinhalb Prozent). Das scheint den Eindruck zu bestätigen, Sodomie sei das, wovon Männer denken, daß Frauen es tun. Auf dem Lande haben Mädchen jedenfalls weniger Gelegenheit dazu als Jungen. Schließlich gehören dort so gut wie alle Tiere zu ihrem eigenen Geschlecht: Kühe, Mutterschafe, Säue, Hennen, Ziegen. Weil ein paar männliche Tiere ausreichen, Hunderte von Weibchen zu befruchten, werden auf dem Lande die Männchen geschlachtet oder kastriert. Die übrigen werden in Zuchtstationen verbannt. Wo dennoch männliche Tiere frei herumlaufen, sind Menschenmädchen meistens verlegen und gehemmt. Romantisch, wie Mädchen nun einmal sind, gehören Stiere und Böcke als Sexualpartner für sie eher ins Reich der Mythologie als in die Wirklichkeit.

In der Stadt ist die Lage der Dinge eine ganz andere. Hier sind Kühe für einen Mann schwieriger aufzutreiben als Frauen; es gibt mehr Bordelle als Ställe. Zwar wimmelt es von Tieren, doch sind sie in der Regel zu klein, als daß sich ein Mann mit ihnen paaren könnte. Einige Frauen hingegen werden hier gerne aktiv. Drei Viertel der Frauen, die Kinsey gestanden, schon einmal Sodomie begangen zu haben, hatten es mit einem Hund getrieben. So gut wie alle schriftlichen Quellen bestätigen diese Vorliebe. Grassberger teilt sogar mit, daß »in den seltenen Fällen, in denen eine Frau wegen Unzucht mit Tieren verurteilt wurde, abgesehen von einer Anstiftung zu einem

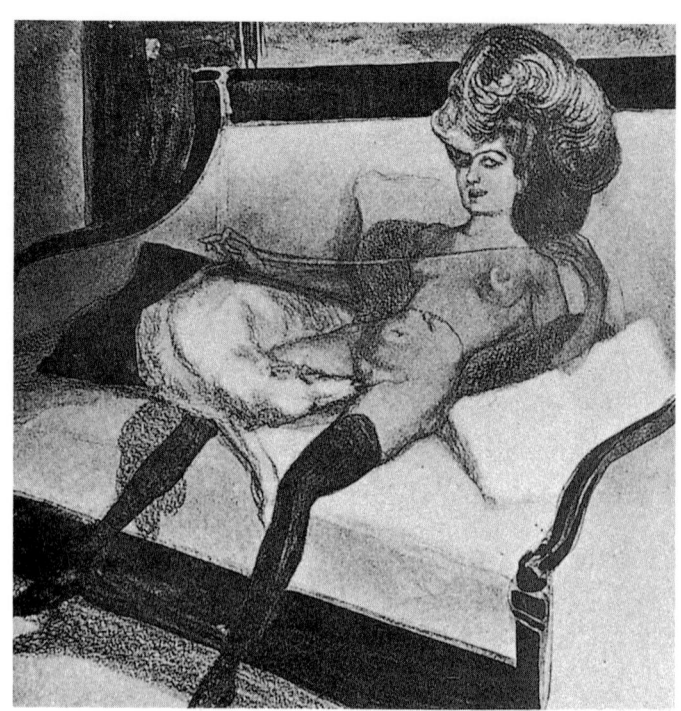

Franz von Bayros, Die
blaue Feder, Illustra-
tion für *Erzählungen
am Toilettentisch*,
ca. 1908

männlichen Delikt, es sich ausschließlich um sexuelle Kontakte mit Hunden handelte«. Es ist nicht schwierig, einen
Rüden so weit zu bringen, daß er sich mit seiner Herrin
paart. Ein Hund betrachtet sie als eine Artgenossin.
Hunde, die regelmäßig von Menschen befriedigt werden,
sind nach Kinsey so stark auf Menschen fixiert, daß sie
sich nicht einmal mehr nach Hündinnen umschauen.
Dem Psychiater von Maschka gestand eine vierundvierzig-
jährige Frau, daß »sie sich infolge ihres sehr leidenschaftli-
chen Temperamentes mit ihrem Haushund hatte gehen
lassen, der ihr zwischen die Beine sprang und sie leckte.
Sie nahm das Tier zwischen ihre nackten Beine und streichelte ihm über den Bauch, worauf sein Glied sich aufrich-
tete. Dann lehnte sie sich mit dem Rücken an einen Stuhl,
drückte das Tier an sich, führte sein Glied in die Lippen
ihrer Genitalien ein und ließ das Tier gewähren, bis es seinen Samen ausstieß.« Der Psychiater Wald hatte eine Patientin, ein Dienstmädchen, die auf frischer Tat ertappt
wurde, als sie sich auf allen Vieren wie eine Hündin von

einem Rüden decken ließ. Von Kinseys Frauen ließ es nur eine einzige bis zur Paarung kommen. Über die Hälfte hatten es beim Betasten und Masturbieren des Tieres belassen. Besonders erfüllend waren die Kontakte übrigens nicht. Nur ein halbes Prozent der Frauen hatte durch Sodomie einen Orgasmus bekommen. Kein Wunder, daß die meisten Frauen nach ein oder zwei Versuchen die Sache bleibenließen. Sechs Frauen waren allerdings mehr als 125 Mal mit einem Tier zusammen gewesen, eine von ihnen fast tausendmal.

Die Stadtfrauen machten zwar mehr sexuelle Erfahrungen mit Tieren als ihre Schwestern auf dem Land, doch geschah das immer noch seltener als bei den Stadtmännern, von denen acht Prozent es schon einmal mit einem Tier getan hatten. Seitdem hat sich jedoch allerhand geändert. Die Anzahl von Haustieren hat sich in westlichen Städten mehr als verdoppelt, und die Menschen gehen viel intimer mit ihnen um, wodurch die Grenzen zwischen Herumtollen, Streicheln und Sex immer leichter überschritten werden, zumal man über Sex heute viel toleranter denkt als in den vierziger und fünfziger Jahren. Das ist vor allem für Frauen von Belang, denn Männer können immer zu Prostituierten gehen, während Gigolos in der Stadt an einem normalen Werktag vor allem in vierbeiniger Gestalt zu haben sind.

Was für das Dorfkind die Weide, ist für das Stadtkind der Zoo: der Ort, wo es zum ersten Mal in seinem Leben richtigen Sex zu sehen bekommt. Masturbierende Affen, hitzige Hengste, Scheinkopulationen und alle Größen von Penissen sorgen für Belehrung und Vergnügen. Um die Reaktionen des Publikums festzuhalten, versteckte man 1979 im Tierpark von Arnheim eine Kamera im Käfig der Mandrills. Ein vom Schöpfer besonders großzügig ausgestattetes Männchen wurde aufrichtig von einer Frauengruppe bewundert, die solange vor dem Käfig stehen blieb, bis der Affe eine Erektion bekam. Schamhaft beobachten die Damen den Affen aus den Augenwinkeln, bis ein nicht mehr zu unterdrückendes Gekicher zu ersten Bemerkungen führte. Vergleiche mit den Ehepartnern wurden gezogen; das Wort »sich behelfen« fiel. Kurzum: man amüsierte sich prächtig. Männer reagieren da nicht viel anders. Jungen registrieren gierig jedes Detail. Alte Männer auf den Parkbänken versuchen, die Sache so ungerührt zu betrachten wie ein Schleusenwärter die durchfahrenden Schiffe, doch wählen sie mit verdächtiger Häufigkeit ihren Sitzplatz ausgerechnet in den Ecken des Zoos, wo die brünstigen Tiere sind. Der Zoo ist ein Paradies für Voyeure.

Es gibt auch Besucher, die es nicht beim Zuschauen belassen. Außer Taschendieben, die »Der Löwe ist los!« rufen, um besser arbeiten zu können, und außer Selbstmördern, die den Löwenkäfig aufhebeln, zählt Heini Hediger, der »Vater der Zoo-Biologie«, auch die »sexuellen Perversen« zu den »kleinen Kriminellen im Zoo«:

»Die harmlosesten unter ihnen sind die Tiervoyeure, welche durch jedes Brunftverhalten wie durch Magnete angezogen werden und zur Garnitur jedes Zoos gehören. Dann gibt es den Typ, der es in abgelegenen und dunklen Stellen des Zoos nicht auf Tiere, sondern auf Frauen, Jugendliche oder Kinder abgesehen hat; ferner Leute, die durch den Anblick irgendeines Tieres offensichtlich in sexuelle Erregung versetzt werden und es daher auffallend häufig besuchen (zum Beispiel eine Schlangenhalsschildkröte). Höchst unangenehme Zoobesucher sind die Sodomiten. Auf diesem Gebiet ist bekanntlich das Unwahrscheinlichste möglich. Bei sonst nicht abzuklärenden Unfällen sollte stets auch in dieser Richtung gesucht werden, bei Besuchern sowohl wie bei dem nicht näher bekannten, nicht absolut vertrauenswürdigen Personal.«

»Wir haben im allgemeinen mehr Mühe damit, die Leute aus den Käfigen herauszuhalten als die Tiere drinnen.« Die Einschätzung aus dem Tierpark von Wassenaar spricht in diesem Zusammenhang eine deutliche Sprache. Im Amsterdamer Zoo hatte man unter anderem beträchtliche Mühe mit einem alten Herrn, der sich von Heidschnucken lecken ließ. Der Direktor des Arnheimer Zoos, Anton van Hooff, wurde eines Tages im alten Schimpansenhaus von einem Mann angesprochen:

»Er fragte mich, ob ich glaubte, daß der Mensch vom Affen abstamme. Ich antwortete, daß mir das als eine gewagte Behauptung erschiene und daß wir für den Anfang zur Kenntnis nehmen sollten, wieviel wir miteinander ge-

meinsam hätten. Darauf benahm sich der Mann, der lange in Indonesien gewohnt hatte, so peinlich, daß den Menschen in unserer Umgebung vor Staunen der Mund offenblieb und ich ihn in einen benachbarten Raum führte, um in Ruhe mit ihm sprechen zu können. Er hatte ein Anliegen: Ob er bei Schimmie, einem brünstigen Weibchen, ein paar Nächte verbringen dürfe? Ich sagte ihm, daß sei auch tagsüber möglich, denn das schien mir eine vergnügliche Sache für das Publikum zu werden. Doch meinte ich dann, daß es nicht zu den Aufgaben eines Zoos gehöre, an seiner experimentellen Lösung der Frage mitzuwirken, welche Nachkommen die Paarung von Mensch und Schimpanse hervorbringen würde. Er bräuchte doch, so beteuerte er, nur die Schlüssel; doch die bekam er nicht. Darauf lief er weg.«

Ein anderes Mal erhielt Van Hooff einen Affen von privater Hand.

Joost Veerkamp, Der ungehobelte Bär, 1991

»Wir konnten das Tier gut gebrauchen, doch war es gewaltig durcheinander, was uns Anlaß zu großer Besorgnis ga. Er vermißte seinen früheren Eigner merklich. Er wollte nur essen, wenn er zuvor ein bißchen geschmust hatte. Er war angewiesen auf Körperkontakt, was ausgesprochen lästig war. Eines Tages gab ihm sein Wärter gegen vier Uhr mit nur mäßigem Erfolg zu essen. Abends ging ich bei dem Tier noch einmal mit einem Leckerbissen vorbei. Da hängte der Affe sich vor mich, schlang einen Arm um meinen Kopf und drückte ihn in Richtung seines Schoßes. Ich erschrak und begriff plötzlich, warum das Tier nicht essen wollte.«

Außer in Zoologische Gärten können Voyeure in der Stadt ebensogut in Sexclubs und Peepshows gehen. Gegen angemessene Bezahlung kann man sich dort anschauen, wie es eine Frau mit unterschiedlichen Tieren treibt. Wenn sie klein genug sind, werden sie in Gänze hereingesteckt. So erfüllen sich Männerphantasien. Früher geschah dergleichen natürlich vor allem in Paris. Von Maschka berichtet, eine dortige Frau sei sittlich so entartet gewesen, daß sie sich »in geschlossener Gesellschaft gegen ein Eintrittsgeld vor den Augen von Wollüstigen von einer dressierten Bulldogge besteigen läßt«. In seinem neuen Standardwerk über die Prostitution in Frankreich behauptet der Historiker Alain Corbin jedoch, daß in den *Maisons de débauche* vor allem Dänische Doggen und Neufundländer beliebt waren. Man zeigte auch *tableaux vivants*, wo die Vergewaltigung von Nonnen gezeigt wurde und eine SM-Ausrüstung zur Verfügung stand, um Tieren Elektroschocks zuzufügen. Heutzutage treibt man sich lieber in Städten wie Bangkok herum, wo die Taxifahrer auf ihren Armaturen eine Art Speisekarte mit einem Dutzend sexueller Spezialitäten angebracht haben, worunter stets auch *girl with dog* zu finden ist.

Es ist fraglich, ob das darauf hindeutet, daß man dort gegenüber Sex mit Tieren toleranter ist als hier. Das Sexgeschäft gedeiht vor allem bei Armut und allgemeiner Verwahrlosung. Doch es steht fest, daß es Kulturen gibt, die mit Sodomie weniger Aufhebens machen als die unsere. Der Islam etwa geht nicht so streng gegen Sodomie vor wie das Christentum. Der Verkehr mit Tieren gelte für einen

Devéria, Frau paart
sich mit Esel, Illustra-
tion aus: *Gamiani* von
Alfred de Musset,
19. Jh.

Anhänger des Propheten zwar als abscheuerregend, so zitiert Vern Bullough in seinem Buch *Sexual Variance* einen
Kenner der Materie. Doch sei es kein Verbrechen, »denn
ein Mensch kann keinen Grund haben, sich fleischlich mit
einem Tier zu vereinigen. Das tut jemand nur, wenn er
entartet ist oder wenn er sich selbst bezähmen muß, eine
noch schlimmere Sünde zu begehen«. Wenn jemand mit
einem Tier erwischt wird, dann muß das Tier vernichtet
und der Eigner entschädigt werden. Ist das Tier jedoch
eßbar, dann darf es verzehrt werden. Barbara Noske berichtet aus Algerien, daß die Jugendlichen sich dort immer noch häufig an Eselinnen vergreifen, weil die Braut-
preise so hoch sind. Im marokkanischen Rif-Gebirge
haben die Jungen einen weiteren Grund, sich mit Eselinnen einzulassen: Sie glauben, daß sie davon einen größeren Penis bekommen. Erwachsene Männer zwinkern darüber lächelnd. Sie selbst würden so etwas Kindisches nicht
mehr machen.

Ford und Beach trafen bei ihrer Suche nach merkwür-
digen sexuellen Gebräuchen noch einige Völker an, die es
nicht so eng sehen, wenn der Partner vierbeinig ist. Auf

der Südseeinsel Kusai treiben es die Männer zuweilen mit Rindern. Junge Massai trainieren mit Eselinnen; und in Fez kennen die Männer magische Riten, mit deren Hilfe sie in einer Nacht »siebenundzwanzig Kühe zu entjungfern vermögen«. In Süd- und Mittelamerika kam Sodomie nach der Ankunft der Spanier noch derart häufig vor, daß die Priester sich beeilten, die Sünde in den Beichtkatalog aufzunehmen. Von den nordamerikanischen Indianern schienen vor allem die Hopi besonders tierlieb zu sein.

Diese Faktenreihe über das Vorkommen von Sodomie könnte man mit anderen Völkern, anderen Ländern, anderen Epochen und anderen Tierarten mühelos ergänzen. Damit würde aber nur die Tatsache unterstrichen, wie fragmentarisch, heterogen und indirekt ermittelt die Fakten sind. Das Ausmaß der Sodomie läßt sich nicht genauer wiedergeben als mit der Schätzung, daß einige Prozent aller Menschen einmal sexuellen Kontakt mit Tieren hatten. Für die Frage, wie normal oder abnorm Sodomie sei, sind Statistiken jedoch nicht ausschlaggebend. Etwas Absonderliches kann so normal sein wie etwas Verbreitetes abnorm. Setzt nur einer von fünf Milliarden Erdenbewohner seinen Fuß auf den Mond, dann heißt es, *der* Mensch sei auf dem Mond gewesen. Und wir alle klopfen uns in Gedanken den Mondstaub von unseren Sohlen. Schießen elf Deutsche ein Tor mehr als ihre Gegner, dann fühlen sich alle Deutschen als Fußballchampions. Doch wenn ein Viertel derselben Gruppe das Opfer von Inzest zu sein scheint, dann fühlt sich niemand von uns angesprochen. Menschen, die Inzest begehen, leben vielleicht in unserem Land, doch fühlen wir uns in unserer nationalen Ehre deswegen nicht getroffen. Für sie haben wir den Zauberspruch parat, der sie aus unserer Gruppe verbannt: Wir nennen sie abnorm.

Es geht also nicht nur darum, wieviele Menschen es mit Tieren treiben, sondern darum, was die Menschen, die das nicht tun, von ihnen denken. Noch immer würden sich viele dem Urteil anschließen, daß Maurice Chideckel 1935 über eine Frau fällte, die ihren Hund abgerichtet hatte: »Es besteht kein Zweifel, daß eine solche Frau abnorm ist. In jeder Gemeinschaft bestehen Möglichkeiten, normalen Geschlechtsverkehr zu haben. Jede Frau, wie keusch oder

G. Coco, Cartoon aus
*Ist es schlimm, Herr
Doktor?*, 1983

sinnlich sie auch sei, kann immer einen Mann für Sexual-
verkehr finden, sei sie auch noch so häßlich.« Bis vor kurzem war dieses Urteil in den Gesetzen und Geboten veran-
kert, und Sodomie wurde vom Gericht wie von der Kanzel
bestraft. Unsere Zeit ist da kulanter geworden, hat aber
für den Zoophilen ein anderes Stigma parat. Er ist jetzt
nicht mehr böse, sondern verrückt. Er ist kein Schurke
mehr, sondern ein Patient, der zum Psychiater überwiesen
wird. In früheren Jahrhunderten ließ sich Sodomie am besten anhand von Gerichtsakten und religiösen Traktaten
ermitteln. Für unsere Zeit muß man sich durch eine psychiatrische Fachliteratur voller sexueller »Perversionen«,
»Variationen«, »Abweichungen«, »Paraphilien«, »Anomalien« und »widernatürlicher Triebe« wühlen. Inzwischen
sind so viele sexuelle Gewohnheiten für pervers befunden
worden, daß sich nach dem Kinsey-Report zwei Drittel aller Amerikaner versündigt haben. Wenn man die Selbstbe-
friedigung mitrechnet, dann sind 95 Prozent der amerikanischen Männer pervers.

Damit sie all die Perverslinge von den Anklagebänken
und Beichtstühlen auf ihre Sofas zerren konnten, bemüh-
ten sich die Seelendoktoren ungemein, abweichendes
Sexualverhalten aus anderen »seelischen Schwächen« wie
Alkoholismus, erhöhter Libido, Abstumpfung, Priapis-
mus oder Schwachsinnigkeit zu erklären. Noch 1968 stellt
Grassberger ohne die Spur eines Zweifels fest, »daß
49 Prozent derjenigen, die Unzucht mit Tieren ausüben,
debil oder sogar imbezil sind« – in der Altersgruppe von
19 bis 23 Jahren sogar 57 Prozent. Sodomie erschien ihm

in der Regel aus einer Anomalie auf einem der folgenden acht Gebiete herleitbar: »Stärke, Heftigkeit und Richtung des Triebes; die zur Verfügung stehenden, auch die strafbaren Möglichkeiten zur Befriedigung; der Motivationsprozeß; die soziale Anpassung an die herrschenden Werturteile und die Funktion des Willens.« Der Unterton solcher Psychologisierung von Sodomie und anderen Abweichungen wurde von Prof. Dr. R. von Krafft-Ebings Standardwerk *Psychopathia sexualis* geprägt. Der Autor war Dozent für Seelenkunde und Nervenkrankheiten in Wien und beherrschte mit seinem Werk nach dessen Erscheinen im Jahre 1886 ein halbes Jahrhundert lang die Sexualwissenschaft. Wenn Menschen mit abweichendem Sexualverhalten als Kranke beschrieben werden, zieht eine Kolonne von buckligen, moralisch abgestumpften, griesgrämigen Geistesschwachen und enthusiastischen Schwindsüchtigen, die noch in ihrer Todesnacht mit ihrer Frau zu schlafen versuchen, an uns vorbei. Bezeichnend ist die Beobachtung eines Falls von »impulsiver Sodomie« unter Nummer 243:

»A., sechzehn Jahre, Gärtnerjunge, unehelich, Vater unbekannt, Mutter schwer belastet, hysteroepileptisch. A. hat difformen asymmetrischen Gehirn- und Gesichtsschädel, desgleichen Skelett, ist klein, war seit der Kindheit Masturbant, immer moros, apathisch, die Einsamkeit liebend, höchst reizbar, in seinen Affekten von geradezu pathologischer Reaktion. Er ist imbezill, wohl durch Masturbation körperlich sehr herabgekommen und neurasthenisch. Überdies bietet er hysteropathische Symptome (Einschränkung des Sehfeldes, Dyschromatopsie, Herabsetzung von Geruch, Geschmack, Gehör rechts, Anästhesia testiculi dextr., Clavus usw.).

A. ist überwiesen, Hunde und Lapins teils masturbiert, teils sodomisiert zu haben. Zwölf Jahre alt, sah er, wie Knaben einen Hund masturbierten. Er machte es nach und konnte sich nicht enthalten, in der Folge Hunde, Katzen, Lapins in der scheußlichsten Weise zu mißhandeln. Viel häufiger sodomisierte er aber weibliche Kaninchen, die einzigen Tiere, welche für ihn einen Reiz hatten. Mit dem Einbruch der Nacht pflegte er sich nach dem Kaninchenstall seines Herrn zu begeben, um seinem entsetzlichen

Drange zu frönen. Man fand wiederholt Lapins mit zerrissenem Rektum. Die bestialen Akte spielten sich immer in derselben Weise ab. Es handelte sich um förmliche Anfälle, die etwa alle acht Wochen und jeweils abends in identischer Weise sich einstellten. A. bekam großes Unbehagen, ein Gefühl, wie wenn man ihm den Kopf zerhämmere. Es war ihm, wie wenn er den Verstand verliere. Er kämpfte gegen den auftretenden Zwangsgedanken, Lapins zu sodomisieren. Empfand wachsende Angst dabei, Steigerung des Kopfschmerzes bis zur Unerträglichkeit. Auf der Höhe des Zustandes Glockenläuten, Ausbruch von kaltem Schweiß, Zittern der Knie, endlich Aufhören der Widerstandsfähigkeit und impulsive Ausführung der perversen Handlung. Sobald diese geschehen ist, wird er frei von Angst. Die nervöse Krise ist geschwunden, er ist wieder Herr seiner selbst, empfindet tiefe Beschämung über das Vorgefallene und fürchtet die Wiederkehr solcher Situationen. A. versichert, daß er in solchen Krisen, vor die Wahl gestellt, ein Weib oder ein Lapinweibchen zu gebrauchen, nur sich zu letzterem entschließen könnte …

Es gelang leicht, in der ärztlichen Epikrise nachzuweisen, daß dieses menschliche Schcusal ein psychisch degenerierter, unfreier Kranker, kein Verbrecher ist.«

Der Patient aus der Beobachtung 244 hinterläßt ebensowenig einen behaglichen und zufriedenen Eindruck:

»X., Bauer, vierzig Jahre, griechisch-katholisch. Vater und Mutter waren starke Trinker. Vom fünften Jahre ab bekam Patient epileptische Anfälle, das heißt, er fällt bewußtlos um, liegt zwei bis drei Minuten regungslos, dann rafft er sich auf und läuft planlos mit weit aufgerissenen Augen davon. Mit siebzehn Jahren Erwachen des Geschlechtstriebes. Patient hatte weder sexuelle Neigung zu Weibern noch zu Männern, wohl aber zu Tieren (Vögel, Pferde usw.). Er koitierte mit Hühnern, Enten, später mit Stuten, Kühen. Nie Onanie.

Patient ist Heiligenbildmaler, sehr geistesbeschränkt. Seit Jahren religiöse Paranoia mit Ekstasezuständen. Er hat eine ›unerklärliche‹ Liebe für die Gottesmutter, für die er sein Leben hingeben möchte. In die Klinik aufgenommen, erweist sich Patient frei von Gebrechen und von anatomischen Degenerationszeichen. Er hat von jeher

Aversionen gegen Frauen gehabt. Bei einmaligem Versuch, mit einem Weib zu koitieren, war er impotent, Tieren gegenüber immer sehr potent. Er ist Frauen gegenüber sehr schamhaft. Koitus mit solchen erscheint ihm fast wie Sünde.«

Doch erklärt Krafft-Ebing keineswegs alle Tierschändungen mit »psycho-pathologischen Bedingungen«. Sie konnten auch aus Beweggründen »niedriger Sittlichkeit« oder »starkem Geschlechtsdrang bei schwieriger natürlicher Befriedigung« geschehen. So erschien ein dreißigjähriger Mann »von Stand«, der mit einem Huhn ertappt wurde (die Haushühner schienen aus rätselhaften Gründen alle wegzusterben) »geistig völlig normal«. Zu seiner Verteidigung führte der Mann »seine kleinen Geschlechtsteile an, die ihm den Verkehr mit Frauen unmöglich machten«.

Während Homosexualität vom verständigen Teil der Gesellschaft längst nicht mehr als Krankheit betrachtet wird, ist Sex mit Tieren immer noch ein Fall für den Psychiater. In seinem Buch *Between Pets and People* zitiert Alan Beck, der Direktor des Zentrums der Interaktion zwischen Tier und Gesellschaft, einen Kollegen aus der Psychiatrie des »berühmten Dr. John Money«:

»Eine Patientin willigte ein, vor dem Plenum untersucht zu werden. Sie klagte darüber, daß sie immer von Magengasen (Rülpsen) belästigt wurde, wenn sie mit ihrem Mann verkehren wollte. Sie spielte auch stets mit den Genitalien der Babies, auf die sie achtzugeben hatte. Fast beiläufig bekannte sie, daß sie mit ihrem Haushund Verkehr gehabt habe. Sie befand sich zwar seit Jahren in Therapie, hatte aber diesen Aspekt ihres schwierigen Lebens niemals erwähnt, weil sie dachte, daß die Ärzte das doch nicht begreifen würden.«

Unter dem Titel *Motherhood Encumbered by a Nepiophilic/Zoophilic Lovemap* hat Dr. Money selbst weitere Details preisgegeben. Sorgsam verpackt in psychologische Umstandsbeschreibungen – unerwünschtes Kind, unleidige Pflegeeltern, mehr Fehlgeburten als Geburten, schlaffer Ehepartner, Kinder in Behandlung – erzählt er, wie die Frau als Mädchen ihre Geschlechtsteile an denen einer vierjährigen Hündin rieb, was sie »sehr lustvoll« empfand. Sie selbst war auf die Idee gekommen, es anstelle ihres Freundes einmal mit einem Hund zu versuchen: »Wir hatten zu Hause einen Hund, doch das war ein Weibchen. [...] Der erste Hund, den ich benutzte, war von meinem Freund. [...] Ich ging dorthin, um auf seine kleine Schwester aufzupassen.« Normalerweise, so erinnerte sie sich, behielt sie ihre Unterhosen an. Auch als sie verheiratet war, trieb sie es weiter mit Hunden. »Und ich dachte mir, oh Gott, wenn mich jemals jemand erwischen würde, das begreifen Sie, dann wäre mein ganzes Leben kaputt. Aber der Drang, dieses Begehren zu befriedigen, ist so stark. [...] Dann schmuggelte ich wieder Hunde zu mir nach Hause und nahm sie mit nach oben. Es ist lächerlich, wenn man darüber nachdenkt – dreckig, schmierig, Krankheitskeime –, doch man gestattet es sich nicht, darüber nachzudenken.« Schließlich fand sie Abhilfe bei der Pille. Die darin enthaltenen Hormone unterdrückten wohl ihren Drang, was die Krankhaftigkeit dieses Geschlechtstriebs nur unterstreicht.

Daß Sodomie mit anderen sexuellen Varianten einhergehen kann, finden die darüber hocherfreuten Psychiater ganz normal. Ein Junge, der einen Rüden oder einen Hengst befriedigt, ist seinem Wesen nach homosexuell. Wenn ihnen das auch selbst nicht bewußt ist, entwickeln viele Jungen eine homosexuelle Vorliebe für Tiere, sei es auch nur, um hierbei einen Orgasmus mitzuerleben. Hühnerschändung ist per Definition heterosexuell, doch spielt hier ganz von alleine eine gehörige Portion Sadismus mit. In anderen Fällen steht der Sadismus an erster Stelle, und Sodomie ist nur im Spiel, weil ein Tier nun einmal ein hilfloseres Opfer ist als ein Mensch. Tierquälerei ist meist mit sexueller Erregung verbunden, wie Aktivisten des Tierschutzes sehr wohl wissen. Da Tiermißhandlung in unserer Gesellschaft in der Agrarindustrie jedoch institutionalisiert ist, kann es für dergleichen Sadisten nicht schwer sein, auf ihre Kosten zu kommen. Einige begnügen sich schon mit einem ganz normalen Schlachthof.

»C. L., zweiundvierzig Jahre alt und Ingenieur, erinnert sich, daß er in seiner Jugend mit Vorliebe beim Schlachten von Haustieren, besonders von Schweinen, zugesehen hat. Das führte zu einem sich stark äußernden wollüstigen

Gefühl und zur Ejakulation. Später suchte er Schlacht-höfe auf, um sich bei der Betrachtung des ausströmenden Blutes und der Todeszuckungen der Tiere zu ergötzen, welches ihm jedesmal ein steigendes Gefühl geschlecht-lichen Genusses verschaffte.«

Ferner erwähnt unser Wiener Raritätenkabinett der Psychiatrie den sogenannten »Hendlherrn«, der bei meh-reren Prostituierten »den Beischlaf durch das Martern und Töten von Hühnern, Tauben und anderen Vögeln an-zuregen pflegte«. Ein anderer Herr, der die Huren ein Huhn oder ein Kaninchen kaufen ließ, hatte es »auf das Abschlagen des Kopfes, das Ausreißen der Augen und der Eingeweide abgesehen. Trieb er ein Mädchen auf, das sich zu dergleichen überreden ließ und dabei recht grausam zu Werke ging, war er entzückt, bezahlte und ging, ohne weiter etwas von der Person zu verlangen oder sie irgend zu berühren, seiner Wege.«

Die dritte sexuelle Eigenart, die mit Sodomie zusam-menhängt, ist der Fetischismus – so die Ansicht des ausge-zeichneten französischen Kenners Roland Villeneuve in seinem Standardwerk von 1978. Daß Hunde und vor al-lem Katzen den abgeschnittenen Zopf oder die Schnür-stiefelette als Fetisch in den Schatten stellen, dürfte hin-länglich deutlich geworden sein. Wer liest, welche Oden Hunde- und Katzenliebhaber auf ihre Lieblinge singen, dem wird die Übereinstimmung mit exaltierter Liebesly-rik nicht entgehen. Außer Fetischismus nennt Villeneuve in seinem *Musée de Bestialité* noch weitere elf Ursachen für Sodomie, darunter Frigidität des menschlichen Partners, Angst vor Geschlechtskrankheiten, Zuchtlosigkeit der Tiere, Angst vor Schwangerschaft sowie Alkoholismus. Auch er kommt nicht auf die Idee, daß Sex mit einem Tier einfach schön sein kann, selbst wenn man nicht verrückt, krank oder zurückgeblieben ist. Es war für die Kuschel-tier-Forscher Beck und Katcher eine echte Überraschung, von einem Mann und einer Frau zu lesen, die mit ihrer Tochter und ihrem Dobermann auf der Erste-Hilfe-Sta-tion der Tierklinik erschienen. Sie wollten das Tier auf Ge-schlechtskrankheiten untersuchen lassen. Ihre Tochter war mit dem Hund ertappt worden, und nun wollten sie erfahren, ob sie sich dabei etwas geholt haben könnte. Ihr

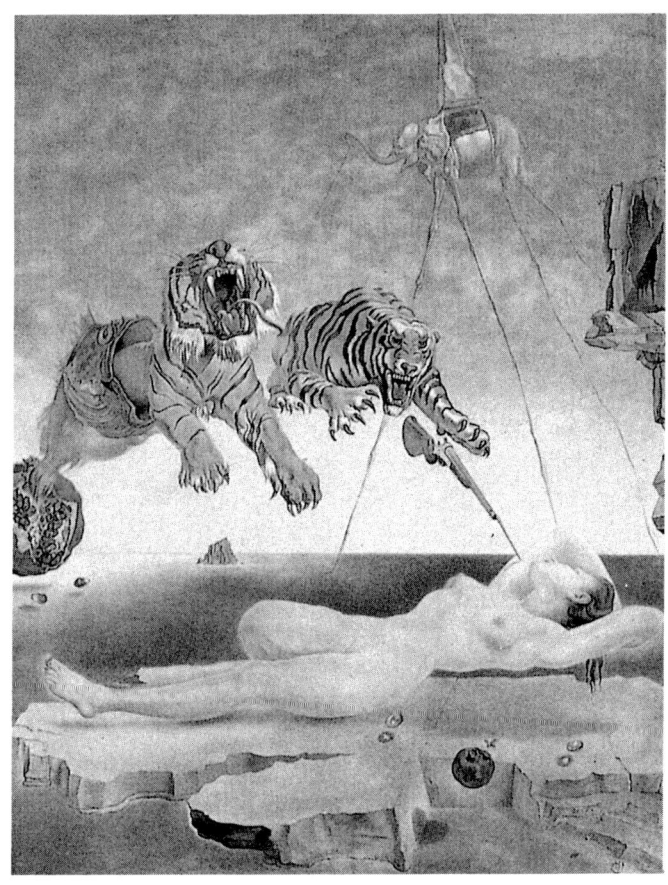

Salvador Dalì, Traum, verursacht vom Flug eines roten Granatapfels, eine Sekunde vor dem Aufwachen, 1944

erster Gang galt nicht dem Psychiater, sondern dem Tierarzt, der sie denn auch beruhigen konnte. Hier befinden wir uns in den achtziger Jahren, in denen der Sexualforscher Haeberle schreiben konnte, daß, solange das Tier weder verwundet noch mißhandelt wird, eigentlich keine Notwendigkeit zum Eingreifen besteht und daß »es auch nicht sinnvoll ist« sexuelle Handlungen zwischen Mensch und Tier zu »psychologisieren«. Doch auch er legt sich nicht endgültig fest: »Männer und Frauen, die Tiere einem menschlichen Partner für immer vorziehen, kann man als sexuell gestört bezeichnen. Wie in anderen Fällen problematischen Sexualverhaltens kann man auch hier nur raten, die Hilfe von Fachleuten in Anspruch zu nehmen.« Man hört noch das Echo von Freuds Diagnose: »In

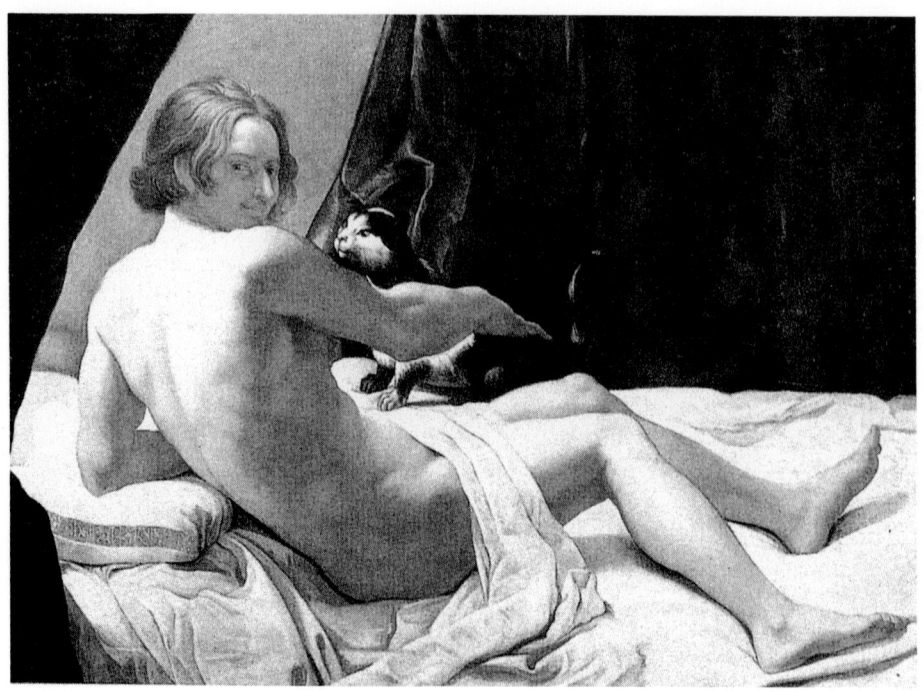

Giovanni Lanfranco,
Nackter Jüngling auf
seinem Bett mit Katze,
ca. 1620

der Exklusivität und in der Fixierung, beziehungsweise
der Perversion, sehen wir den vornehmlichen Grund, sie
als ein Krankheitssymptom zu bezeichnen.« Sodomie
wäre also eine krankhafte Abweichung, wenn sie zwang-
haft ist. Doch dann ist die gewöhnliche heterosexuelle
Liebe das ebensosehr. Ein gewöhnlicher menschlicher He-
tero wird auch von seinem Trieb gezwungen, seine Nase in
Dinge zu stecken, an denen er andernfalls kaum hätte
schnuppern dürfen. Solange keiner der Betroffenen darunter zu leiden hat, hat keine einzige Spielart der Sexualität irgend etwas Krankes, Schlechtes oder Verrücktes an
sich.

Trotzdem ist Sodomie immer noch ein Tabu, das in
Ställe und Schlafzimmer verwiesen, das in Fachliteratur
und Pornographie abgehandelt, dem mit Gekicher und
Verurteilung begegnet wird. Solange das so ist, läßt sich
ihre Verbreitung nur schwer abschätzen. Ein Vergleich mit
dem Inzest drängt sich auf. In den vergangenen Jahren
schien plötzlich die Anzahl der Fälle sexuellen Kindesmiß-
brauchs durch Eltern erheblich höher zu sein, als man je

vermutet hatte. Einer der Gründe für diese Trendwende war, daß die Kinder mit viel Mühe die ärgste Scham überwanden und ihren Mund aufmachten. Je öffentlicher sie sprachen, desto freier fühlte sich die schweigende Mehrheit, gleichfalls ihr Herz auszuschütten. Aber Tiere können nicht sprechen. Was das angeht, sind sie ebenso ideale Geheimnisträger wie eine Stiefelette oder ein Pornoheft.

Oben schätzte ich die Anzahl von Menschen, die sexuelle Erfahrungen mit Tieren hatten, auf einige Prozent. Versteht man unter Sodomie einzig, wenn Menschen es ausschließlich mit Tieren treiben, dann sinkt der Prozentsatz selbstverständlich weit unter ein Prozent. Für Sodomie braucht man Phantasie, und Menschen mit Phantasie sind selten. Wenn man dagegen die Bedingung fallen läßt, daß für sexuelle Kontakte irgendwo irgend etwas hineingestopft werden muß oder daß an irgendeiner bestimmten Stelle herumgefummelt werden muß, und wenn es vollauf genügt, ein bißchen zu schmusen – ein Küßchen in Ehren –, ein warmes Gefühl füreinander zu entwickeln, kurzum: einander lieb zu haben, dann ist Sodomie keine Abweichung mehr, sondern die Regel. Sie ist keine Schande mehr, sondern gehört zum guten Ton. Wer möchte schließlich nicht als Tierfreund gelten?

9.
Geschlechtsorgan Geist

E ine schmutzige Phantasie ist eine immerwährende
Freude. Der Geist ist das ideale Geschlechtsorgan.
Vor allem die ausgefallenen Begierden werden damit befriedigt. »Wenn man für Träume verurteilt werden kann«,
so gutachtete der Rechtsgelehrte Drooglever Fortuyn im
ersten Eselsprozeß gegen Van het Reve, »dann kämen wir
alle vor Gericht.« In unseren Köpfen wird öfter Sodomie
vollzogen als mit jeder Hand, mit jedem Geschlechtsteil.
Auf einschlägigen Pornofotos kann man den Grund dafür
beobachten: der Rücken des Mädchens ist noch gezeich-
net von den Kratzern der vorherigen Sitzung, und eine
umgefallene Stehlampe in der Ecke zeugt von den praktischen Problemen, die mit dem Überschreiten der Artgrenzen verbunden sind. Der Versuch, aufregende Gedanken in die Tat umzusetzen, kann einem derart die
Stimmung verderben, daß man es lieber läßt. Gedanken
regen die Leute an, und Taten können die Gedanken
höchstens noch weiter anheizen. Nancy Friday, Großhänd-
lerin sexueller Phantasien, preist in *My Secret Garden* die
Macht der Phantasie:

»Ich glaube nicht, daß es viele Frauen gibt, die sich tatsächlich von einem Stier oder Esel haben nehmen lassen.
Beim gar nicht imaginären lieben Vieh geht es in erster
Linie darum, den Schwanz zu sehen, wie er mit seinen un-
glaublichen Abmessungen ausfährt. Stell dir vor, daß so etwas Riesiges – das dich jedenfalls beim ersten Mal, als du
es sahst, so enorm faszinierte, daß du sofort verschämt in
die andere Richtung schautest – stell dir vor, daß so etwas
in dich eindringt! Wie kann eine Frau einen so großen
Schwanz ansehen, ohne sich vorzustellen, daß er in sie eindringt? Das ist etwa so, als ob man einen Sportwagen betrachtet und dabei kein Gefühl für die Geschwindigkeit
empfände.«

Die Phantasie sucht sich gerne einen Anknüpfungs-
punkt in der Realität, aber es muß ausreichend Stoff zum

King Kong mit Fay
Wray auf dem Dach
des Empire State
Building, Zeichnung
aus dem *Press Book* des
Films von 1933

Phantasieren übrigbleiben. Darum ist von allen Tagträumen aus Nancy Fridays Buch derjenige von Down am ergiebigsten:

»Eines frühen Morgens, ich war fünfzehn, kam ich splitternackt nach unten, um das Frühstück zuzubereiten. Es war Sommer, meine Eltern waren nicht zu Hause, und ich fand es einfach schön, nackt durch das große Haus zu laufen. Der Hund war in der Küche, wurde wach und bellte. Dann begann er mich mit der Schnauze anzustoßen und zu beschnüffeln (er war noch jung, nicht allzugut erzogen und ziemlich albern). Plötzlich bekam ich mit, daß er einen riesigen Steifen hatte. Andauernd wollte er auf mich klettern. Ich glaube, daß ich es ziemlich toll fand und ihn weiter streichelte. Die eine Hälfte von mir wollte der Sache ihren Lauf lassen – welchen Lauf nur? In diesem Alter wußte ich noch nicht so genau, was er vorhatte. Und die andere Hälfte von mir schämte sich. Mein Gott, was für eine Lust hatte ich, meine Augen zu schließen und ihn gewähren zu lassen. Ich habe mich immer gefragt, wie es ausgegangen wäre, wenn ich nicht weiter gefrühstückt hätte. Ich habe mir das Bild Tausende von Malen ausgemalt, so weit, daß der Hund seinen Schwanz in mir hatte und daß meine Familie dann käme … Und was nicht alles.«

Daß die Phantasie nur geringer Nahrung bedarf, zeigte sich auch im Zoo von Basel, wo der Gorilla Valentin nach der Gesellschaft der neuen Wärterin im angrenzenden Vogelhaus schmachtete. Um sie in seinen Käfig zu locken, hatte er sich einen neuen Trick ausgedacht. Er tat so, als sei er mit einem Arm im Draht hängengeblieben, sie eilte ihm zu Hilfe; die Tür fiel ins Schloß; der Schlüssel lag außerhalb des Käfigs und der Zoo war schon geschlossen. Niemand konnte der jungen Frau helfen. Am anderen Morgen wurde sie gefunden. Sie war schweißnaß und zerzaust nach einer ganzen Nacht in den starken, unnachgiebigen Armen des Affen. Aufregung bei der Presse: riesige Schlagzeilen berichteten von dem schönen Mädchen und dem haarigen Monster. Männer lasen die Zeitung aufmerksamer als sonst, Frauen erschauderten bei dieser Nachricht. Anderthalb Jahre später stellte sich heraus, daß der Affe ein Weibchen war.

Sensationen stehen nicht nur in Revolverblättern. In

einem Artikel des seriösen *NRC Handelsblad* reichten dem Redakteur ein paar Fakten, damit seine Phantasie mit ihm durchgehen konnte:

»Ein Orang-Utan, der sein sexuelles Verlangen nicht mehr unter Kontrolle hatte, besprang vor ein paar Jahren in Amstelveen ein kleines Mädchen und brach ihr das Rückgrat. Das Mädchen, deren Vater zu seinem Vergnügen zwei dieser Affen in einem Teil seines Gartens hielt, fütterte sie gewöhnlich jeden Morgen. Doch eines bösen Morgens war in das Männchen ein Urwaldtrieb gefahren.«

Zur Erschwernis jeder Recherche gehört Sodomie meistens ins Reich der Phantasie. Und in diesem Reich regiert die Kunst. Seit es Begierden gibt – mögen sie auch seltsam oder schändlich sein –, gibt es auch Künstler, die sie in Wort und Bild darstellen. Sodomie macht da keine Ausnahme. Stets läßt sich das Unaussprechliche gut malen oder niederschreiben. Wenn sodomitische Akte ästhetisch genug ausgeführt waren, hatten die Menschen zu allen

Zeiten ihre Freude daran, obwohl ihnen dergleichen sonst den puren Abscheu eingejagt hätte. Leda mit ihrem Schwan, die keusche Europa auf dem Rücken ihres Stiers, Maria, deren Schoß vom heiligen Geist befruchtet wird: all das schmückte als Gemälde, als Leuchter oder als silbernes Salzfäßchen die Bürgerwohnungen. Auf Plätzen und Straßen ritten die Staatslenker und Heerführer auf bronzenen Rössern und nicht auf ihren Frauen. Unsere Zeit hat ihre eigenen Mythen. Sie reichen von verliebten Comicfiguren bis zu Außerirdischen, die unsere Frauen auf potentere Planeten entführen. Wer seiner Phantasie freien Lauf lassen will, ist im Pornoladen gut aufgehoben. Dort finden sich zwischen Stapeln mit Gummisex, Fesselgeschichten und anderen bizarren Vorlieben auch Hefte und Filme mit scharfen Aufnahmen von *Animal Sex.*

Wie jedes Produkt des menschlichen Geistes kann Pornographie Kunst sein; doch auch als Kunst hat sie nur einen einzigen Zweck zu erfüllen: mit allen Mitteln die Sinne zu reizen. Einen Porno liest man mit einer Hand, Literatur meistens mit beiden. Sodomie ist nicht auf eins dieser Genres beschränkt. Zu was für einem Eintopf aus Pornographie, Literatur, Farce und Drama Sodomie führen kann, läßt sich in *O de mer* von Maurice Rheims nachlesen. Darin verliebt sich der achtarmige Tintenfisch Barbara in den bretonischen Fischer Jean-Marie.

»»Liebst du mich wenigstens ein bißchen?‹, flüsterte Barbara und legte einen Fangarm um Jean-Maries Hals (er erschrak nun nicht mehr gleich dabei). Mit seinem nackten Oberkörper genoß er die Berührung ihres feuchten, kühlen Körpers sehr (die Julinächte sind warm). Neben den eingeholten Netzen blieben sie so stundenlang an Deck liegen. Fasziniert betrachtete Jean-Marie Barbaras Körper, den das Mondlich schön modellierte: Einmal weiß glänzend, dann wieder als rosigen Topas.«

Der Seemann stellt Barbara seiner Frau vor, doch bringt ihn das nicht davon ab, sich weiterhin in dem »feuchten, geölten Bett« ihrer Tentakeln verwöhnen zu lassen. Das geht so lange, bis seine Frau dem Tintenfisch einen Dudelsack schenkt. Barbara verliebt sich sofort in ihn. Der eifersüchtige Seemann verfällt dem Trunk und stürzt sich schließlich ins Meer, um zu sehen, wie »dieser drollige Le-

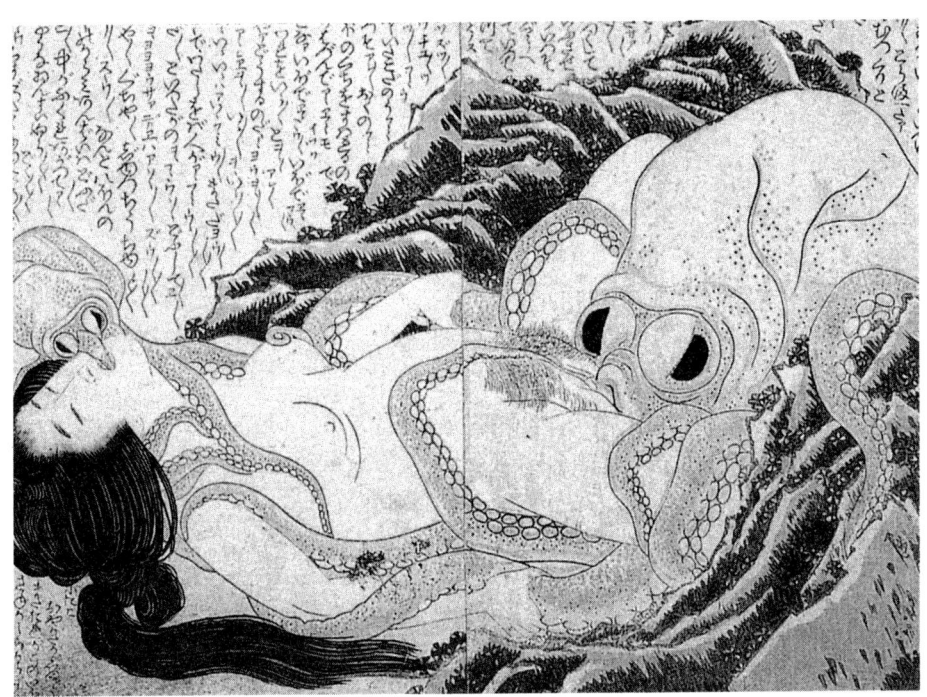

Hokusai, Der Traum
der Fischersfrau,
Illustration aus:
Kinoeno-Komatsu,
ca. 1814

dersack Bauch an Bauch mit Barbara einen leidenschaftli
chen Tintenfisch abgibt«.

So etwas erweckt den Eindruck, als sei in der erdachten
Sodomie alles möglich. Doch das stimmt nicht. Wenn man
die Welt auf den Kopf stellt, bleiben die Gesetze immer
noch gültig; nur sind Oben und Unten vertauscht. *O de mer*
verstößt gegen die Regel, daß in der Kunst Sodomie einzig
von Frauen ausgeübt wird. In der Wirklichkeit sind es so
gut wie immer die Männer, die sich tatsächlich mit Tieren
paaren, doch hat die Kunst die Rollen vertauscht. Weil zu
allen Zeiten Künstler meist Männer waren, liegen die
Gründe für diesen Rollenwechsel auf der Hand: so ent-
spricht die Kunst genau den Männerphantasien. Auf den
ersten Blick erscheint es uneigennützig, daß der Mann
sich selbst in seinen Phantasien keine Rolle zuweist. Doch
das ist ein Mißverständnis. Der Mann identifiziert sich
nämlich immer mit dem aktiven Part: dem Tier. Er ist der
Hengst, der Rüde, der Stier, das geile Monster, das mit seinem Glied – Größe XL – die unersättlichsten Frauen mit
seinem Samen vollpumpt. Bei tierischen Frauen ist seine

Phantasie überfordert. Darum wurde *King Kong* ein Kassenerfolg, und nicht etwa *Queen Kong*. Darum kennt jeder den Frosch, den man nur zu küssen braucht, um an einen Prinzen zu kommen, keiner aber den Maulwurf aus *Le Roi des Taupes* von Alexandre Dumas, der eigentlich eine Prinzessin war. Frauen haben natürlich auch sexuelle Phantasien, aber Tiere spielen darin trotz der Sammlung von Nancy Friday keine bedeutende Rolle. Nur ein Prozent der Frauen hat nach dem Kinsey-Report erotische Träume, in denen Tiere vorkommen. Frauen träumen vornehmlich von sich selbst und teilen die männlichen Obsessionen für gewisse vergrößerte Körperteile meist nicht.

Daß der Mann sich mit dem Tier identifiziert, illustrieren die Geschichten, in denen ein Mann sich in ein Tier verwandelt. Lucius Apuleius schrieb über dieses Thema den ältesten, vollständig überlieferten lateinischen Roman: *Der goldene Esel*. Der besagte Esel ist eigentlich ein römischer Jüngling, der zum Vogel werden wollte, aber durch ein Mißgeschick den falschen Zauberspruch aufsagte:

»Nirgendwo kamen Federn oder Flügel zum Vorschein, sondern mein Haar verdichtete sich am ganzen Körper zu Borsten, meine zarte Haut verhärtete sich zu Leder, am Ende meiner Hände fügten sich meine schwindenden Finger zu einem einzigen Huf zusammen, und unter meinem Rückgrat erschien ein großer Schwanz. Dazu kam eine monströse Fratze, ein vorstehendes Maul, große Nasenlöcher und hängende Lefzen, unsagbar große behaarte Ohren. Für meinen unglücklichen Gestaltwechsel wurde mir nur ein Trost zuteil, daß nämlich ein gewisser Körperteil an Größe zunahm.«

Im Verlauf seiner Abenteuer schickt sich Lucius mehr oder weniger in sein Los und tritt im Dienste eines Herrn vor Publikum auf.

»In dieser Gesellschaft befand sich eine stattliche reiche Dame. Da sie genau wie die anderen ihr Eintrittsgeld bezahlt hatte und über meine verschiedenen Kunststücke regelrecht begeistert war, ging ihre fortdauernde Bewunderung langsam in eine wunderliche Verliebtheit über. Für ihre wahnsinnige Leidenschaft fand sie kein Heilmittel, und nach dem Vorbild der Pasiphaë – diesmal allerdings

E. Tapissier, Titania
und ihr Esel

in einen Esel verliebt – sehnte sie sich heftig nach meiner
Umarmung. Schließlich mietete sie mich gegen einen hohen Preis für ein nächtliches Beisammensein.

Wir hatten zu Abend gegessen und das Speisezimmer
meines Meisters verlassen, als wir die Dame in meinem
Schlafzimmer antrafen, die dort schon länger wartete.
Große Götter, was für Vorbereitungen hatte sie getroffen,
wie herrlich! Bar jeder Hülle, auch des Bandes, mit dem
sie ihren schönen Busen geschnürt hatte, nahm sie aus
einem kleinen Zinntöpfchen ein wohlriechendes Öl und
salbte sich damit reichlich. Mit noch viel größerer Sorgfalt
begoß sie damit auch meine Nasenlöcher. Dann küßte sie
mich innig. Sie nahm mich am Halfter und hieß mich, auf

die Weise niederzuknien, die man mich gelehrt hatte. Denn was ich zu tun hatte, erschien mir nicht neu und nicht schwierig. Doch quälte mich eine nicht geringe Angst, wenn ich daran dachte, wie ich mit so großen Beinen eine so zierliche Frau bespringen sollte und wie ich so weiße Glieder, zart und weich wie Milch und Honig, mit meinen behaarten Hufen umschlingen sollte, und wie ich ihre zarten, von ambrosischem Tau purpurnen Lippen mit meinem breiten, von steinharten Zähnen mißgestalteten Riesenmaul küssen konnte, und wie schließlich eine Frau, war sie auch bis über beide Ohren verliebt, ein solch großes Glied in sich aufnehmen sollte. Indessen fand sie kein Ende mit ihren zärtlichen Worten, ihren ausgiebigen Küssen, ihrem süßen Geplauder, ihren herausfordernden Blicken, und schließlich sagte sie: ›Nun hab ich dich. Ich hab dich, mein Täubchen, mein Mäuschen.‹ Und mit diesen Worten bewies sie, wie eitel meine Gedanken gewesen waren, wie einfältig meine Furcht. Denn, während sie mich innig umarmte, nahm sie mich ganz, ja ganz. So oft ich mich nach hinten zurückzog, um sie zu schonen, näherte sie sich mir mit ungestümem Drang. Und während sie meinen Rücken ergriff, preßte sie mich in eine noch innigere Umarmung, so daß ich, beim Herkules, regelrecht zu kurz geraten schien, um ihre Lust zu befriedigen, und bemerkte, daß die Mutter des Minotaurus ihren Spaß nicht ohne Grund bei einem brüllenden Liebhaber gesucht hatte.

Nachdem wir eine geschäftige und schlaflose Nacht verbracht hatten, ging die Frau – sie hatte denselben Betrag für die folgende Nacht vereinbart – fort und vermied die Mitwisserschaft des Tageslichts.«

Als Esel hat Lucius solch einen erotischen Erfolg, daß sein Meister ihn öffentlich als Liebhaber auftreten lassen will. Die Dame ist dafür zu vornehm, also wird eine Verbrecherin aus dem Kerker geholt, die nach der Paarung mit dem Esel von wilden Tieren aufgefressen werden soll. Aus Angst, die wilden Tiere könnten eine Verurteilte nicht von einem unschuldigen Esel unterscheiden, flieht Lucius während des Vorprogramms, das aus Reigentänzen und der arkadischen Form einer Mißwahl besteht.

Apuleius schrieb sein Buch vor 1800 Jahren, und seine

Johann Füssli, Titania liebkost Zettel mit dem Eselskopf, Illustration zu Shakespeares *Ein Sommernachtstraum*, 18. Jh.

Geschichte geht wahrscheinlich auf noch ältere Varianten zurück. Es gibt nichts Neues unter der Sonne. Jerzy Kosinskis Erzählung *Stufen* über den Besuch eines nicht näher erläuterten Kutschenhauses weist mehr als eine Parallele mit dem antiken Roman auf:

»Ein Mann in städtischer Kleidung kam aus dem Kutschenhaus und begann, von uns Geld einzusammeln. [...] Es vergingen einige Minuten, die Tür des Verschlags wurde geöffnet, und vier Frauen in bunten Kleidern traten in den Kreis. [...] Der Veranstalter folgte ihnen mit einem großen Tier an der Leine. Die Bauern begannen, laut und aufgeregt über die Frauen zu reden. Nach ein paar Minuten bat der Veranstalter um Ruhe und er erklärte, daß abgestimmt werden sollte, welche Frau an die Reihe kommt. [...] Die Zählung ergab, daß die Mehrheit ein junges Mädchen auserkoren hatte. Der Veranstalter führte das Tier in die Mitte der Arena, während er mit einem Stock dessen schlaffes Geschlechtsteil reizte. Zwei der Bauern rannten nach vorn und ergriffen das Tier, um es festzuhalten. Dann stand das Mädchen auf und begann mit dem Tier zu spielen. Sie umarmte und liebkoste es und streichelte sein Geschlecht. Langsam zog sie sich aus. [...]

Die Männer wurden dadurch ganz verrückt und feuerten sie an, sich gänzlich auszuziehen und es mit dem Tier zu treiben. Der Veranstalter band einige Bänder in jeweils zwei Zentimeter Abstand um das Geschlechtsteil des Tieres. Das Mädchen ging auf das Tier zu, während sie Öl zwischen ihre Schenkel und ihren Unterleib rieb und das Tier dazu verleitete, sie zu lecken. Von den Schreien der Umstehenden ermutigt, legte sie sich danach unter das Tier und schlang ihre Beine darum. Indem sie ihren Bauch hob und nach vorne schob, drang das Geschlechtsteil bis zum ersten Band ein. Der Veranstalter ergriff von neuem das Wort und bat das Publikum um eine Extraspende für jede zwei Zentimeter, die das Tier weiter in sie hineindrang. Der Preis stieg mit jedem entfernten Band. Die Bauern, die immer noch bezweifelten, daß das Mädchen diese Vergewaltigung überleben würde, bezahlten jedesmal begierig.«

Eine Pornoversion der Nummer Esel-mit-Mädchen, *Spectator Sport*, spielt in Kuba vor der Zeit von Fidel Castro. Nach der Vorstellung (»Als der Esel schließlich kam, spie er sicher einen Liter oder zwei in sie hinein. An allen Ecken und Enden lief es ihr heraus und tropfte an ihren Backen herunter«) schmust der Erzähler mit einem Mädchen, das es schon ein paar Mal mit einem Esel getan hatte und dann noch munter mit ihm weitermacht: »Aber wenn sie noch ein oder zwei Jahre in den Bordellen von Havanna zubringt, mit allen Eseln und was da noch alles zum Pimpern herumläuft, dann sieht ihre arme Fotze aus wie der Grand Canyon.« So viel Zeit hatte sie nicht. Castro kam und ließ alle Bordelle schließen. »Das muß ein harter Schlag für die armen Mädchen gewesen sein, aufstehen und arbeiten gehen zu müssen. Aber echtes Mitleid habe ich mit diesem

Esel. Nichts mehr zu rammeln für ihn. Er muß sich gekränkt gefragt haben, was er eigentlich falsch gemacht hat.«

In den letzten beiden Erzählungen tritt außer der Frau und dem Tier noch eine dritte Figur auf: der Mann als Zuschauer. Doch der männliche Leser identifiziert sich nicht mit ihm, er ist höchstens ein Vermittler. Er dient dazu, die außergewöhnlichen Gaben des Tieres (mit dem der Leser sich freilich identifiziert) noch einmal zu unterstreichen. Klassisch ist die Geschichte aus *1001 Nacht*:

Ouchine, Mädchen mit Affenliebhaber, Illustration zu *1001 Nacht*

»Hinter der Tür hörte ich Gelächter und Gebrumm. Mit einem Auge vor dem Spalt in der Tür sah ich das Mädchen in den Armen eines riesigen Affen sich auf einem Divan räkeln und schmusen. In wenigen Augenblicken löste sich das Mädchen aus der Umarmung, richtete sich auf, zog ihre Kleider aus und legte sich splitternackt wieder hin. Augenblicklich stürzte sich der Affe auf sie. Als er mit ihr fertig war, stand er auf und ruhte sich aus, bis er sie erneut nahm. Danach stand er noch einmal auf und ruhte wieder aus, aber nur, um sich noch einmal auf sie zu legen und sie auf diese Weise zehnmal hintereinander zu besitzen, während sie ihrerseits alles gab, was eine Frau an Herrlichem und Feinem zu bieten hat.

Später erzählte mir das Mädchen, daß sie die einzige Tochter des Großwesirs sei: ›Bis ich fünfzehn war, lebte ich abgeschieden im Palast meines Vaters. Doch eines Tages lehrte mich ein schwarzer Neger, was ich zu lernen hatte, und nahm von mir, was er zu bekommen hatte. Nun mußt du wissen, daß nichts so gut ist wie ein Neger, um uns Frauen im tiefsten Innern zu entflammen. Da wird es so heiß, daß der Neger es Stunde um Stunde, unaufhörlich naßhalten muß. Nach Ablauf einiger Zeit starb der Neger, und ich legte meine Sorgen einer alten Frau im Palast dar, die ich seit meiner Kindheit kannte. Die Alte schüttelte ihr Haupt und sagte: ›Das einzige, was dir von nun an den Neger ersetzen kann, mein Kind, ist ein Affe. Denn keiner kann es öfter als ein Affe.‹ Ich ließ mich von der Alten überreden, und eines Tages, als ein Affendresseur vorbeikam um Kunststücke zu zeigen, entschleierte ich mich vor dem größten Affen, der mich anstarrte, entkam und über einen großen Umweg wieder in den Palast zurückfand, wo er sogleich auf mein Zimmer stürmte, mich in seine Arme nahm und tat, was er tat: zehn Mal hintereinander ohne Ruhe oder Unterbrechung.«

Der Voyeur, ein Schlachter, der dem Mädchen immer »Bocks-Eier« verkauft hatte, tötete den Affen und bietet dem Mädchen an, seinen Platz einzunehmen. Aber dabei kommt nicht viel heraus: entkräftet muß er neben ihrem unersättlichen Körper auf einen *deus ex machina* hoffen. Auch Baron Alcide aus Alfred de Mussets *Gamiani* fand im Tier seinen Meister, als er seine leidenschaftliche Gräfin Gamiani nicht mehr zum Höhepunkt bringen konnte und sie ihre Zuflucht bei einem riesigen Hund nahm: »Medor! Medor! Nimm mich, nimm …!«

In der Tat ist der eifersüchtige Ehemann als dritte Figur ein geeignetes Stilmittel, um die Liebe zwischen Frau und Tier zu unterscheiden. Für eine subtilere Geschichte, wie ich selbst sie mir vorstellen würde, benötigt man als Hauptdarsteller natürlich eine Katze:

»Heute sollte es anders werden, dachte sich Ernst. Diesmal mußte es gelingen. Er zog Annabeth noch enger an sich, während das Orchester zum letzten Tanz aufspielte. Was für eine Musik! Was für eine Frau! Ihre Augen blickten vielversprechend, und die seinen nahmen die Verheißung gierig auf.

Er fuhr sie nach Hause. So weit war er noch nie gekommen. Vor der Haustür fragte sie ihn ohne große Umstände, ob er noch eine Tasse Kaffee trinken wollte. Na, da sagte er nicht nein.

Während Annabeth tatsächlich Kaffeewasser aufsetzte, schaute sich Ernst in der Wohnung um. Die typische Wohnung einer alleinstehenden Frau. Eine geblümte Couchgarnitur, allerhand Nippes, und als *pièce de resistance* eine wunderschöne Katze. Eine Siamkatze, hatte Annabeth einmal erzählt, die sicher viele Preise gewonnen hätte, wenn sie nicht ein bißchen schielen würde. Leise schnurrend lag das Tier an der Heizung.

Zum Kaffee gehörte ein Cognac, und auf einem Bein kann man nicht stehen. Eins kam zum andern. Ehe er sich versah, lag Ernst bei Annabeth im Bett. Sie strich ihm durchs Haar und schnurrte ermutigend. Ernst schnurrte zurück und brachte sich in Stellung, um das Hauptgericht einzunehmen, als seine Hand zurückschreckte. Dort, wo er zarte nackte Frauenhaut erwartet hatte, war plötzlich ganz viel Haar.

Bei all dem Getriebe hatte sich die Katze unbemerkt zwischen Ernst und Annabeth geschlichen, und nichts deutete darauf hin, daß sie vorhatte, ihren Platz wieder zu verlassen. Dann also auch die Katze gestreichelt, dachte Ernst, aber das ließ das Tier nicht zu. Grimmig holte es mit der Pfote aus und fauchte.

›Puckie ist süß‹, sagte Annabeth und reduzierte mit gezieltem Streicheln den Geräuschpegel wieder auf ein Schnurren. ›Ja, natürlich darfst du bei Frauchen schlafen.‹

So gut es irgend ging, nahm Ernst seine Liebesversuche wieder auf. Während er abwechselnd Annabeth und die Siamkatze streichelte, beförderte er das Tier allmählich ans Fußende. Die Erregung überkam seinen Körper und er bekam eine stramme Erektion. So etwas hatte die Siamkatze wohl noch nie zu Gesicht bekommen. Zuerst dachte Ernst noch, daß ihn das Tier aus lauter Bewunderung anstarrte, doch es war wohl bloße Verblüffung. Die Siamkatze kam behaglich näher heran und machte einen Buckel. Mit schräggelegtem Kopf schielte sie von unten auf das seltsame Phänomen. Einmal davon überzeugt, daß diese zahnlose Bedrohung nicht viel gegen sie ausrichten konnte, streckte die Katze zögernd die rechte Pfote aus und gab einen spielerischen Klaps auf die geschwollene Eichel, die zurückfederte. Und nun dasselbe mit links. Die Katze mußte schnell sein, denn ihr Spielzeug schrumpfte mit Lichtgeschwindigkeit zusammen. Sie wollte gerade untersuchen, wo es wohl geblieben sei, als sie rüde am Nakken gepackt und vor die Tür gesetzt wurde. Ernst war noch nicht wieder ins Bett zurückgekehrt, als bereits ein klagendes Gejaule ertönte, das von unangenehmem Kratzen an der Tür begleitet wurde.

›Wie konntest du das tun‹, sagte Annabeth vorwurfsvoll und ließ die Katze herein, so daß sie schnurrend wieder ihren Platz einnehmen konnte. ›Komm nur, mein Kerlchen.‹

Ernst trug seine Niederlage wie ein Mann, verbarg die kümmerlichen Überreste seiner Freuden in seinem neuen

Minislip und verließ schimpfend das Haus. Selbst hat er den Witz der Geschichte noch nicht so recht einsehen wollen, aber sein Psychiater mußte öfters darüber lachen.«

Sodomie braucht kein Alibi, um der Literatur als Vorlage zu dienen. Sodomie ist eine Form der unmöglichen Liebe, und darum dreht es sich schließlich in der gesamten Literatur. Romeo und Julia, Mutter und Sohn, Mutter und Hund, Mechthild von Magdeburg und ihr himmlischer Bräutigam, Van het Reve mit seinem göttlichen Esel – das alles ist das ewige Lied von der unerfüllten Leidenschaft. Der literarische Kern jeder Liebe besteht in der Spannung zweier Pole, die einander gleichermaßen anziehen wie abstoßen. In Romanen über die klassischen Gegensätze Mann und Frau wird in der Regel viel dafür getan, die Unterschiede zu betonen: behaarte Brust an schneeweißem Busen; schüchterner Augenaufschlag gegen unverschämten Blick. Dann ist es nur noch ein kleiner Schritt, und aus dem Mann wird ein echter Bär, Affe oder Wolf. Mit diesem kleinen Kunstgriff wird die Liebe noch unmöglicher, das Verlangen noch unerfüllter, die Spannung noch stärker. Das ist das Urthema von der Schönen und dem Biest. Hinter dem abstoßenden Äußeren des Monsters entdeckt das natürlich bildschöne Mädchen alsobald den zärtlichen Liebhaber, dem sie sich mit Leidenschaft ausliefert, obwohl sie ebensogut wie der Leser gleich weiß, daß das nicht gutgehen kann. Unmögliche Liebe hat in der Literatur katastrophal zu enden. Früher oder später kann das Monstrum das Tier, das in ihm wohnt, nicht länger unterdrücken und tötet das Mädchen. Oder jemand aus der Außenwelt kommt hinter die Geschichte, und das Tier wird ermordet. Nur Zauberei kann solch eine Liebe noch retten. Und so geschieht es in der Märchenversion von *La Belle et la Bête* denn auch, die Jean Cocteau 1946 so großartig verfilmte. Um ihren Vater zu retten, zieht La Belle im Film zum Biest aufs Schloß. Als die Liebe, die zwischen ihnen keimt, unerträglich zu werden droht, verwandelt sich das Biest in den schönen Jean Marais. Und das Märchen, das für die beiden beginnt, ist für uns zu Ende.

Die Filmindustrie hat dieses Motiv weidlich ausgebeutet. Zu Cocteaus Zeiten hatte es seine endgültige Kinofas-

sung bereits 1933 in Gestalt von Fay Wray und King Kong ein für allemal gefunden. Die ranke, lilienweiße Fay aus dem mondänen New York lernt das massige, dunkelhaarige Monster auf der außergewöhnlich unzivilisierten Totenkopfinsel kennen. Sie ist mit einem Filmteam unterwegs, er beschäftigt sich vor allem mit dem Terrorisieren der Eingeborenen. Diese bieten sie ihm als Opfer an, doch er entwickelt eine große Zuneigung zu ihr. Um uns seine ungewöhnliche Kraft zu demonstrieren, darf King Kong noch einmal mit Dinosauriern kämpfen, bevor er mit menschlicher Technik überwältigt und nach New York gebracht wird. Hier wird er fest an ein Kreuz gekettet und ausgestellt. Doch sobald er Fay Wray wiedersieht, zerreißt er seine Ketten und läuft seiner Geliebten hinterdrein. Er trampelt New York regelrecht nieder und stöbert sie in einem Appartment auf. Polizei, Feuerwehr und Armee sind nun hinter King Kong her. In einer apokalyptischen Schlußsequenz schießt eine Staffel von Doppeldeckern das Monstrum von der Spitze des Empire State Building. Zu dem Zeitpunkt sieht in ihm kein Kinobesucher mehr ein Monstrum. »Die Flugzeuge haben ihn erwischt«, sagt

Links: *La Belle et la Bête,* Illustration aus einem Buch von Madame Leprince de Beaumont, ca. 1811. Rechts: *Baloo, the Demon Baboon,* der erste Spielfilm über einen Menschenaffen, 1913

ein Polizist auf der Leinwand. »Oh nein«, sagt der Mann neben ihm, »das waren nicht die Flugzeuge. Es war die Schönheit, die das Biest tötete.«

Seine Zweideutigkeit macht den Erfolg von King Kong aus. Der Film läßt uns zugleich erschrecken und dahinschmelzen. Er appelliert sowohl an das Bild vom Übervater als auch an Muttergefühle. Das spiegelt seine Entstehungsgeschichte wider: Für die bedrohliche Seite von *King Kong* ließ sich der Regisseur Merian C. Cooper von Poes *Doppelmord in der Rue Morgue* inspirieren, für die zärtliche Seite hingegen durch *Gullivers Reisen* von Jonathan Swift. Im Land der Riesen wird Gulliver in ein Riesenpuppenhaus gesperrt, aber der seinerseits gewaltige Hausaffe der Riesen holt ihn heraus, um mit ihm zu schmusen: »Er hielt mich in seiner rechte Pfote wie eine Mutter, die ihr Kind füttert. Ein ebensolches Tier hatte ich in Europa dasselbe mit einer Katze tun sehen.« Von einem Geräusch erschreckt, flüchtet der Affe mit Gulliver in der Hand aufs Dach. Wie King Kong auf seinem Wolkenkratzer wird auch er von einer übelgesinnten Meute verfolgt. Auch dieser Affe bezahlt seinen Menschenraub mit dem Tod.

Neben seinen geistigen Vätern Poe und Swift verdankt Coopers *King Kong* der prüden Zensur ungemein viel. Die nämlich strich die erotischste Szene, in der King Kong Fay Wray langsam die Kleider auszieht und die weiblichen Düfte an seinem Finger beschnüffelt, aus den meisten Versionen des Films. Nicht um offensichtliche Sexualität, sondern um Symbole und Anspielungen sollte es gehen. Die Phantasie will gekitzelt, nicht mit der Nase auf das Offensichtliche gestoßen werden.

Auf *King Kong* folgte natürlich der Film *Son of Kong*. Doch der einzige Nachkomme, der sich mit dem King messen darf, ist Morgan aus dem spritzigen Meisterwerk von Karel Reisz *Morgan – a Suitable Case for Treatment* von 1966. Morgan ist ein etwas brummiger Künstler, der Blumen, Kinder und Karl Marx mag – doch ganz besonders Gorillas. Wenn er mit seiner Frau (Vanessa Redgrave) schläft, trommelt er in Gedanken wie King Kong triumphierend auf seine Gorillabrust. Doch seine Frau will sich von ihm trennen, um einen reichen Kunsthändler zu heiraten. »Wäre ich aus dem Schoß einer Schimpansin gekro-

Grandville, Der Riesenaffe streichelt Gulliver, Illustration zu Swifts *Gullivers Reisen*, ca. 1850

chen«, sagt Morgan, »wäre das alles nicht passiert.« Bei der Hochzeit schwingt er sich in einem Gorillakostüm durch das Fenster in den Festsaal. Die Party ist verdorben, das Kostüm fängt Feuer und Morgan fährt als brennender Gorilla auf einem Motorrad in die Themse. In der Schlußeinstellung sehen wir Morgan als Gärtner in einem Irrenhaus, von der Gesellschaft wegen eines unverzeihlichen Vergehens verstoßen: Er hatte versucht, seine Phantasien Wirklichkeit werden zu lassen. Das ist nicht gestattet, denn Wirklichkeit gibt es schon reichlich genug.

Es scheint so, als legte uns auch die Literatur ans Herz, es lieber bei der Phantasie zu belassen, jedenfalls was die Sodomie betrifft. Schon Juliette klagt in de Sades gleichnamigem Roman über den Schmerz, den es ihr bereitete, wenn der Rüde, mit dem sie es trieb, sich zurückzog. Der Pornograph Herb Bennett beschreibt sogar, was passiert, wenn die Schwellung auch nach einer Viertelstunde nicht zurückgehen will, so daß Frau und Hund für immer aneinander gefesselt bleiben:

Gustave Doré, Rotkäppchen und der Wolf, Illustration aus *Märchen* von Perrault, ca. 1862

»Bozo gelang es ebensowenig. Er versuchte sich loszureißen, was mir fürchterliche Schmerzen bereitete. Es fühlte sich an, als ob er mit einem Fischhaken voller Widerhaken an meinen Gedärmen riß. Ich nahm an, daß es auch für Bozo das erste Mal gewesen war. Immer wieder zappelte er, um sich zu befreien und jedes Mal wurde meine Fotze von dem Gescheuer wunder und wunder. Und als wäre das noch nicht genug, wurde er nach einer Weile von neuem geil und wollte noch ein bißchen weitervögeln. Plötzlich begann er wieder vor- und zurückzustoßen, und ich fühlte mich, als würde meine Fotze mit einem stachligen Dildo durchbohrt. *Wow!* Und diese Mißgeburt machte weiter und weiter. Ich dachte, er würde niemals mehr aufhören.

Ich hatte nicht die geringste Idee, was ich tun konnte. Nach dem Telefon greifen? Wen sollte ich anrufen? Ich hörte mich schon erklären, in was für einer Klemme ich steckte.«

Das epische Gedicht *Roan Stallion* von Robinson Jefferson ist etwas züchtiger, aber die Warnung wird dadurch nur noch dringlicher. Das Gedicht handelt von einer Frau, die mehr Befriedigung nötig hat, als ihr schlaffer Gemahl ihr schenken kann. Sie verliebt sich in einen prächtigen Hengst. Das verschafft ihr sowohl sexuelle als auch mystische und religiöse Erfahrungen. Doch als der Hengst ihren Mann umbringt, entscheidet sich die Frau für ihre eigene Spezies. Sie kann sich noch so nah bei Gott fühlen, wenn der Hengst in ihr steckt – für ihn bleibt das eine ganz tierische Angelegenheit. Sie tötet den Hengst.

Selbst in der unschuldigsten Form ist Untreue zur eigenen Art nicht gestattet, wie das charmante Chanson *Brave Margot* von George Brassens bezeugt, wo die schöne junge Margot einem frierenden Kätzchen die Brust gibt und dadurch die gaffenden Männer des Ortes auf den Plan ruft:

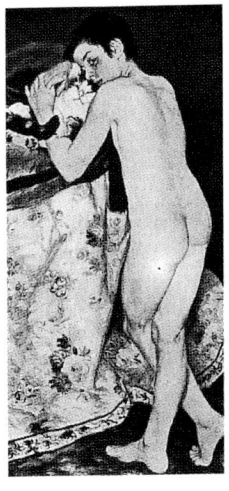

Renoir, Junge mit Katze, ca. 1868

»Doch während die Männer das genossen,
Wurden die Frauen blind vor Neid.
Sie beschlossen, dem ein Ende zu machen,
Schimpfend, kreischend, plärrend und jaulend
Schwenkten sie Stöcke durch die Luft,
und jagten das arme Kätzchen miauend in die Flucht.
Margot weinte viele heiße Tränen,
Nahm sich zum Trost einen Ehegemahl
und legte seither nur für ihn ihre Reize bloß.«

Natürlich kennen Literatur und Kunst nicht ausschließlich Frauen als Sexualpartner eines Tieres. Die Rollen sind aber derart vorgegeben, daß in der Kunst außer den vielen Frauen nur wenige Männer bei der Paarung mit einem Tier gezeigt werden. Doch das wird selten so dargestellt, daß der Leser oder Betrachter selbst Lust auf die Sache bekäme. Bei so gut wie allen Beispielen in der Literatur handelt es sich um Jugenderinnerungen. Als Kind macht der Schriftsteller seine erste Bekanntschaft mit der Sexualität mit Hilfe eines Tieres – sei es direkt, sei es, daß er seinen Vater oder Onkel im Stall am Werke sieht. Das Tier fungiert hier als Metapher für den Ekel, den die erste Bekanntschaft mit all diesen schleimigen Organen bei einem

Jungen hinterlassen kann. In *Ein goldenes Kind* von Jean-Paul Franssens heißt der Onkel Jelle.

»Onkel Jelle kommt in den Schweinestall. Er hat seinen Overall an, das gehört sich am Sonntag doch nicht. Muß er denn nicht in die Kirche? Er weiß nicht, daß ich da oben zwischen seinen Äpfeln liege. Ich rühre mich nicht, denn es ist verboten, auf die Tenne zu gehen.

Onkel Jelle schlägt dem Schwein aufs Hinterteil. Das grunzt bei all dem Durcheinander behaglich. Die Ferkel schieben sich mit Schmatz- und Fiepgeräuschen an die dikken, geschwollenen Zitzen. Onkel Jelle bleibt am Hinterteil stehen und öffnet den Schlitz seines Overalls. So einen Großen habe ich noch nie gesehen. Eigentlich dürfte ich nicht mehr hinschauen, aber ich tue es doch. Das Schwein grunzt. Staub, Mücken und Spinnweben, und der Onkel müht sich zu kommen. Als es so weit ist, sinkt er fast hintenüber und schaut nach oben. Einen Moment zu spät ziehe ich mich von der Ritze zurück. Er hat mich erwischt. Er kommt die Treppe herauf.

›Was hast du gesehen?‹, fragte er.

›Gar nichts‹, sage ich. ›Ich habe wirklich nichts gesehen, Onkel Jelle.‹ [...] ›Du hast es wohl gesehen. Lügen ist die ärgste Sünde. Auch was du sahst, ist sündig. Das darfst du niemals jemandem erzählen. Niemandem. Auch nicht deiner Mutter. Verstehst du? Niemals. Wenn du etwas siehst, was du nicht darfst, was nicht für dich bestimmt ist, wird Gott dich in alle Ewigkeit strafen. Es geziemt sich für uns nicht, Dinge durch eine Ritze in der Tenne zu sehen, die wir nie und nimmer sehen dürften. Verstehst du mich? In der Stadt, da tun sie sowas vielleicht.‹«

Über die eigenen sexuellen Erfahrungen mit Tieren während der Pubertät hat besonders Jan Wolkers geschrieben: »Danach packte ich das Huhn entschlossen beim Kopf und bei den Füßen und steckte es an mir fest.« Auch hier ist die Sache mit Schuldgefühl gepaart: »Die Schlafzimmervorhänge meiner Eltern waren noch geschlossen. Schnell lief ich hinter die Scheune.« Und wenn es keine Sünde war und man nicht dafür bestraft wurde, dann wurde man davon verrückt – so wie der Sohn des alten Gilenson in der Geschichte *Die trägen Könige* von Hugo Raes:

»Gilenson junior, Gerard, nahm einmal eine Streichholzschachtel in die Badewanne mit. In der Schachtel saß eine Fliege. [...] In der Badewanne bekam er eine Erektion. Im Liegen regulierte er den Wasserstand und die Neigung seines Körpers. Er war sechzehn Jahre alt und hatte häßliche Pickel in seinem Gesicht, aber die würden von selbst verschwinden. Er regulierte den Wasserstand und die Neigung seines Körpers, so daß genau in der Mitte eine kleine Insel herausschaute. Dann nahm er die Fliege, riß ihr die Flügel aus [...] und setzte das Insekt in der Nähe des roten Inselchens ins Wasser. Es strampelte solange, bis es heraufkriechen konnte und fing dann an, wie verrückt darauf herumzukrabbeln. [...] Darauf folgten einige gewiß ekstatische Augenblicke, eine sekundenlange, selbstvergessene Ewigkeit. Danach zerdrückte er die Fliege zwischen Daumen und Zeigefinger. Aber er drückte sie nur tot und zerquetschte sie nicht. Das dauerte lange, es war der *finishing touch*. Dann ließ er das Wasser ablaufen. Er wurde später in eine Anstalt draußen vor der Stadt gebracht, wo geisteskranke Kinder und Jugendliche mit gefährlichen Störungen lebten.«

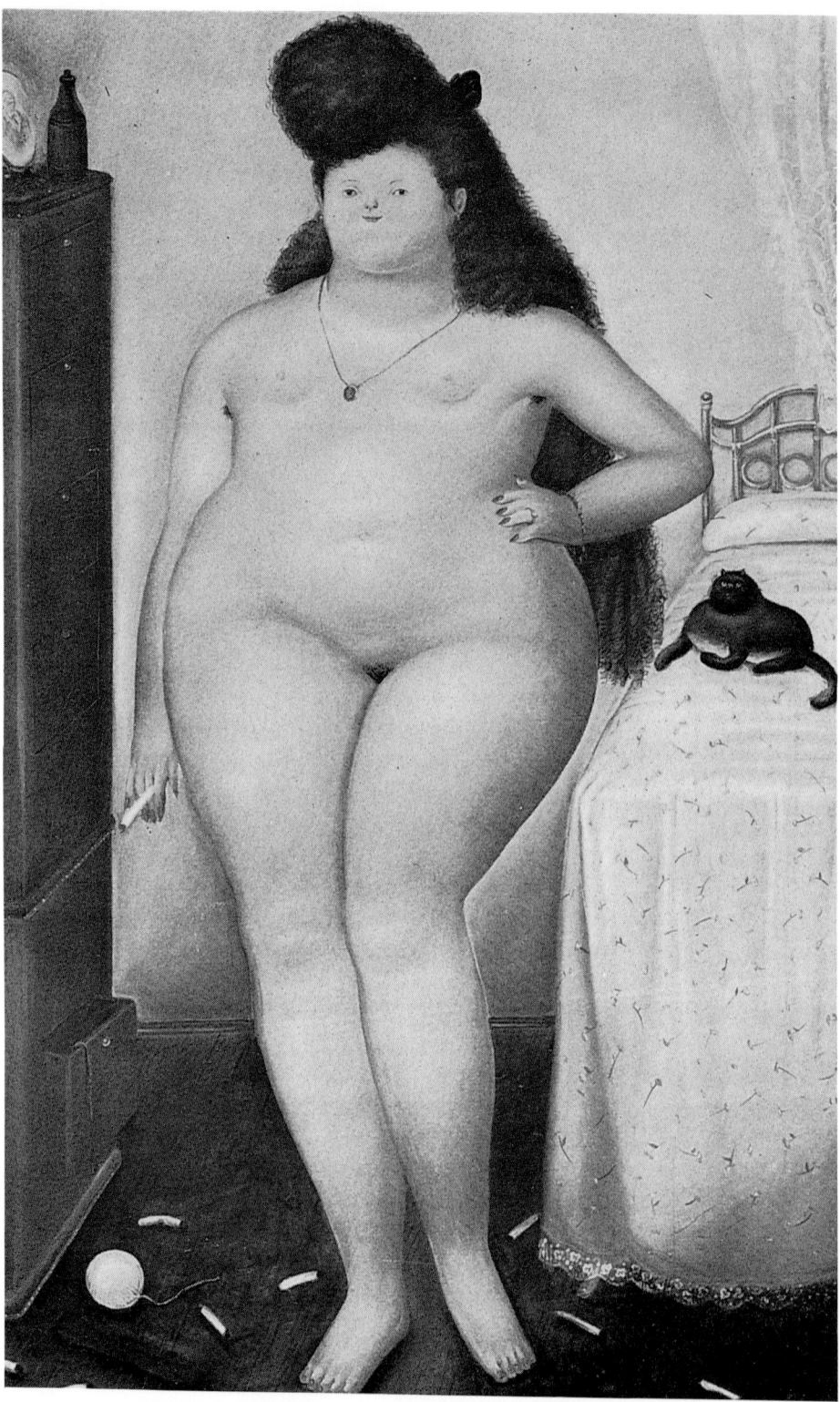

10.
Mit der Katze ins Bett

Eine Frau verwöhnt ihren Geliebten. Ihre sanften Finger kraulen ihn zwischen seinen Schulterblättern, vom Nacken bis hin zum Grübchen auf seinem Rücken. Er seufzt leise, und sie flüstert ihm liebe Sachen ins Ohr. Wenn seine Zunge ihren Hals berührt, weitet sie ihre Streicheleinheiten auf seinen ganzen begehrlichen Körper aus: über seine Seiten, seinen Bauch, seine Hinterbacken, die Schenkel hinaus, bis nichts mehr unberührt geblieben ist – außer der gewissen Stelle zwischen seinen Hinterpfoten.

»Oh Cäsar«, sagt die Frau, während sie ihm geradewegs in die Augen schaut, »wie lieb ich dich habe!« Dann legt sie ihren Kopf neben seinen. Ihre Atemzüge passen sich einander an. Beide fühlen sich behaglich und zufrieden.

Das Verblüffende an der hier beschriebenen Szene ist ihre Alltäglichkeit. Es ist stinknormal, seine Liebesgefühle mit einem eigens dafür angeschafften Tier auszuleben. Sieht man heutzutage jemanden bei zärtlichem Umgang, dann geschieht das zehn zu eins mit dem Haustier. Im Durchschnitt wird ein Mann seltener gestreichelt als sein Hund. In einem Viertel aller Haushalte geht man mit Hund oder Katze zu Bett. Auf dem Kissen, am Fußende oder sogar unter der Bettdecke tröstet das Tier Alleinstehende oder ist dem Geschlechtsverkehr Verheirateter im Wege.

Niemals zuvor und in keinem anderen Weltteil wurde die menschliche Liebe derart freimütig Wesen anderer Arten zuteil. Während alte Menschen vereinsamen und die Jungen ihre Beziehungen abwickeln, wird die überschüssige Liebe aus vollem Herzen den Tieren geschenkt. So viel Übles man von den Menschen auch denkt, so gut ist man auf die Tiere zu sprechen. Bei einer Umfrage zeigten sich achtzig Prozent der Katzen- und vierundachtzig Prozent der Hundebesitzer »äußerst zufrieden« mit ihren Tieren. Außerdem waren neunundzwanzig Prozent der Hunde und sechzehn Prozent der Katzen älter als zehn

Fernando Botero,
Rosalba, ca. 1968

223

Jahre. Alte Tiere werden also nicht abgeschafft; die Menschen bleiben ihnen treu, bis daß der Tod sie scheidet. Was für ein Unterschied zur Treue unter den Menschen! Jede dritte Ehe endet mit Scheidung. Würden ebensoviele Hunde wie Ehepartner verstoßen, wäre in der Stadt kein Laternenpfahl mehr frei. In der Praxis beginnt nach der Trennung vom Ehepartner das Tauziehen um den Hund. Obwohl der Hund rechtlich zum Hausrat gehört, entscheiden Richter immer öfter, als ob die Tiere mit zur Familie gehörten. Ben Miller beispielsweise holt wie so viele geschiedene Männer jeden Freitagabend den fünfjährigen Bruce bei seiner Frau in den Außenbezirken von New York ab. Sonntags bringt er den Collie wieder zurück. Damit ist der Mann viel besser dran als andere Geschiedene, die die ihrer Frau zugesprochenen Hunde so sehr vermissen, daß sie mit Ansichtskarten ins Bett gehen. Diese Karten schicken sie ihrem Hund, so daß dieser wenigstens noch den Körpergeruch seines Ex-Herrchens schnuppern kann und ihn nicht völlig vergißt. Die Schriftstellerin Blake Green ließ das Gericht schriftlich festlegen, daß sie »in guten Verhältnissen lebt, für obengenannten Hund aufkommen kann und darum die Vormundschaft über den Hund unter dem Vorbehalt fairen Besuchsrechts für den Ehemann zugesprochen bekommt«. Gegenüber der *Washington Post* erklärte Frau Green, daß sich diese Übereinkunft »als sehr gut erwiesen hat«: »Wir sagen einander immer, daß es für Christo so das Beste ist, viel besser, als wenn wir zusammengeblieben wären und die Sache durchgekämpft hätten. Wir tun beide alles dafür, daß für ihn keine nachteiligen Folgen daraus entstehen, daß er aus einer zerbrochenen Familie kommt. Wir erzählen ihm nichts Böses voneinander und versuchen, ihn nicht mit Leckerbissen, den neuesten Hundepfeifen oder ausgiebigem Stöckchenwerfen auf die jeweilige Seite zu ziehen.«

Auf dem Weltkongreß für Sexualwissenschaft erzählte 1991 einer der Redner von einem Mann, der zu ihm gekommen war, nachdem seine Frau sich über seinen Mangel an sexueller Zuwendung beklagt hatte. Weder gute Gespräche noch dicke Bücher halfen hier weiter. Vor lauter Verzweiflung begann die Frau im Bett ein bißchen mit dem Kater herumzuschmusen. Als sie mit seinem

Schwanz zu spielen begann, wurde der Mann derart eifersüchtig, daß er sich auf seine Frau warf. Danach hatten die Klagen ein Ende. »Diese Katze verdient einen Orden«, schloß der Redner.

Oft aber ist gerade das Haustier die Ursache von Spannungen in einer Beziehung. Viele Frauen werden den Eindruck nicht los, daß ihr Mann den Hund mehr liebt als sie. Was soll man auch von einem Mann denken, der sich weigert, den Hund abzuschaffen, auch wenn sich herausstellt, daß seine Frau gegen Hundehaare allergisch ist? Wie soll man eine Frau lieben, die kurz vor dem Höhepunkt aus dem Bett springt, um die Katze zu trösten, die durch eine ungestüme Bewegung vom Fußende gefallen ist? Ein berüchtigter Fall vom Hund als ehelichem Zankapfel ist der deutsche Schäferhund Blondi, der Liebling von Adolf Hitler. Nicht nur Eva Braun, sondern auch ihre Hunde Stasi und Negus konnten Blondi nicht ausstehen, so daß Blondi oft in Hitlers Schlafzimmer blieb. Eva wurde dann mit Präsenten bestochen oder mit der Aussicht auf eine Italienreise verführt, damit Hitler seine »Evi« fragen konnte, ob es ihn gefiel, daß »die arme Blondi für ein halbes Stündchen zu uns kommt«. Als Blondi im März 1945 fünf Junge warf, taufte Hitler den schönsten »Wolf« – ein Name, den er früher auch sich selbst gegeben hatte. Blondi und Wolf schliefen bei Herrchen im Zimmer. Die Herrin hatte anderswo im Berliner Bunker ihren Schlafplatz.

»Ich verkaufe lieber meinen Mann als meinen Airedale-Terrier«, verkündete Mrs. Alexandra Livraghi, als ihre Emma auf der berühmten *Cruft's*-Hundeschau zum Meister aller Klassen ausgerufen worden war. Und so denken viele. Immer wieder hört man Menschen ihre eigene Spezies mit dem Allgemeinplatz verleugnen: »Seit ich die Menschen kenne, liebe ich die Tiere.« Dem gleichen Genre entstammt der Stoßzeufzer, der auf dem Pariser Hundefriedhof das Grab von Liang (15.12.1962 bis 21.9.1977) schmückt: »Treues Herz, betrogen von den Menschen, doch niemals von meinem Hund.« Über so etwas hat Konrad Lorenz seinen Bannfluch gesprochen: »Wer aber, von menschlichen Schwächen enttäuscht und verbittert, seine Liebe der Menschheit entzieht und sie an

Hund oder Katze wendet, begeht zweifellos eine schwere Sünde, eine soziale Sodomie sozusagen, die ebenso ekelerregend ist wie geschlechtliche.«

Daß man sich bei uns im großen Stil durch soziale Sodomie versündigt, steht fest. Aber wie sieht es mit der sexuellen aus? Abgesehen von einer Minderheit, die tatsächlich von den Geschlechtsorganen ihrer Haustiere Gebrauch macht, gibt es eine Mehrheit, die ihre Liebsten streichelt und knuddelt, mit ihnen säuselt und sie umarmt, daß man schier eifersüchtig werden könnte. Nicht immer kommt es zum tatsächlichen Geschlechtsverkehr, doch gibt es wenig anderes, das so sehr an ein Vorspiel erinnert. Ist es wirklich Erotik, wenn man ein Haustier liebt? Sir David Attenborough verneint das: »Erotisch? Nein. Aber sehr sinnlich. Menschen sind sexbesessen. Gehen sie gut essen, sagen sie: ›Wie erotisch! Wie sinnlich sie die Bissen zerkaut hat!‹ Doch ein guter Wein ist nicht erotisch. Ein gutes Steak ist nicht erotisch. Ein herrliches Rosenparfum braucht wahrhaftig nicht erotisch zu sein. Das alles schmeichelt einfach nur den Sinnen. Sonst könnte man doch jede Wahrnehmung erotisch nennen.« Sir David – und das zeichnet ihn aus – steht mit beiden Beinen im Leben. Doch die Grenzen zwischen Erotik, Sinnlichkeit, Liebe und Sex sind derart vage und unbeständig, daß die Frage, wie sexuell geprägt eine Beziehung sei, sich nicht einfach per Definition entscheiden läßt. Man kann eine höchst erregende Nacht miteinander verbringen, ohne einander auch nur zu berühren. Man kann aber auch ein Kind ohne die geringste Erregung zeugen. Welche von beiden Möglichkeiten ist die am meisten erotische, sinnliche, liebevolle, sexuelle? Seit Beginn des Aids-Zeitalters wird die Meinung populär gemacht, Sex könne auch sehr erfüllend sein, ohne irgend etwas irgendwo hineinzustecken. Und das ist genau das, was Millionen von uns mit ihren Hunden und Katzen tun.

Um die Frage zu beantworten, ob Sex mit im Spiel sei, ist es wichtiger zu wissen, mit welcher Intention die Praktiken in einer Intimbeziehung ausgeführt werden, als zu wissen, welche Praktiken das genau sind. Worauf beruht die Beziehung zwischen einem Menschen und einem Hund, einer Katze, einem Wellensittich? Sind die Tiere bloß Freunde

und Vertraute, oder ist da mehr als Freundschaft im Spiel, kann sich die Beziehung mit dem Haustier zu einer echten Beziehung entwickeln?

Félix Valloton, Faulheit, ca. 1896

Die erste Voraussetzung für eine Beziehung besteht darin, daß man den anderen als Individuum betrachtet. Bei Naturschützern ist das nicht der Fall. Die lieben einen Regenpfeifer als Repräsentanten aller Regenpfeifer und sagen: »In dieser Gegend kommt der Regenpfeifer vor.« Oder es heißt: »So sieht der Hirsch nicht aus, sondern nur das Reh.« Auch Jäger haben die Tiere als Sammelbegriff personifiziert, wenn sie von »dem Hasen« und »dem Dachs« sprechen. Um ein Tier liebzuhaben, muß man es als Individuum ansehen. Dann erst tritt eine persönliche Beziehung an die Stelle einer versachlichten. Eine ganze Tierart kann man nicht liebhaben, das einzelne Tier aber sehr wohl. Auch der Mensch ist im allgemeinen ein Mist-stück, und doch kann der Einzelne die Mühe wert sein. Glücklicherweise gibt es für die Individualisierung eine hervorragende Methode: Man gebe dem Tier einen Namen. Mit der Namensgebung macht man es sich zu eigen, ergreift Besitz von ihm, verleibt es sich ein. Ein Hund ohne Namen ist ein Hund, doch wenn er getauft ist, ist er jemandes Hund. Deshalb darf man das nicht leichtfertig tun. In der Regel wird von der Namensgebung deshalb viel Aufhebens gemacht, ob es nun um eine Katze oder ein Kind geht. Der Beschluß, ein Kind zu zeugen, ist schnell gefaßt, doch über den Namen zerbricht man sich neun Monate lang den Kopf. Namensgebung ist ein Ritual, ist die Basis für die künftige Beziehung.

Wie sich diese Beziehung später entwickelt, hängt stark davon ab, zu welcher Art das Tier gehört. Bei einem Hund läuft alles anders ab als bei einer Katze. Jedes Tier hat von Haus aus nur ein Verhalten mitbekommen und keine andere Wahl. Die Unterschiede zwischen Katze und Hund lassen sich gänzlich auf die unterschiedlichen jeweiligen Vorfahren zurückführen. Hunde sind vom Menschen umerzogene Wölfe. Und Wölfe lieben große Beutetiere wie Elch oder Hirsch, wenn die ihnen einmal über den Weg laufen. Töten ist ihre Herzenslust, und sie tun es lieber sehr gründlich als sehr oft. Um so große Beutetiere zu erlegen, müssen sie im Rudel jagen. Daher rührt ihre soziale Ader, die an Unerschütterlichkeit hinter der von Affen nicht zurücksteht. Deren Mechanismus funktioniert aber anders. Bei Affen beruht die Sozialstruktur auf unterschiedlichen Wechselwirkungen: Sie geben voreinander an, weisen einander mit einem Blick zurecht, machen sich Freunde, schachern herum, kurzum: Sie machen Politik. Dazu sind Hunde viel zu dumm. Ihre Wolfsgemeinschaft ist aus demselben starren Holz geschnitzt wie ihre ganze Jagdweise. Sie läuft – nicht immer in der gleichen Reihenfolge – auf Rennen, Rennen und nochmals Rennen hinaus; dann kommt Zubeißen, dann Töten, dann Essen. Für diese simple Taktik reicht es völlig, wenn einer Spaß daran hat, den Anführer für die restlichen Gefolgsleute zu spielen, die womöglich noch mehr Spaß daran haben, ihm hinterherzulaufen. Diese Freude am Gehorsam ist dem Hund erhalten geblieben und wird durch gezieltes Züchten noch verstärkt. Als seinen Anführer betrachtet der Hund merkwürdigerweise den Menschen. Die Beziehung zwischen Mensch und Hund ist folgerichtig eine Beziehung zwi-

Ludwig Knaus,
Die Katzenmutter,
ca. 1856

schen Herr und Knecht, Meister und Sklave, Vorgesetz-
tem und Untergebenem. Schon Dr. Samuel Johnson fiel es
auf, daß die Liebe zu Hunden selten frei ist von Überle-
genheitsgefühl und Herablassung. Nicht umsonst hielten
sich Könige und Prinzen immer schon Hunde; da konnten
sie regieren üben. Doch viele Untertanen lieben es, wenn
auch ihnen noch jemand unterstellt ist, und schaffen sich
einen vierbeinigen Unteruntertan an. Andere halten
mehr von Dickköpfen als von Stiefelleckern und beginnen
die Beziehung zu einer Katze.

Katzen sind aus keinem anderen Tier herausgezüchtet.
Es gibt sie, seit es Menschen gibt. Im Unterschied zu Wölfen genügt ihnen eine kleine Beute wie etwa eine Maus.

Um diese zu fangen, brauchen sie keine Hilfe. Sozialverhalten und Gruppenbildung sind da ebenso überflüssig wie Anführer. Gerade weil sie so wenig Hierarchie kennen, kann man Katzen viel einfacher gemeinsam von einem Teller essen lassen als Hunde. In Ermangelung eines Herren, den sie vorlassen müssen, bedienen sie sich einfach selbst. Das scheint dem Verhalten einer Bande von Straßenkatzen zu widersprechen, die einen Mülleimer plündern. Diese treten in Gruppen auf, und oft ist eine von ihnen der Chef. Aber er ist kein richtiger Anführer. Ein solcher übt nicht nur Macht aus, sondern benutzt diese Macht zum Wohle der gesamten Gemeinschaft. Danach braucht man bei einer Straßenkatze gar nicht erst zu suchen.

Weil Katzen von Natur aus Einzelgänger sind, scheint jede Verbindung mit anderen Katzen, geschweige denn mit Menschen, außerhalb der Paarungszeit unmöglich. Doch erinnert sich jede Katze an eine Zeit, in der sie nicht allein war: nämlich als kleines Katzenkind, als sie schön warm mit allen anderen und der Mutter in einem Nest lag und schnurrte und schleckte und Katzenspiele spielte. Aus dieser glückseligen Kinderzeit entlehnt die Katze das gesamte Verhaltensrepertoire, das sie gegenüber dem Menschen an den Tag legt. Bis ins Detail gleichen diese Gebärden und Geräusche denjenigen aus ihrer Kinderzeit. Aus dem Milchtritt wird ein sanftes Treten, das warme Nest wird vom warmen Schoß simuliert, das Sich-Lecken-Lassen wird durch Streicheln ersetzt. Was Katzenliebhaber so genießen, ist rein infantiles Verhalten. Die Beziehung zwischen Mensch und Hund ist eine zwischen Herr und Knecht, die zu einer Katze ist eine Mutter-Kind-Beziehung.

Daß sich jemand einen Hund anschafft, um endlich auch einmal etwas zu sagen zu haben, liegt auf der Hand. Aber warum um alles in der Welt schafft sich jemand, der bemuttern möchte, nicht einfach ein richtiges Kind an? Kann eine Katze ein Kind ersetzen? Das kann sie offenbar, wie die Statistiken beweisen: Im Durchschnitt sind die Familien in den letzten hundert Jahren etwa gleich groß geblieben. Früher bestand eine Familie aus Vater, Mutter und sechs Kindern. Heute ist man immer noch zu acht, nämlich mit Vater, Mutter, Sabrina, Jens, zwei Katzen, einem Kaninchen und einem Meerschweinchen. Nicht die Größe der Familie, sondern ihre Zusammensetzung hat sich mit manchen daraus resultierenden Vorteilen verändert. Wer nach Liebe sucht, findet oft tiefere Erfüllung bei einem Haustier als bei einem Kind. Liebe ist nun mal die Spezialität der Tiere, denn mit ihrer Geselligkeit verdienen sie ihr täglich Brot. Bis ins hohe Alter spielen sie für ihr Leben gern, und wenn sie nicht mehr gefallen, kann man sie beseitigen oder austauschen. Dazu ist ein Haustier noch zehnmal billiger als ein Kind und längst nicht so arbeitsaufwendig.

Alles in allem fällt die Einsicht nicht schwer, warum sich Menschen Katzen ins Haus holen. Viel komplizierter ist die Frage, was denn nun die Katze an einem Menschen findet. Warum sucht die Krone der Schöpfung die Gesellschaft eines solch groben Proleten, der mit seinem kahlen Fell ein Bild der Nacktheit bietet, entsetzlichen Lärm macht und mit allen Wölfen heult? Wie so oft in der Liebe beruht die Zuneigung der Katze zum Menschen auf einem Mißverständnis. Katzen lieben uns nicht, weil wir uns bei ihnen einschmeicheln, und noch nicht einmal, weil wir ihnen zu essen geben, sondern weil sie bei uns geboren sind. Sobald sie die Augen öffnen, sehen sie Menschen. Ihre Haut fühlt schon früh Menschenhände, und ihre Gehirne sind nach sieben Wochen endgültig auf Menschen programmiert. Ein Mensch, so denkt eine Katze, ist eine Art Mutter, denn er tut alles, was Mütter tun: Er versorgt sie mit Essen und Wärme und schleckt sie auf eine unbeholfene Weise ab, indem er sie streichelt.

Dank solcher beiderseitiger Mißverständnisse wurden Hund und Katze als vollwertige Mitglieder in die moderne Familie aufgenommen. Sie gehören ebenso dazu wie die Kinder und gefallen sich in ihrer Kinderrolle, der Hund obendrein noch als Hausknecht. Sind ihre Rollen auch sexuell beeinflußt? Herr und Knecht, Mutter und Kind – dabei scheint nur Sex im Spiel zu sein, wenn man bedenkt, wie viele Elemente aus diesen Beziehungen im sexuellen Repertoire von Mensch und Tier vorkommen.

Doch schauen wir uns Menschen und ihre Hunde doch einfach einmal an. Dann sehen wir zum Beispiel eine vornehme Dame, die ihren Doggenrüden ausführt. Wir sind

Christoph Schütz,
Watchdog

diesen Anblick so gewohnt, daß er uns gar nicht mehr auf-
fällt. Doch im Grunde läuft da eine Frau mit einem Riesen-
schwanz an der Leine herum. Man muß schon blind sein,
um das Gemächt nicht baumeln zu sehen. Also verschließt
lieber jeder die Augen vor dem anstößigen Bild. Das erinnert sehr an die Geschichte von des Kaisers neuen Kleidern. Es scheint, als machten die Menschen das absichtlich, denn ein peinlicheres Tier als den Hund kann man
sich in dieser Hinsicht kaum vorstellen. Hengste ziehen
ihr Gerät nach der Benutzung wieder ein. Eber verbergen

ihren Korkenzieher ordentlich, und Stiere haben dafür eigens einen Muskel. Doch der Mensch spaziert ausgerechnet neben dem Hund herum, der trotz seiner Behaarung und ohne jede Erektion unter allen Tieren das nackteste ist. Mit ihrem Mann ohne Hose würde die feine Dame sich nicht einmal an den Strand begeben. Doch mit dem anstößigen Hundeschwanz neben ihr – schon das Wort würde ihr die Schamröte ins Gesicht treiben – flaniert sie öffentlich in ihrem vornehmen Viertel umher. Mit teilnehmender Genugtuung schaut sie dabei zu, wie das Gemächt sich gegen Laternenpfähle, gegen Eichen und Ulmen richtet. Weil ein Hund durchschnittlich 3,3 mal am Tag Gassi gehen muß und das zusammengenommen circa eine Stunde dauert, ist das Pinkeln- und Scheißenlassen von Hunden unsere wichtigste Freizeitbeschäftigung an der frischen Luft. Und alle, die das mitbekommen, tun wie durch geheime Absprache so, als ob nichts dabei wäre. Über die klebrigen Hinterlassenschaften beschwert man sich zwar, doch über das obszöne Verhalten, das mit deren Produktion einhergeht, bekommt man nichts zu hören. Eine Ausnahme macht da die Schriftstellerin Yvonne Kroonenberg, die erklärte, daß sie keinen Hund hat, weil sie »nicht weiß, wo ich hinschauen soll, wenn das Tier sein Geschäft verrichtet«. Andere Menschen lassen sich durch soviel Feinfühligkeit nicht abhalten. Während am einen Ende der Leine höchst unfeine Dinge sich abspielen, versucht man am anderen eine um so bessere Figur zu machen, was jedem unvoreingenommenen Zuschauer aber als vergebliche Liebesmühe einleuchten wird. Oft tun die Hundehalter so, als wäre nichts geschehen oder als wäre überhaupt kein Hund in der Nähe, geschweige denn einer, der sie in Verlegenheit bringen könnte. Im entscheidenden Moment halten solche Menschen in der Regel die Schlinge der Leine hinter ihren Rücken, was den Eindruck nur verstärkt, hier schaue jemand bei einem Verbrechen angestrengt in die andere Richtung. Eine Art Mittäterschaft – das ist es, was die meisten Hundehalter charakterisiert. Einzelne stehen dadurch unter einem solchen Druck, daß sie ihrem Hund wie einem Menschen eine Hose überziehen. Um auch die Geschlechtsteile von Hengsten und Kühen mit Hilfe von

Kleidungsstücken dem Blick zu entziehen, wurde in Amerika sogar ein *Society for Indecency to Naked Animals* (Gesellschaft gegen die Schamlosigkeit von nackten Tieren) gegründet. Viel Erfolg hat der Verein aber nicht gehabt. Tief in ihrem Herzen sind Hundebesitzer viel zu stolz auf die Körperteile ihres Alter ego und auch auf das, was die Tiere damit alles anstellen können. Es sind die einfühlsamen Naturen, die in Gedanken mit ihren Hunden gemeinsam koten; mit zusammengekniffenen Lippen und gerunzelten Augenbrauen stehen sie dabei und pressen mit wie ein moderner Vater, der die Wehen seiner eigenen Frau aktiv miterlebt. Solidarität nimmt zuweilen seltsame Formen an.

Urin und Kot von Hunden sind keine Nebensache, sondern ein ideales Medium für die Liebe zwischen Mensch und Hund. Je abstoßender Kot und Urin sind, um so besser können wir unsere Zuneigung beweisen. Ebenso wie schmutzige Windeln die Sympathie für ein Kind nicht einschränken, sondern eher noch verstärken, verschafft vielen das Ausführen des Hundes, das Reinigen von Katzenklos, das Aufsammeln von Hasenkötteln hinter dem Fernseher die ideale Befriedigung ihres Drangs nach Fürsorge und Liebesbezeugung. Auf diese Weise kann Schmutz regelrecht schön werden.

Das Interesse an allem, was sich unterhalb des Schwanzes abspielt, beschränkt sich nicht auf die Ausscheidungsvorgänge. Auch das gesamte Sexualleben seiner Tiere regelt der Mensch. Die Kontrolle des Geschlechtslebens ist sogar eine Voraussetzung, ein Tier zum Haustier zu nehmen. Bauern üben diese Kontrolle als Broterwerb aus, Tierfreunde jedoch aus Liebe. So einem Liebhaber stehen zwei Wege offen, gründlich in das Geschlechtsleben seiner Lieblinge einzugreifen: Kastrieren oder Züchten.

Der Eifer, mit dem wir unsere Haustiere kastrieren lassen, ist bedenklich. So ziemlich achtzig Prozent der Kater sind kastriert, von den Katzen sind achtundsechzig Prozent sterilisiert. Die entsprechenden Zahlen bei Rüden und Hündinnen liegen bei einundzwanzig und vierundzwanzig Prozent. Diese Zahlen sind um so beeindruckender, wenn man bedenkt, daß eine derartige Behandlung rund hundert Mark kostet und daß das Ziel, nämlich die

Anzahl von Hunden und Katzen einzuschränken, damit
nicht erreicht wird. Mit einem Viertel unbehandelter Katzen und drei Vierteln fruchtbarer Hunde wächst die Po-
pulation beider Arten ebenso stark an, wie es ohne Kastration und Sterilisation der Fall wäre, weil es immer noch
genügend unversehrte Tiere gibt, um den vorhandenen
Lebensraum zu bevölkern. Um das Wachstum auf die Ster-
berate herabzudrücken, müßte eine noch viel größere Anzahl kastriert und sterilisiert werden. Woher rührt dann
die Mode, Hund und Katze operieren zu lassen, weshalb
werden sogar Prämien dafür ausgesetzt, weshalb gibt es
nette Damen, die herumstreunende Hunde und Katzen
einfangen, um ihnen ein bißchen was wegschneiden zu
lassen? Was veranlaßt Menschen, den Objekten ihrer Be-

gierde das Liebesleben unmöglich zu machen? Natürlich vermindert das die Chance, im Haus den Gestank eines rolligen Katers riechen zu müssen oder bei jeder läufigen Hündin beinahe an der Leine umgerissen zu werden. Doch gäbe es dagegen auch weniger drastische Mittel. Die Kastration von Tieren befriedigt die psychischen Bedürfnisse von Menschen. Einerseits bannt man durch die Kastration die Angst, die tierische Sexualität dem Menschen einjagt, andererseits befriedigt sie seine Herrschsucht. Kastrierte Tiere sind entsexualisiert, und ohne Sex schließt man leichter Freundschaft. Kinder schmusen mit ihren Teddybären und Puppen, die trotz aller Bestrebungen von Sittenreformern immer geschlechtslos sein müssen. Erwachsene Heteros halten sich oft viel auf ihre Freundschaft mit Homosexuellen vom anderen Geschlecht zugute, weil sie mit denen so gut über alles reden können, »ohne das etwas dazwischenkommt«. Desmond Morris führt Asexualität unter Nummer acht auf einer Liste von zwanzig Eigenschaften auf, die die große Beliebtheit des Pandabären erklärt: »Der Panda verfügt über kein äußerliches Körperteil, das eindeutig geschlechtlich ist. Affen weisen oft bei Männchen und bei Weibchen sehr auffallende Geschlechtsmerkmale auf. Sie erscheinen für Menschen oft peinlich und tun der Beliebtheit des Tieres einigen Abbruch. Der Mensch hält seine Geschlechtsorgane sorgfältig bedeckt, und ebenso tut es der Pandabär.« Natürlich sieht ein Rüde nach einer Kastration längst noch nicht so geschlechtslos aus wie ein Panda. Ein Kater wirkt schon vor der Kastration mit seinem dichten, weichen Haar irgendwie geschlechtslos, doch sein Verhalten ist für Zartbesaitete nach der Kastration viel weniger anstößig. Zum einen mag Kastration etwas Prüdes sein und Frieden stiften, zum anderen ist sie etwas Erotisches und Kriegerisches. Bei Völkern in aller Welt pflegte man aus Machtgier besiegte Feinde zu entmannen und Haustiere zum Wallach, Ochsen oder Kapaun zu verschneiden, egal ob das nötig war oder nicht. Um zu verdeutlichen, wer der Herr ist, wird oft sogar der eigenen Frau durch Beschneidung der Klitoris die Lust genommen. Man entsexualisiert vorwiegend aus sexuellen Gründen.

Beim Züchten zeigt sich dasselbe Paradox. Obwohl

Züchten per Definition mit Sex zu tun hat, tun die Züchter so, als wäre das nicht wahr. Fromme Bäuerinnen, die das Wort »Schwanz« nicht in den Mund nehmen würden und ihre Kinder im Dunkeln machen, binden einen Pferdepenis fest, der sonst die verkehrte Stute beglücken würde. Vielleicht bemerken sie den erotischen Kontext wirklich nicht mehr, und es geht ihnen wie Gynäkologen, die ungerührt in allerlei erregende Organe fassen. Doch das kann für Amateurzüchter nicht gelten, die mit dem Herzen dabei sind. Alte Damen schauen in den Zwingern mit faltigem Gesicht dabei zu, wie sich ihre Deckkater und -rüden Lüsten hingeben, die sie sich selbst nicht mehr gestatten. Geschickte Familienväter zimmern am Wochenende Holzbänkchen, um den zierlichsten Rüden auf die größten Chihuahua-Weibchen zu helfen. Die Rüden gehören wahrscheinlich ihrer Frau, denn die Hundezucht ist noch immer hauptsächlich Frauensache. »Ich glaube, Frauen züchten Hunde, weil sie nun einmal für das Pflegen gemacht sind«, sagt eine von ihnen, Frau Backx, die jeden Morgen um sieben in ihre Zwinger geht. »Früher mußte ich wegen der Kinder auch so früh aufstehen, und von den Hunden werde ich wenigstens nicht angeschnauzt.«

Wie leicht das Pflegen und die Liebe ineinander übergehen, zeigt sich an Desmond Morris' Analyse von Fotos, auf denen Menschen mit ihren Haustieren zu sehen sind. Auf der Hälfte der Bilder hält der Mensch sein Tier wie ein Kind in den Armen, bei elf Prozent wird das Tier getätschelt. Sieben Prozent der Leute haben einen Arm um das Tier gelegt; weitere sieben Prozent schmiegen es an ihre Wange. Und fünf Prozent zeigen sich beim intimsten Kontakt und küssen das Tier – ob Papagei oder Wal – auf den Mund.

Daß das Küssen eines Tieres unter hygienischen Gesichtspunkten noch riskanter ist als das Küssen eines Menschen, weiß jeder. Doch hält das längst nicht jeden davon ab. Hunde und Katzen werden innig geküßt, Vögel mit dem Mund gefüttert. Die Intimität des Kontaktes und sein leichtes Zustandekommen wirken besonders verlockend. Eine willige Katze oder ein Hund sind leichter zu einem Kuß zu überreden als ein wählerischer Mensch. Es sei aber dahingestellt, ob für die Tiere ein Kuß dieselbe Bedeu-

tung hat wie für uns. Weil sie keine Hände haben, neigen Tiere eher dazu, Schnauze und Zunge zu benutzen. Auch nehmen sie die Welt lieber mit der Nase als mit den Augen auf.

Ein Hundekuß erinnert stark an ein bestimmtes Verhalten junger Wölfe. Wenn sie schon zu groß für die Mutterbrust, aber noch zu klein für die Jagd sind, warten sie beim Bau gespannt, daß ihr Vater mit Beute zurückkehrt. Oft hat er sie weit von zu Hause gerissen und die Kost in seinem Magen herbeitransportiert. Um ihn dazu zu bringen, ihnen etwas Essen auszuwürgen, drücken die Welpen ihre Schnauze dreist gegen die ihres Vaters, was für Menschen so aussieht, als ob sie ihn leidenschaftlich zur Begrüßung küßten. Weil ein Hund sein Herrchen gleichfalls als Vaterfigur sieht, ist es logisch, daß er bei ihm auf dieselbe Weise betteln geht, sei es um Aufmerksamkeit oder um Belohnung.

Katzen berühren sich normalerweise wie Eskimos mit der Nase, um einander zu begrüßen, während ein Hund seine Nase unter den Schwanz des anderen steckt, um sich mit ihm bekannt zu machen. Halten Katzen einen vertrauten Menschen für ihresgleichen, dann kann der an einem ausgestreckten Finger oder sogar im Gesicht auch in diesen Genuß kommen. Katzen schlecken einander überall ab, doch nur selten am Mund, denn sie erweisen einander diesen Dienst vor allem an den schwer erreichbaren Stellen, wozu die Lippen sicherlich nicht gehören. Menschen lecken nicht zurück, sondern sie streicheln. Das kommt im natürlichen Katzenrepertoire kaum vor. Es ist in den Augen der Katze nur ein schlechter Ersatz für das herrliche Gelecktwerden ihrer Kindheit, als die Mutter die Kleinen verwöhnte. Aus dieser Zeit stammt auch das Einladungsritual, mit dem eine Katze um unsere Aufmerksamkeit bittet: Mit aufgerichtetem Schwanz, leichtem Schnurren und einem Buckel streicht sie um uns herum. Das ist das Äquivalent zu unseren geschürzten Lippen und dasselbe Verhalten, mit dem ein Kätzchen seiner Mutter sein Hinterteil zur Reinigung anbietet. Wenn wir diese intime Geste mit Streicheln beantworten, dann ist das sicherlich ungeschickt, wenn nicht gar beleidigend. Eine Katze möchte hinten geleckt werden, doch Menschen begreifen das nicht, weil sie so dumm sind. Anstatt diese einmalige Gelegenheit zu nutzen, drängen sie der Katze ein Küßchen auf, das sie sich nur verschämt mit den Pfoten abwischen können.

Wenn Pferde als erotisches Ventil herhalten müssen, ist die Not am größten. Das gilt vor allem für frühreife Mädchen. Nicht in der Landwirtschaft, sondern im Trösten von Teenagern liegt die Zukunft unserer Pferde. Liebevoll kämmen die Mädchen überall auf der Welt ihre Pferde, lassen ihre geliebten Vierbeiner beschlagen, bis sie alt genug sind, einem Exemplar der eigenen Spezies die Socken zu waschen. Als Frauen nehmen sie sich dann einen Mann und kein Pferd. Es sei denn, sie sind lesbisch; dann entscheiden sie sich für ein Motorrad. Trotzdem gilt auf Reitwegen dieselbe Faustregel wie in Kirchen und Autobus-

Jean-Marie Poumeyrol, Gekicher, zweite Hälfte 20. Jh.

sen: Erwachsene Frauen sind in der Überzahl. Denn für viele Frauen ist Reiten immer noch ein sinnliches Erlebnis, das das Zusammensein mit einem Mann nicht ersetzen, aber sicherlich angenehm ergänzen kann.

Eine sexuelle Beziehung beruht auf Gegenseitigkeit. Inwiefern erlebt ein normales Haustier den gewöhnlichen Umgang mit Menschen als etwas Erotisches? Wenn man Barbara Holland und ihrem Buch *Secrets of the Cat* glauben darf, schlummert manchmal dauerhaft »ein sexuelles Element in der Beziehung«:

»Katzen, die sich einen Menschen des anderen Geschlechts auserkoren haben, können auf Ehepartner oder Geliebte immens eifersüchtig sein. Mit Barney war die Beziehung zu Beginn eindeutig sexuell, aber das Leben als Deckkater in einer Katzenzucht bringt einem Kater nun einmal kaum andere Gefühle bei. Von Zeit zu Zeit kletterte er auf meinen Rücken und versuchte, mich in den Nacken zu beißen, wie er das mit seiner Perserkatzenklientel zu machen pflegte. Er empfand viel für mich, und das war eben das einzige, was er aus seinen Gefühlen machen konnte. Als er später Gelegenheit hatte zu betrachten, was andere Katzen mit Menschen anstellen, lernte er das dürftige Repertoire, das ihm hier zur Verfügung stand: die ausgestreckte Pfote, das Schnurren, das Anbieten des Bauches zum Streicheln, die genüßlich halbgeschlossenen Augen.«

Unschuldig ist ein dargebotener Katzenbauch beileibe nicht. Reiben am Bauch ist für einen Kater wie für einen Rüden bei der Paarung ein enormes Stimulans. Wer ihn dort streichelt, könnte genausogut noch ein Stückchen weiter nach hinten fassen. Auch ohne jede Berührung kann das Verhalten eines Menschen einen Hund oder Wolf sehr wohl auf Hochtouren bringen. »Nur was den Sex angeht, muß ich Igor enttäuschen«, erzählte die Wolfsforscherin Grada Brugman-Laeijendecker, die in Igors Augen nicht die Frau ihres Ehemannes Ben, sondern sein Weibchen ist.

»Als er geschlechtsreif wurde, spürte er instinktiv meinen Zyklus. Wenn ich meine Tage bekam, bekam ich das anfangs gar nicht mit, doch an den Annäherungsversuchen des Wolfes bemerkte ich es schnell. Von einem auf den anderen Tag begann er, das unterirdische Ehebett zu polstern, wo er mit mir Liebe machen wollte. Bedauerlicherweise kann ich auf seine Einladung nicht eingehen. Und wissen Sie, für wen es noch bedauerlicher ist? Für die Wölfin Anuschka, die bis über beide Ohren in Igor verliebt ist. Doch der will nichts von ihr wissen. Die Wölfin ist ungemein eifersüchtig auf mich. Sie nimmt mir zum Beispiel die Bürste weg oder beißt mich kurz.«

Solche Eifersüchteleien kennen wir auch von anderen Tieren. Schimpansen, die noch bis vor kurzem als Haustiere gehalten werden durften, wurden manchmal lebensgefährlich eifersüchtig, wenn ihr Herrchen mit dem Frauchen ins Bett ging. Manchmal sind es auch Mitmenschen, die der Leidenschaft im Wege stehen. So schrieb mir eine neunundzwanzigjährige Frau, daß sie schon seit neunzehn Jahren einen Papagei, Lorchen, ihr eigen nennt, der »sehr lebenslustig ist« und »immer spielen und pfeifen« will. »Das Tier ist vollkommen auf mich fixiert. Er ist auch ein erotisches Biest. Er würde am liebsten stundenlang gestreichelt und ›gekrabbelt‹, und auch er kann mich auf seine Weise geduldig mit dem Schnabel liebkosen. Ich streichelte ihn einmal unter seinem Bürzel, und dann – wie man das bei Menschen nennt – ›kam‹ er (er ist ein Männchen). Ich lasse es gegenwärtig nicht mehr so weit kommen, denn ich wohne noch bei meinen Eltern, die das gewiß merkwürdig fänden. Meine Mutter sagt dann: ›Was spielt das Tier verrückt, was macht es für einen komischen Krach?‹«

Bei diesem letzten Beispiel wurde deutlich eine Grenze überschritten, indem die Frau das Tier unter dem Bürzel streichelte. Doch ich kann mich des Eindrucks nicht erwehren, daß auch diesseits dieser Grenze beim Kosen von Haustieren Sex und Erotik mit im Spiel sind. Tierfreunde haben ihre Tiere so richtig lieb; auch sie sind Sodomiten. Wie kann das angehen? Ist bei unseren Genen etwas nicht in Ordnung, daß wir auf andere Arten abfahren? Gehen wir einer biologischen Katastrophe entgegen? Wohl nicht. Wenn es sich hier um eine Katastrophe handelt, dann um eine kulturelle. Das merkt man bei einer Reise in den Süden. Schon in Österreich beginnt man anders über Tiere zu denken. Und in Italien laufen in unseren Augen die reinsten Tierquäler herum. Ein Italiener mag Vögel ebensosehr wie ein Engländer, allerdings nur, wenn sie appetitlich zubereitet sind. Die Natur betrachtet ein Südländer als ein Lebensmittelgeschäft, dessen Regale der Weltenbaumeister nur deshalb mit lebendigen Produkten bestückt hat, weil sie so länger frisch bleiben. Er hört im Wald nicht so sehr die Vögel, sondern die Kugeln pfeifen. Das führt dazu, daß man in Frankreich oder Italien Tiere auf seinem Teller findet, auf die man in England noch nicht einmal vorsichtig mit dem Finger zu zeigen wagt. Und das

Briton Riviere,
Zuneigung, ca. 1877

sind nur Unterschiede zwischen europäischen Nachbar-
staaten. In anderen Weltgegenden denkt man über Tiere
noch ganz anders. Was war das anfangs für ein Schrecken
für Tierzüchter, als Gastarbeiter in die europäischen
Großstädte einwanderten. Während wir unsere religiösen
Feiertage mit einer Gans aus der Tiefkühltruhe zu krönen
pflegen, kommen manche Nordafrikaner in keine feier-
liche Stimmung, bevor sie nicht einem halben Dutzend
Ziegen auf sehr unchristliche Weise den Garaus gemacht
haben. Ihr Gott nimmt anders als der unsere nicht mit

dem Blut seines Sohnes vorlieb. Zeitungslektüre verstärkt nur den Eindruck, daß man einen Ausländer besser nicht mit einem Tier alleinlassen sollte. Kanadier knüppeln kleine Seehunde tot, wenn man sie läßt. Südostasiaten verspeisen genüßlich den besten Freund des Menschen. In dem Maße, wie sich unser Horizont erweitert, schrumpft das Fleckchen Erde, wo man Tiere genauso hegt wie bei uns, immer weiter zusammen. Färbt man auf der Weltkarte diejenigen Länder ein, in denen man in Cowboyfilmen mehr Mitleid mit den Pferden als mit den Indianern hat und Hunde so vollgestopft werden, daß ihre Beine nicht mehr unter dem Rumpf sitzen, sondern an der Seite herauskommen – dann erweist sich die Vorliebe für Schmusetiere als ein angelsächsisches Unternehmen mit Filialen in Skandinavien, den Niederlanden und Deutschland. Neunzig Prozent aller, die ihre Tiere verhätscheln, sprechen mit ihren Lieblingen Englisch.

Noch überraschender als die eingeschränkte geographische Reichweite der Tierverhätschelung ist das Alter dieser Sitte. Sogar in England, diesem Bollwerk der Tierliebe, ist das Getue um Hunde und Katzen noch nicht allzulange Gemeingut. Vor zweihundert Jahren dienten Hunde hier noch vorwiegend als Bullenbeißer. Bei entsprechenden Gelegenheiten wurden die Hunde wild gemacht und auf einen Stier gehetzt, der mit einem Tau an einem Pfahl festgebunden war. Je bösartiger die Hunde und je zäher der Stier, desto aufregender war dieses Fest des Bluts und der aufgerissenen Bäuche für das Publikum. Stiergebrüll und Geldgeklimper gehörten früher zu einer gelungenen Volksbelustigung.

Hühner hielt man damals wie heute wegen der Eier. Hähne dagegen ließ man in einer Arena aufeinander los, deren Name bis heute fortlebt: *Cockpit*. So hatte das Volk ein Vergnügen zum Wetten und Saufen, während Lords und Earls edlerem Wild hinterherjagten. Für sie zählte nur ein einziges Tier, das sie folgerichtig *the deer* nannten – der Hirsch.

Der Siegeszug der Tierliebe begann im viktorianischen England in den Industriestädten. Nichts weckt die Liebe zur Natur so sehr wie das Leben in der Stadt. Fern von Hagelschauern und Mückenstichen, fern von Schlamm und

Delmas Howe, Zeus
(auf dem Stier),
ca. 1981

Quallen, in der Geborgenheit der Stadt erscheint die Natur auf einmal wunderschön. Petunien, Kätzchen und Bilder von röhrenden Hirschen hielten diese Illusion aufrecht. Das erste Tierschutzgesetz der Welt, der *Martin's Act* von 1822, ist typisch für diese Epoche. Geschützt werden hier nur »Hengste, Stuten, Wallache, Maultiere, Esel, Kühe, Schweine, Stierkälber, Ochsen, Schafe und anderes Vieh«. Schoßtiere finden sich auf der Liste nicht; sie waren bei der Lesung des Gesetzes im Unterhaus unter den Tisch gefallen: »... als der Abgeordnete C. Smith vorschlug, Esel unter Schutz zu stellen, kam solch ein brüllendes Gelächter auf, daß der Berichterstatter der *Times* kaum verstehen konnte, was gesagt wurde. [...] Ein anderes Mitglied sagte, daß Martin bald auch noch ein Gesetz für Hunde erlassen würde, was aufs neue ein dröhnendes Gelächter zur Folge hatte. Und nach dem Zwischenruf ›Und auch für Katzen‹ bog sich das ganze Unterhaus vor Lachen.«

Nicht zufällig kam es ebenfalls im viktorianischen England zu einer großen Wende im naturwissenschaftlichen Denken. Charles Darwin bestätigte die bange Vermutung, daß der Mensch ein Affe sei oder früher einmal einer war. Um uns wenigstens ein Quentchen Würde zu bewahren, gab es nur eine Möglichkeit: Damit der Mensch, dieser gefallene Engel, nicht gänzlich auf das Niveau der Tiere herabsank, wurde das Tier auf menschliches Niveau gehoben. Die Anthropomorphie – die Lehre vom Körperbau – wurde zum beliebten Werkzeug dafür, und auch die damals überall entstehenden Tiergärten boten eine gute Gelegenheit, sich gnädig zur Tierwelt herabzulassen. Bald wurden die Affen, die man bis dahin als haarige Monstren betrachtet hatte, in ihren Käfigen mit Jacken, Mützen, Pfeifen und Teegeschirr ausgestattet.

Außer durch Industrialisierung und Evolutionslehre zeichnete sich die viktorianische Zeit auch durch ein weiches Herz aus. Ungefähr gleichzeitig mit dem traurigen Los vieler Tiere kam auch Mitleid mit dem Leben der Spitzbuben, der städtischen Penner und Säufer, der arbeitenden Kinder und der verarmten Witwen in Mode. Es ist auffallend, daß dem Schicksal der Tiere eine organisatorisch gleich gut geölte Aufmerksamkeit zuteil wurde wie dem Los der amerikanischen Sklaven. Die *Königliche Gesellschaft zur Verhinderung der Grausamkeit gegen Tiere (RSPCA)* wurde in England bereits 1824, lange vor dem Kinderschutzbund, ins Leben gerufen. Von Beginn an war das eine Sache der vornehmen Leute. So revolutionär es gewesen sein mag, Rechte für Tiere zu fordern, so wenig revolutionär waren die Vorsitzenden, Sekretäre, Schatzmeister, Mitglieder und Ehrenmitglieder. Schatzmeister wurden nach ihrem Wohlstand ausgesucht, Vorsitzende nach ihrem gesellschaftlichen Stand. Hohe Beiträge hielten das gewöhnliche Volk außen vor.

Die Anziehungskraft des Tierschutzes auf die höheren Schichten erklärt der amerikanische Historiker James Turner einleuchtend in seinem Buch *Reckoning with the Beast*.

"I ALWAYS WASH MY PUSSY WITH SCENTED SOAP."

Ich wasche meine Pussy immer mit parfümierter Seife, erotische Postkarte, ca. 1902

Er geht von einer strikten Zweiklassengesellschaft im England des vorigen Jahrhunderts aus. Das brachte manche Sorge für die Habenichtse mit sich, aber auch für die Wohlhabenden. Über ihre materielle Versorgung konnte die bessergestellte Schicht nicht klagen, doch drohte sie geistig zu veröden. Die Ausbeutung der arbeitenden Klasse und die christliche Moral der Nächstenliebe ließen sich in ihrem Gewissen nicht länger miteinander vereinbaren. Moderne Kapitalisten sind da vielleicht nicht mehr so zartbesaitet, doch zu Zeiten Victorias gab es noch eine Hölle, in der penibel abgerechnet wurde. Die Ausbeutung der Arbeiterklasse zu beenden, verbat sich aber für die Reichen von selbst, denn das hätte den eigenen Untergang bedeutet. Um sich wenigstens die Nachtruhe zu sichern, rüstete man das Gewissen mit Ventilen aus. Es wurde Mode, Wollunterhemden für Neger zu stricken, nicht allzu unappetitliche Kranke zu trösten, Hungrigen einen Kanten Brot hinzuwerfen und Analphabeten mit dem Vorlesen frommer Gedichte und anderer geistiger Nahrung zu erfreuen. Sich um Tiere zu kümmern, verhieß aber die meiste Genugtuung. Denn bei den Tieren gab es keine Sozialisten, die früher oder später die Hand bissen, die sie streichelte. Außerdem zivilisierte der Tierschutz die Menschen ungemein. Und vor allem die Unterschicht mußte dringend zum Wohle der Menschheit und der sich bedroht fühlenden Oberschicht zivilisiert werden. Wo ließ sich besser damit beginnen als bei den Kindern? Die wilden Tiere aus Fabeln und Märchen wichen einer wahren Flut zuckersüßer Tiergeschichten, die noch heute munter Wellen schlägt. Noch immer sitzen die niedlichen Karnickel in der Häschenschule, noch immer lesen die Kinder vom Maulwurf Grabowski oder von der Biene Maja. Immer noch lernen unsere Kinder ihr natürliches Ökosystem als eine Kaffeetafel mit drolligen Häschen und possierlichen Teddybären kennen. Daneben sitzt höchstens ein grantelnder, doch im Herzen gutmütiger Löwe. Kein Wunder, daß die Kinder später, wenn sie groß sind, mit diesen braven Tieren herumschmusen, wenn die Liebe zu ihren Artgenossen sich mal wieder als eine traurige Angelegenheit herausstellt.

Wir leben in einem Narrenhaus, in einer verkehrten Welt. Zu keiner Zeit und nirgendwo wurde Hunden, Katzen und Mäuschen so viel Liebe zuteil wie hier und heute. In der gesamten Weltgeschichte gibt es nur zwei Epochen, die in dieser Hinsicht unserer das Wasser reichen können: die Spätzeit Ägyptens und das untergehende Rom. Auf dem Gipfel der Dekadenz kokettierte man damals genau wie heute mit seinen Haustieren herum, die viel besser behandelt wurden als die Sklaven. Das erlaubt den Schluß, daß das Verwöhnen von Haustieren ein Zeichen von Verfall ist und ein Kurzschluß im Netzwerk unserer Gefühle: der Hilferuf einer durchgedrehten Gesellschaft. Das gilt um so mehr, weil sich dieselben Hände, die Hunde und Katzen streicheln, die Produkte der Agrarindustrie in den Rachen schaufeln – ebenso wie sich damals dieselben Augen an einem Ziervogel ergötzten und bald darauf am massenhaften Tiergemetzel im Circus Maximus. Tierliebe ist wie jede Liebe etwas Schönes, doch sollte sie der Liebe zum Menschen nicht im Weg stehen, sonst bricht unsere Menschengesellschaft unter herzerweichendem Bellen und Miauen zusammen.

Bei diesen trübsinnigen Betrachtungen ist es ein schöner Trost zu wissen, daß wir mit dem Verleugnen der eigenen Art nicht mehr alleine dastehen. Die gute Botschaft kommt aus San Antonio, Texas, wo man zu wissenschaftlichen Zwecken eine Kolonie von zweitausend Pavianen in Käfigen hält. Das Strauchwerk der Umgebung steckt voller Katzen, die ungemein fruchtbar sind und ohne Men-

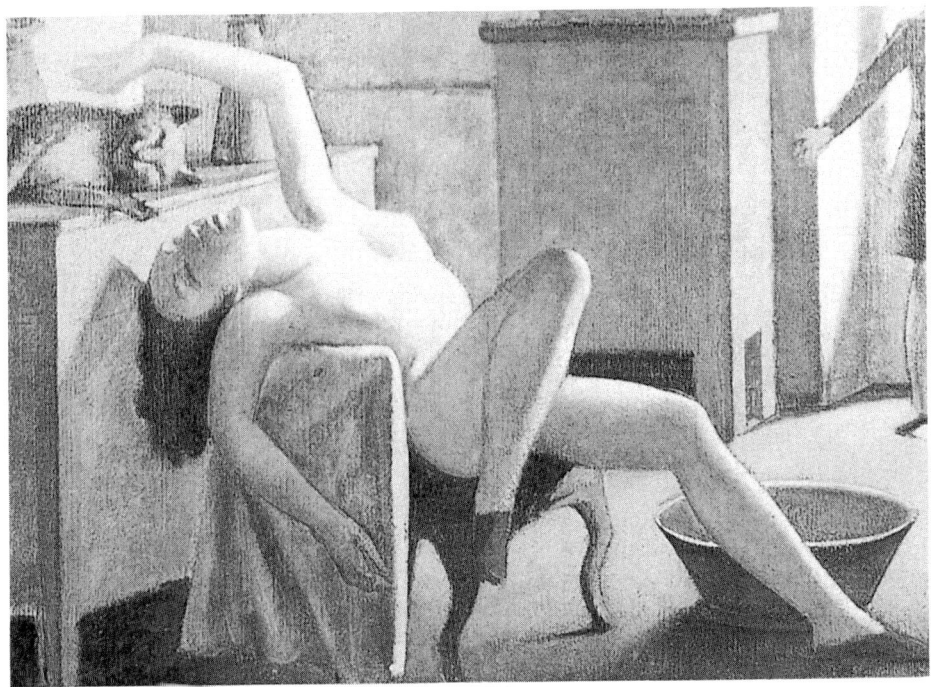

schen auskommen können. Dort geschah es. Durch eine
Öffnung schlüpfte ein halbwüchsiges Kätzchen in ein Pa-
viangehege. Bis zu diesem Zeitpunkt hatten die Paviane
alle kleinen Eindringlinge aufgefressen. Dieses Kätzchen
dagegen wurde von Pavian X 322 liebevoll an die Brust gedrückt und gelaust. Die anderen Paviane waren sehr interessiert und wollten das Kätzchen gleichfalls anfassen.
Nach einer Stunde gingen die Aufseher dazwischen. Sie
mußten alle Paviane aus dem Käfig vertreiben und X 322
betäuben, bevor sie das Kätzchen wegjagen konnten. Es
floh ins Gebüsch, kehrte aber regelmäßig zurück. Ein weiteres Kätzechen stellte sich ebenfalls von alleine ein und
durfte zwei Monate bleiben. Das Tierchen wurde von
X 322 liebkost, herumgetragen und gegen Menschen ver-
teidigt. Kurzum: X 322 hielt sich eine Katze. Völlig neu
war das für die Wissenschaft nicht. Denn kein Geringerer
als Charles Darwin erwähnte in seiner *Abstammung des
Menschen* ein »gewisses Pavianweibchen«, das »ein derart
großes Herz hatte, daß es nicht nur Affenjunge anderer
Arten adoptierte, sondern auch junge Hunde und Katzen

Balthus, Nackte mit
Katze, zweite Hälfte
20. Jahrhundert

249

stahl, die sie fortwährend bei sich trug. […] Eine der adop-
tierten Katzen kratzte diesen liebevollen Pavian einmal,
der gewiß sehr klug war. Denn er war sehr überrascht, ge-
kratzt zu werden, untersuchte die Pfoten des Kätzchens
genau und stutzte ihm ohne weiteres mit den Zähnen die
Krallen.«

So nimmt die Liebe immer wieder unerwartete Formen
an. Wer sich darüber wundert, wundert sich über sich
selbst, und das zu recht. Denn niemand wird je erklären
können, woher dieses tiefempfundene Gefühl rührt, mit
dem man einer Frau, einem Mann, einer Katze oder
einem Kaninchen in die Augen schaut und sagt: »Ich hab'
dich lieb.«

Abbildungsverzeichnis

Literaturhinweise

Aelianus, Claudius: *De natura animalium*. Englische Übersetzung von A. F. Schofield. Harvard University Press, Cambridge, und Heinemann, London, 1958–1959.

Aldrovandi, Ulyssis: *De quadrupedibus digitalis viviparis*. Bonn, 1645.

Allais, Alphonse: *A se torda*. Albin-Michel, Paris, o. J.

Amerongen, M. van & R.O. van Gennep (Hg.): *Het orgasme van Lorre – Nieuwe verhalen, gedichten en artikelen*. Van Gennep, Amsterdam, 1983.

Anderson, R.S. (Hg.): *Pet animals and society*. A.B.S.A.V.A. Symposium. Baillière Tindall, London, 1975.

Annan, David: *Movie fantastic – Beyond the dream machine*. Bounty Books, New York, 1974.

Annan, David: *Ape – The Kingdom of Kong*. Lorrimer, London, 1975.

Apuleius, Madaurensis, Lucius: *Des Apuleius sogenannter goldener Esel. Metamorphosen*. Deutsch von Albrecht Schaeffer. Insel Verlag, Leipzig, 1926.

Aristoteles: *Historia animalium*. Englische Übersetzung von A. L. Peck. Heinemann, London, 1965.

Armstrong, Edward A.: *The life and lore of the bird – In nature, art, myth and literature*. Crown, New York, 1975.

Arrabal: *Théâtre* VI – Bestialité érotique. Christian Bourgeois, Paris, 1969.

Arsan, Emmanuelle: *l'Anti-vièrge*. Le Terrain Vague, Paris, 1968.

Ars erotica – Catalogo della mostra. Overart, Firenze, o. J.

Ayrault, Pierre: *Des procez faicts au cadaver, aux cendres, à la mémoire, aux bestes brutes, choses inaniméés, et aux contumas*. Anthoine Hernault, Angers, 1591.

Banton, Michael: *The idea of race*. Tavistock, London, 1977.

Barber, Dulan: *The horrific world of monsters*. Marshall Cavendish, London, 1974.

Barber, Richard & Anne Riches: *A dictionary of fabulous beasts*. MacMillan, London, 1971.

Barloy, Jean-Jacques: *La peur et les animaux*. Balland, Paris, 1982.

Barrés, Maurice: *Du sang, de la volupté et de la mort*. Plon, Paris, 1921.

Bartholomaeus, Anglicus: [*Liber de Proprietatibus rerum*. Ausz. lat. und mittelhochdeutsch]. von der Sel, 1966.

Bateson, P. (Hg.): *Mate choice*. Cambridge University Press, Cambridge, 1983.

Baumann, Peter & Ortwin Fink: *Zuviel Herz für Tiere – Sind wir wirklich tierlieb?* Hoffmann und Campe, Hamburg, 1976.

Baur, Otto: *Bestiarium humanum – Mensch-Tier-Vergleich in Kunst und Karikatur*. Heinz Moos, München, 1974.

Bay, André (Hg.): *La belle et la bête et autres contes du cabinet des fées*. Club des libraires de France, Paris, 1965.

Beaver, Bonnie: *Veterinary aspects of feline behavior*. C. V. Mosby, St.-Louis/Toronto/London, 1980.

Beck, Alan & Aaron Katcher: *Between pets and people – The importance of animal companionship*. Perigee Books, New York, 1983.

Beek, Frans van der: *De koe*. Loeb, Amsterdam, 1983.

Beer, Rüdiger Robert: *Einhorn – Fabelwelt und Wirklichkeit*. Georg D. W. Callwey, München, 1972.

Bennett, Herb: *The thrill of animal sex*. Copley Square Press, Hollywood, 1975.

Bergen, François van: *Gemengelde parnasloof: bestaande in verscheidene soort van gedichten; zo ernstige als spot-dichten*. Amsterdam, 1693.

Berkenhof, L. H. A.: *Tierstrafe, Tierban-*

nung und rechtsrituelle Tiertötung im Mittelalter. Dissertation Bonn, Zürich, 1937.

Bessy, Maurice: *A pictorial history of magic and the super-natural.* Spring Books, London, 1964.

Bevers, Holm, Peter Schathorn und Barbara Welzel: *Rembrandt: De meester & zijn werkplaats – Tekeningen & etsen.* Rijksmuseum, Amsterdam & Waanders, Zwolle, 1991.

Bingham, H.C.: *Sex development in apes.* Johns Hopkins, Baltimore, 1928.

Blackburn, Julia: *Charles Waterton 1782-1865 – De eerste natuurbeschermer.* G.A. van Oorschot, Amsterdam, 1990.

Blount, Margareth: *Animal land – The creatures of children's fiction.* Avon Books, New York, 1977.

Boardman, John und Eugenio La Rocca: *Eros in Griekenland.* Amsterdam Boek, Amsterdam, 1975.

Bobis, Laurence: *Les neuf vies du chat.* Gallimard, Paris, 1991.

Boccaccio, Giovanni: *Das Dekameron. Hundert Novellen.* 2 Bde. Insel, Frankfurt a.M., 1987.

Boerstoel, Jan, Hans Dorrestijn und Willem Wilmink: *Verre vrienden – 44 nieuwe liedjes.* J.C. Aarts, Amsterdam, 1983.

Bogaart, Nico: *Het paard.* Het Spectrum, Utrecht/Antwerpen, 1978.

Bolen, C. van: *Dr. Kinsey en de vrouw – De Kinsey-rapporten in het licht der kritiek.* Nieuwe Wieken, Amstelveen, o.J.

Bontius, J.: *Historiae naturalis & medicae Indiae Orientalis.* Elzevirios, Amsterdam, 1658.

Boon, Dirk: *Dierenwelzijn en recht.* Gouda Quint, Arnheim, 1979.

Boon, Dirk: *Nederlands dierenrecht.* Dissertation Groningen. Gouda Quint, Arnheim, 1983.

Borges, Jorge Luis: *Het boek van de denkbeeldige wezens.* De Bezige Bij, Amsterdam, 1976.

Bowell, John: *The kindness of strangers – The abandonment of children in Western Europe from the late antiquity to the renaissance.* Random House, New York, 1988.

Boullet, Jean: *La Belle et la Bête.* Le Terrain Vague, Paris, 1958.

Brassens, G. und E.v. Altena: *Lief Margo'tje.* Columbia Records 7 TCF 187.

Brongersma, E.: *De historische achtergronden van wetsbepalingen – Enkele opmerkingen over de historische achtergronden van wetsbepalingen, waarin seksuele gedragingen strafbaar worden gesteld.* In: *Seksinfo.* Studium Generale, Utrecht & NVSH, Amsterdam, 1969.

Brown, Christopher, Jan Kelch und Pieter van Thiel: *Rembrandt: De meester & zijn werkplaats – Schilderijen.* Rijksmuseum, Amsterdam & Waanders, Zwolle, 1991.

Brusendorff, Ove und Poul Henningsen: *Bilderbuch der Liebe – Aus der Geschichte der Freude und der moralischen Entrüstung vom Griechischen Altertum bis zur Französischen Revolution.* Pigalle, Stockholm, o.J.

Bruijel, F.J.: *Bijbel en natuur – Studies over planten en dieren uit de Heilige Schrift.* J.H. Kok, Kampen, 1939.

Buddingh', C.: *Gorgelrijmen.* Bruna, Utrecht, 1953.

Buffon, Georges-Louis Leclerc, Comte de: *Histoire naturelle générale et particulière – Avec la description du Cabinet du Roy.* Imprimerie Royale, Paris, 1749–1804.

Bullough, Vern L.: *Sexual variance in society and history.* John Wiley & Sons, New York/London/Sydney/Toronto, 1976.

Burroughs, E.R.: *Tarzan of the apes.* A.L. Burt, New York, 1914.

Cabanés: *Procédures singulières – Les animaux en justice.* Albin-Michel, Paris, 1928.

Cabanne, Pierre: *Erotik in Malerei und Graphik.* Bertelsmann, Gütersloh/Berlin/München/Wien, 1972.

Calvet, Jean und Marcel Cruppi: *Les animaux dans la littérature sacrée.* Fernand Lanore, Paris, 1956.

Carpenter, Thomas H.: *Art and myth in ancient Greece – A handbook.* Thames and Hudson, London, 1991.

Carr, Pattie: *Raped by her pet.* Publisher's Consultants, South Laguna, 1980.

Carrington, Richard: *Mermaids and mastodons – A book of natural & unnatural history.* Chatto and Windus, London, 1957.

Carson, Gerald: *Men, beasts and gods – A history of cruelty and kindness to animals.* Charles Scribner's Sons, New York, 1972.

Cate, C. L. ten: *Wan god mast gift ... – Bilder aus der Geschichte der Schweinezucht im Wald.* Pudoc, Wageningen, 1972.

Cauldwell, D. O: *Animal contacts.* Girard, Kansas, 1948.

Chideckel, Maurice: *Female sex perversion – The sexualy aberrated woman as she is.* Brown, New York, 1963.

Chorus, A.: *Het denkende dier – Enkele facetten van de betrekking tussen mens en dier in psychologische belichting.* A. W. Sijthoff, Leiden, 1969.

Clark, Anne: *Beasts and bawdy.* J. M. Dent & Sons, London, 1975.

Clark, Stephen R. L.: *The nature of the beast – are animals moral?* Oxford University Press, Oxford / New York, 1982.

Clébert, Jean-Paul: *Bestiaire fabuleux.* Albin Michel, Paris, 1971.

Cohen, Daniel: *A modern look at monsters.* Dodd, Mead & Co., New York, 1970.

Collier, John: *Zijn apevrouw of: Met een chimpansee getrouwd.* De Arbeiderspers, Amsterdam, o. J.

Coco, G.: *Is het erg dokter?* Mondria Uitgevers, Hazerswoude-dorp, o. J.

Corbin, Alain: *Women for hire – Prostitution and sexuality in France after 1850.* Harvard University Press, Cambridge, 1992.

Costello: *The magic zoo – The natural history of fabulous animals.* St. Martin's Press, New York, 1979.

Damhouder, Jodocus: *Rerum criminalium praxis.* Antwerpen, 1562.

Dale-Green, Patricia: *Cult of the cat.* Weathervane, New York, 1963.

Darwin, Charles: *Über die Entstehung der Arten durch natürliche Zuchtwahl oder die Erhaltung der begünstigten Rassen im Kampfe ums Dasein.* 9. unveränd. Aufl., Wissenschaftliche Buchgesellschaft, Darmstadt, 1988.

Darwin, Charles: *De afstamming van den mensch en de seksueele teeltkeus.* Niederländische Übersetzung von H. Hartogh Heys van Zouteveen. E. & M. Cohen, Arnheim / Nimwegen, o. J.

Davenport-Hines, Richard: *Sex, death and punishment – Attitudes to sex and sexuality in Britain since the renaissance.* William Collins Sons & Co., 1990.

Davids, Karel: *Dieren en Nederlanders – Zeven eeuwen lief en leed.* Matrijs, Utrecht, 1989.

Davidson, Gustav: *A dictionary of angels – Including the fallen angels.* The Free Press, New York, 1967.

Davis, Murray S.: *Smut.* The University of Chicago Press, Chicago & London, 1983.

Dekkers, Midas: *Bestiarium.* Bert Bakker, Amsterdam, 1977.

Dekkers, Midas: *Het edelgedierte – Over het vreemde verbond tussen mens en dier.* Bert Bakker, Amsterdam, 1978.

Dekkers, Midas: *Bovenste Beste Beesten – Eigenzinnige dierbiografieën.* Bert Bakker, Amsterdam, 1979.

Dekkers, Midas: *Het walvismeer – Op de bres met Greenpeace.* Meulenhoff Informatief, Amsterdam, 1982.

Dekkers, Midas: *Houden beren echt van honing?* CPNB, Amsterdam, 1985.

Dekkers, Midas: *De kanarie en andere beesten.* Contact, Amsterdam, 1987.

Dekkers, Midas: *De krekel en andere beesten.* Contact, Amsterdam, 1989.

Dembeck, Hermann: *Mit Tieren leben.* Econ, Düsseldorf / Wien, 1961.

Dieren van stal, de – Het dier in de Griekse en Romeinse beschaving. Tentoonstellingscatalogus Allard Pierson Museum, Amsterdam, 1988.

Diodorus of Sicily: *Bibliotheca historica.* Englische Übersetzung von C. H. Oldfather. Harvard University Press, Cambridge, 1962 - 1970.

Drimmer, Frederick: *Very special people.* Amjon, New York, 1973.

Dros, Imme: *Een heel lief konijn.* Em. Querido, Amsterdam, 1992.

Dröscher, Vitus B.: *Die freundliche Bestie im Zoo.* Gerhard Stalling Verlag, Oldenburg, 1970.

Dröscher, Vitus B.: *Sie töten und sie lieben sich.* Hoffmann und Campe, Hamburg, 1974.

Dubois, Eugène: *Pithecanthropus erectus – Eine menschenähnliche Übergangsform*. Batavia, 1894.

Dubois-Dessaule: *Étude sur la bestialité au point de vue historique, médical et juridique*. Charles Carrington, Paris, 1905.

Du Chaillu, P. B.: *Explorations and adventures in Equatorial Africa*. John Murray, London, 1861.

Dumas, Alexandre: *l'Homme aux contes*. Office de Publicité, Brüssel, 1875.

Dupuis, H. M., C. Naaktgeboren, D. J. Noordam, J. Spanjer und F. W. van der Waals: *Een kind onder het hart – Verloskunde, volksgeloof, gezin, seksualiteit en moraal vroeger en nu*. Meulenhoff Informatief & Amsterdams Historisch Museum, Amsterdam, 1987.

Edey, Maitland A.: *De ontbrekende schakel*. Time-Life International, Amsterdam, 1973.

Engel, Marian: *Bär*. Novelle. Rowohlt, Reinbek b. Hamburg, 1989.

Es, Ton van en Fon Zwart: *Duizend gezichten van zuivel – Recepten, wetenswaardigheden en curiosa uit de gehele wereld*. Het Nederlands Zuivelbureau, Rijswijk, 1988.

Evans, E. P.: *The criminal prosecution and capital punishment of animals*. Heinemann, London, 1906.

Farson, Daniel und Angus Hall: *Vampires, zombies, and monster men / Monsters and mythic beasts*. Aldus, London, 1975.

Fekkes, Jan (Hg.): *De God van je tante – Ofwel het Ezelproces van Gerard Kornelis van het Reve*. De Arbeiderspers, Amsterdam, 1968.

Fiedler, Leslie: *Freaks – Myths and images of the secret self*. Simon and Schuster, New York, 1978.

Fireman, Judy (Hg.): *Cat catalog – The ultimate cat book*. Workman, New York, 1976.

Fogle, Bruce (Hg.): *Interrelations between people and pets*. Charles C. Thomas, Springfield, 1981.

Fogle, Bruce: *The dog's mind*. Pelham Books, London, 1990.

Fokkinga, Anno: *Koeboek*. Educaboek, Culemborg, 1985.

Ford, Clellan S.: *A comparative study of human reproduction*. Yale University Press, New Haven, 1945.

Ford, Clellan S. und Frank A. Beach: *Vormen van seksueel gedrag*. Het Spectrum, Utrecht / Antwerpen, 1970.

Fossey, Dian: *Gorillas im Nebel. Mein Leben mit den sanften Riesen*. Kindler, München, 1989.

France, Peter: *An encyclopedia of bible animals*. Croom Helm, London / Sydney, 1986.

Franssens, Jean-Paul: *Een gouden kind*. De Harmonie, Amsterdam, 1991.

Friday, Nancy: *Die sexuellen Phantasien der Frauen*. Rowohlt, Reinbek b. Hamburg, 1980.

Friday, Nancy: *Die sexuellen Phantasien der Männer*. Rowohlt, Reinbek b. Hamburg, 1983.

Friedman, John Block: *The monstrous races in medieval art and thought*. Harvard University Press, Cambridge, 1981.

Frischauer, Paul: *Zeden en erotiek in de loop der eeuwen*. H. J. W. Becht, Amsterdam, o. J.

Garon, Jay und Morgan Wilson (Hg.): *Erotica exotica*. Belmont Books, New York, 1963.

Geldof, W.: *De koe bij de horens gevat*. Het Spectrum, Utrecht / Antwerpen, 1984.

Geldof, W.: *Wel verhip zei de kip*. Het Spectrum, Utrecht / Antwerpen, 1985.

Giese, Hans (Hg.): *Die sexuelle Perversion*. Akademische Verlagsgesellschaft, Frankfurt a. M., 1967.

Giese, Hans: *Zur Psychopathologie der Sexualität*. Ferdinand Enke, Stuttgart, 1973.

Gmelig-Nijboer und Caroline Aleid: *Conrad Gessner's ›Historia animalium‹ – An inventory of renaissance zoology*. Dissertation, Utrecht, 1977.

Goden en hun beestenspul. Tentoonstellingscatalogus Allard Pierson Museum, Amsterdam, 1990.

Godlovitch, Stanley, Roslind Godlovitch und John Harris: *Animals, men and morals – An enquiry into the maltreatment of non-humans*. Grove, New York, 1971.

Goldner, Orville und George E. Turner:

The making of King Kong – behind a film classic. Ballantine, New York, 1976.

Goldstein, Michael, J. und Harold Sanford Kant: *Pornography and sexual deviance.* University of California Press, Berkeley/Los Angeles/London, 1973.

Goodall, Jane: *Ein Herz für Schimpansen. Meine 30 Jahre am Gombe-Strom.* Rowohlt, Reinbek b. Hamburg, 1991.

Gould, Charles: *Mythical monsters.* W. H. Allen & Co., London, 1886.

Gould, James L. und Carol Grant Gould: *Sexual selection.* Scientific American Library, New York, 1989.

Gould, Stephen Jay: *Der falsch vermessene Mensch.* Birkhäuser, Basel, 1983.

Gould, Stephen Jay: *Das Lächeln des Flamingos. Betrachtungen zur Naturgeschichte.* Birkhäuser, Basel, 1989.

Grant, Michael: *Eros in Pompeji. Das Geheimkabinett des Museums von Neapel.* List, München, 1975.

Grassberger, Roland: *Die Unzucht mit Tieren.* Springer, Wien/New York, 1968.

Graves, Robert: *Griechische Mythologie.* Rowohlt, Reinbek b. Hamburg, 1984.

Grimal, Pierre: *Dictionnaire de la mythologie Grecque et Romaine.* Presse Universitaire de France, Paris, 1951.

Gun, Nerin E.: *Eva Braun – Hitler's mistress.* Hodder and Stoughton, London, 1976.

Guthrie, R. Dale: *Body hot spots – The anatomy of human social organs and behavior.* Van Nostrand Reinhold, New York/Cincinnati/Atlanta/Dallas/San Francisco, 1976.

Haeberle, E. J.: *Die Sexualität des Menschen – Handbuch und Atlas.* Walter de Gruyter, Berlin/New York, 1983.

Hahn, Emily: *Eve and the apes.* Weidenfeld & Nicholson, New York, 1988.

Hamel, Frank: *Human animals.* The Aquarian Press, Wellingborough, 1973.

Hamilton, David: *The monkey gland affair.* Chatto & Windus, London, 1986.

Haneveld, G. T.: *Het mirakel van het hart.* Ambo, Baarn, 1991.

Hapgood, Fred: *Why males exist – An enquiry into the evolution of sex.* William Morrow and Company, New York, 1979.

Harris, Marvin: *Wohlgeschmack und Widerwillen. Das Rätsel der Nahrungstabus.* Klett-Cotta, Stuttgart, 1988.

Harrisson, Barbara: *Kinder des Urwalds. Meine Arbeit mit Orang-Utans auf Borneo.* Fischer, Frankfurt a. M., 1979.

Hayes, Catherine: *The ape in our house.* Harper & Row, New York, 1951.

Hearne, Vicki: *Adam's task – Calling animals by name.* Heinemann, London, 1987.

Hedgepeth, William: *The hog book.* Doubleday & Company, Garden City, 1978.

Hediger, H.: *Skizzen zu einer Tierpsychologie im Zoo und im Zirkus.* Europa, Stuttgart, 1954.

Hediger, H.: *Mensch und Tier im Zoo – Tiergarten-Biologie.* Albert Müller, Rüschlikon, Zürich/Stuttgart/Wien, 1965.

Hentig, Hans von: *Soziologie der zoophilen Neigung.* Ferdinand Enke, Stuttgart, 1962.

Hernandez, Ludovico: *Les procès de bestialité aux XVIe et XVIIe siècles.* Bibliothèque des Curieux, Paris, 1920.

Herodotus: *Geschichte und Geschichten.* Artemis, Zürich, 1983.

Hillier, Jack: *The art of Hokusai in book illustration.* Philip Wilson, London, 1980.

Hirschfeld, M.: *Sexual pathology – A study of derangements of the sexual instinct.* Emerson Books, New York, 1940.

Hoage, R. J. (Hg.): *Perceptions of animals in American culture.* Smithsonian Institution Press, Washington/London, 1989.

Holland, Barbara: *Secrets of the cat – Its lore, legend and lives.* Ballantine, New York, 1989.

Holm, Erik: *Tier und Gott – Mythik, Mantik und Magie der südafrikanischen Urjäger.* Schwabe & Co., Basel/Stuttgart, 1965.

Howell, Michael und Peter Ford: *The true history of the Elephant Man.* Allison and Busby, London, 1980.

Hunold, Günther: *Abarten des Sexualverhaltens – Ungewöhnliche Erscheinungsformen des Trieblebens.* Wilhelm Heyne, München, 1978.

Illies, Joachim: *Anthropologie des Tieres –*

Entwurf einer anderen Zoologie. R. Piper & Co., München, 1973.

Ingersoll, Ernest: *Birds in legend, fable and folklore.* Longmans, Green and Co., New York, 1923.

Irvine, William: *Apes, angels and victorians – A joint biography of Darwin and Huxley.* Weidenfeld and Nicolson, London, 1956.

Jasper, James M. und Dorothy Nelkin: *The animal rights crusade – The growth of a moral protest.* The Free Press, New York, 1992.

Jennison, George: *Animals for show and pleasure in ancient Rome.* Manchester University Press, Manchester, 1937.

Johns, Catherine: *Sex or symbol – Erotic images of Greece and Rome.* British Museum Publications, London, 1982.

Jones, Barbara (Hg.): *Erotische Postkarten.* DuMont, Köln, 1977.

Kevler, Daniel: *In the name of eugenics – Genetics and the uses of human heredity.* New York, 1985.

Kinsey, Alfred C., Wardell B. Pomeroy und Clyde E. Martin: *Sexual behavior in the human male.* W. B. Saunders, Philadelphia/London, 1948.

Kinsey, Alfred C., Wardell B. Pomeroy, Clyde E. Martin und Paul H. Gebhard: *Sexual behavior in the human female.* W. B. Saunders, Philadelphia/London, 1953.

Kipling, Rudyard: *Das Dschungelbuch.* Übers. v. Gisbert Haefs. Haffmanns, Zürich, 1991.

Kirk, G. S.: *Griechische Mythen. Ihre Bedeutung und Funktion.* Rowohlt, Reinbek b. Hamburg, 1987.

Kirk, G. S.: *The nature of Greek myths.* Penguin, Harmondsworth, 1974.

Klaits, Joseph en Barrie: *Animals and man in historical perspective.* Harper & Row, New York/Evanston/San Francisco/London, 1974.

Klingender, Francis: *Animals in art and thought to the end of the middle ages.* Evelyn Antal and John Harthan, London, 1972.

Köhler, Wolfgang: *The mentality of apes.* Routledge and Kegan Paul, London, 1925.

Kosinski, Jerzy: *Aus den Feuern.* Fischer, Frankfurt a. M., 1981.

Kosinski, Jerzy: *Der bemalte Vogel.* Fischer, Frankfurt a. M., 1980.

Kousbroek, Rudy: *De aaibaarheidsfactor.* Thomas Rap, Amsterdam, 1969.

Krafft-Ebing, Richard von: *Psychopathia Sexualis.* Mattes und Seitz, München, 1985.

Kraus, Friedrich: *Japanisches Geschlechtsleben.* Karl Schustek, Hanau, o. J.

Kraus, Werner: *Zur Anthropologie des 18. Jahrhunderts – Die Frühgeschichte der Menschheit im Blickpunkt der Aufklärung.* Akademie-Verlag, Berlin, 1978.

Kronhausen, Eberhard und Phyllis: *Wat is pornografie? – Eros en de vrijheid van drukpers.* Bert Bakker/Daamen, Den Haag, 1961.

Kronhausen, Eberhard und Phyllis: *Erotische Exlibris.* Wilhelm Heyne, München, 1976.

Krutch, Joseph Wood: *The great chain of life.* Houghton Mifflin, Boston, 1956.

Langemeijer, G. E.: *Het dier in de rechtsorde.* In: *Mens en dier – Bundel aangeboden aan prof. dr. F. R. L. Sassen,* 1954.

Lawick-Goodall, Jane: *Wilde Schimpansen. Zehn Jahre Verhaltensforschung am Gombe Strom.* Rowohlt, Reinbek b. Hamburg, 1985.

Ledda, Gavino: *Padre Padrone: mein Vater mein Herr.* Roman. Fischer, Frankfurt a. M., 1980.

Leguat, François: *De gevaarlyke en zeldzame reyzen van den heere François Leguat met zyn byhebbend gezelschap naar twee onbewoonde Oostindische eylanden gedaan zedert den jare 1690, tot 1698 toe.* Willem Broedelet, Amsterdam, 1708.

Levinson, Boris M.: *Pets and human development.* Charles C. Thomas, Springfield, 1972.

Lewontin, Richard: *Menschen. Genetische, kulturelle und soziale Gemeinsamkeiten.* Übers. von Jutta Schust. Spektrum der Wissenschaft, Heidelberg, 1986.

Leyhausen, Paul: *Katzen – Eine Verhaltenskunde.* Paul Parey, Berlin/Hamburg, 1979.

Linden, Eugene: *Silent partners – The legacy of the ape language experiments.* Times, New York, 1986.

London, L. S. und F. S. Caprio: *Sexual deviations*. Linacre Press, Washington, 1950.

Looij, Maarten: *Van fabeldier tot wrekend beest – Negen thema's in Nederlands dicht en ondicht over dieren*. Kwadraat, Utrecht, 1988.

Lopez, Barry Holstun: *Of wolves and men*. Charles Scribner's Sons, New York, 1978.

Lucie-Smith, Edward: *Sexuality in western art*. Thames and Hudson, 1991.

Mayr, E.: *Animal species and evolution*. Belknap Press und Harvard University Press, Cambridge, 1963.

Maclean, Charles: *De wolfskinderen*. Het Spectrum, Utrecht/Antwerpen, 1978.

MacNamara, Donald E. J. und Edward Sagarin: *Sex, crime and the law*. The Free Press, New York, 1977.

Maerlant, Jacob van: *Naturen Bloeme*. Gijsbers & van Loon, Arnheim, 1980.

Malson, Lucien: *Die wilden Kinder*. 8. Aufl., Suhrkamp, Frankfurt a. M., 1987.

Manila, Gabriel Janer: *Marcos – Wild child of the Sierra Morena*. Souvenir Press, London, 1982.

Marais, Eugène: *The soul of the ape*. Anthony Blond, London, 1969.

Masters, Anthony: *The natural history of the vampire*. Rupert Hart-Davis, London, 1972.

Masters, R. E. L.: *Abnorme Triebhaftigkeit*. Lichtenberg, München, o. J.

Merki, Peter: *Die strafrechtliche Behandlung der Unzucht mit Tieren – Besonders in der Schweiz*. Dissertation Zürich. M. Eberhard & Sohn, 1948.

Michell, John und Robert J. M. Rickart: *Living wonders – Mysteries and curiosities of the animal world*. Thames and Hudson, London, 1982.

Mode, Heinz: *Fabeltiere und Dämonen – Die phantastische Welt der Mischwesen*. Edition Leipzig, Leipzig, 1973.

Moffat, James: *Queen Kong*. Everest, London, 1977.

Møller-Christensen und K. E. Jordt Jørgensen: *Dierenleven in de bijbel*. Bosch & Keuning, Baarn, o. J.

Money, John: *Lovemaps – Clinical concepts of sexual/erotic health and pathology, paraphilia, and gender transposition in childhood, adolescence, and maturity*. Irvington, New York, 1986.

Montgomery Hyde, H.: *A history of pornography*. Heinemann, London, 1964.

Moolenburgh, H. C.: *Engelsen – Als beschermers en als helpers der mensheid*. Ankh-Hermes, Deventer, 1983.

Morris, Desmond: *Der Mensch, mit dem wir leben. Ein Handbuch unseres Verhaltens*. Droemer Knaur, München, 1981.

Morris, Desmond: *Der nackte Affe*. Droemer Knaur, München, 1992.

Morris, Desmond: *Warum wedeln Hunde mit dem Schwanz?* Heyne, München, 1992.

Morris, Desmond: *Der Vertrag mit den Tieren. Ein Plädoyer*. Heyne, München, 1993.

Morris, Ramona und Desmond: *Men and snakes*. Hutchinson & Co., London, 1965.

Morris, Ramona und Desmond: *Men and pandas*. McGraw-Hill, New York/St. Louis/San Francisco, 1966.

Morris, Ramona und Desmond: *Men and apes*. McGraw-Hill, New York, 1966.

Morus: *Geschiedenis der dieren – Hun invloed op beschaving en cultuur*. Het Wereldvenster, Baarn, 1953.

Morus: *Het rijk van Venus – Algemene geschiedenis van de menselijke sexualiteit*. Meulenhoff, Amsterdam, 1957.

Musset, Alfred de: *Gamiani*. Merlin, Hamburg, 1968.

Naaktgeboren, C.: *Voortplanting bij het dier – Paring, bevruchting, embryonale ontwikkeling en geboorte*. Kluwer, Deventer, 1967.

Naaktgeboren, C.: *Mens en huisdier*. Thieme, Zutphen, 1984.

Neimoller, A.: *Bestiality and the law*. Girard, Kansas, 1946.

Neimoller, A.: *Bestiality in ancient and modern times*. Girard, Kansas, 1946.

Neuhaus, Ulrich: *Melk – De witte levensbron*. Pax, 's-Gravenhage, o. J.

Noske, Barbara: *Huilen met de wolven – Een interdisciplinaire benadering van de mens-dier relatie*. Van Gennep, Amsterdam, 1988.

Ovidius Naso, Publius: *Metamorphosen. Das Buch der Mythen und Verwandlungen*.

Neu übers. von Gerhardt Fink. Fischer, Frankfurt a. M., 1992.

Pagels, Elaine: *Adam, Eva und die Schlange. Die Theologie der Sünde.* Rowohlt, Reinbek b. Hamburg, 1991.

Paré, Ambroise: *Des monstres – des prodiges – des voyages.* Club du Libraire, Paris, 1964.

Parmelee, Alice: *All the birds of the bible – Their stories, identification and meaning.* Harper & Row, New York, 1959.

Patterson, Francine: *Koko's kitten.* Scholastic, New York/Toronto/London/Auckland/Sydney, 1985.

Physiologus, Der. Deutsche Übersetzung von Otto Seel. Artemis, Zürich/München, 1960.

Pinney, Roy: *The animals in the bible – The identity and natural history of all the animals mentioned in the bible.* Chilton, Philadelphia/New York, 1964.

Pitlo, A.: *De vlo in het recht – En andere curiosa uit oude rechtsliteratuur.* Gouda Quint, Arnheim, 1980.

Plinius: *Naturkunde.* Lat.-dt. 37 Bücher. Übers. v. Roderich König, Heimeran, München, 1974–1992.

Pollak, Otto: *The criminality of women.* A. S. Barnes & Company, New York, 1961.

Polo, Marco: *The travels.* Englische Übersetzung von Ronald Latham. Penguin, Harmondsworth, 1958.

Raes, Hugo: *De vadsige koningen.* De Bezige Bij, Amsterdam, 1961.

Ramondt, Sophie: *Mythen en sagen van de Griekse wereld.* C. A. J. van Dishoeck, Bussum, 1967.

Regan, Tom: *The case for animal rights.* University of California Press, Berkeley, 1983.

Relaties tussen mens, dier en maatschappij. Pudoc, Wageningen, 1973.

Reve, Gerard Kornelis van het: *Nader tot U.* G. A. van Oorschot, Amsterdam, 1966.

Reynolds, Vernon: *The apes – The gorilla, chimpanzee, Orangutan, and gibbon – Their history and their world.* Cassell, London, 1968.

Rheims, Maurice: *Un Carpaccio en Dordogne.* René Julliard, Paris, 1963.

Ritvo, Harriet: *The animal estate – The English and other creatures in the victorian age.* Harvard University Press, Cambridge/London, 1987.

Ronay, Gabriel: *The Dracula myth.* W. H. Allen, London/New York, 1972.

Rooy, Piet de: *Op zoek naar volmaaktheid – H. M. Bernelot Moens en het mysterie van afkomst en toekomst.* De Haan, Houten, 1991.

Roux, Jean-Paul: *Le sang – Mythes, symboles et réalités.* Arthème Fayard, Paris, 1988.

Rowland, Beryl: *Animals with human faces – A guide to animal symbolism.* George Allen & Unwin, London, 1974.

Sade, D. A. F. de: *Histoire de Juliette Ou les prospérités de vice.* Jean-Jacques Pauvert, Sceaux, 1954.

Sälzle, Karl: *Tier und Mensch, Gottheit und Dämon – Das Tier in der Geistesgeschichte der Menschheit.* BLV, München, 1965.

Sargent, William: *The year of the crab – Marine animals in modern medicine.* W. W. Norton & Company, New York/London, 1987.

Schaller, George B.: *The year of the gorilla.* University of Chicago Press, Chicago, 1964.

Schilders, Ed: *De voorhuid van Jezus – En andere roomse wonderen.* Xeno, Groningen, 1985.

Schwab, Gustav: *Sagen des klassischen Altertums.* 3. Bde. Insel, Frankfurt a. M., 1975.

Schwabe, Calvin W.: *Unmentionable cuisine.* University Press of Virginia, Charlottesville, 1979.

Schwartz, Jeffrey H.: *The red ape – Orangutans and human origins.* Elm Tree, London, 1987.

Senn, Harry A.: *Werewolf and vampire in Romania.* Columbia University Press, New York, 1982.

Serpell, James: *In the company of animals – A study of human-animal relationships.* Basil Blackwell, Oxford/New York, 1986.

Shaffer, Peter: *Equus.* André Deutsch, London, 1973.

Shattuck, Roger: *The forbidden experiment – The story of the wild boy of Aveyron.* Secker & Warburg, London, 1980.

Shephard, Odell: *The lore of the unicorn.* George Allen & Unwin, London, 1930.

Sierksma, Kl.: *De gemeentewapens van Nederland*. Het Spectrum, Utrecht/Antwerpen, 1960.

Simons, G. L.: *The illustrated book of sexual records*. Virgin, London, 1982.

Singer, Peter: *Animal Liberation*. The New York Review of Books, New York, 1990.

Sliggers, Bert: *Meerminnen en meermannen – Van Duinkerken tot Sylt*. Kruseman, Den Haag, 1977.

Smith, Bradley: *Erotic art of the masters – The 18th & 20th centuries*. Galley Press, New York, o. J.

Smith, F. V.: *Attachment of the young – Imprinting and other developments*. Oliver & Boyd, Edinburgh, o. J.

Smolders, Armand J. J.: *De seksuele perversies – Vivisektie op een seksuele ideologie*. Boom, Meppel, 1971.

Sparks, John: *Dierlijke passie & paring – Seks en erotiek in de dierenwereld*. Het Spectrum, Utrecht/Antwerpen, 1977.

Stanley, Susan: *Females and their pets*. Publisher's Consultants, South Laguna, 1980.

Stenuit, Robert: *The dolphin, cousin to man*. J. M. Dent & Sons, London, 1969.

Streepjes, Igor: *Weer een gezicht dat met de billen vloekt*. C. J. Aarts, Amsterdam, 1974.

Szasz, Kathleen: *De troeteltrend – Of het petisjisme*. De Arbeiderspers, Amsterdam, 1971.

Tannahill, Reay: *Vlees en bloed – De geschiedenis van het kannibalisme*. Wetenschappelijke Uitgeverij, Amsterdam, 1975.

Theunissen, Bert: *Eugène Dubois en de aapmens van Java – Een bijdrage tot de geschiedenis van de paleoantropologie*. Rodopi, Amsterdam, 1985.

Thomas, Keith: *Man and the natural world – Changing attitudes in England 1500-1800*. Allen Lane, London, 1983.

Thompson, C. J. S.: *The mystery and lore of monsters – With accounts of some giants, dwarfs and prodigies*. University Books, New York, 1968.

Timmers, J. J. M.: *Symboliek en iconographie der christelijke kunst*. J. J. Romen & Zonen, Roermond/Maaseik, 1947.

Toynbee, J. M. C.: *Animals in Roman life and art*. Thames and Hudson, London, 1973.

Treves, Frederick: *The Elephant Man and other reminiscenses*. Cassell, London, 1923.

Tripp, Edward: *Crowell's handbook of classical mythology*. Harper & Row, New York, 1970.

Trumler, Eberhard: *Mit dem Hund auf du*. R. Piper & Co., München, 1971.

Turner, James: *Reckoning with the beast – Animals, pain and humanity in the victorian mind*. The Johns Hopkins University Press, Baltimore/London, 1980.

Turner, Dennis C. und Patrick Bateson: *The domestic cat – The biology of its behaviour*. Cambridge University Press, Cambridge/New York/New Rochelle/Melbourne/Sydney, 1988.

Vechten, Carl van: *The tiger in the house*. Bonanza, New York, 1936.

Verroust, Jacques, M. Pastoureau und Raymond Buren: *Le cochon – Histoire, symbolique et cuisine du porc*. Sang de la terre, Paris, 1987.

Verwer, M. A. J.: *De hond*. Het Spectrum, Utrecht/Antwerpen, 1978.

Vesper, G.: *Les procès d'animaux au moyen age*. Imprimeries réunies, Chambéry, 1953.

Villeneuve, Roland: *Le musée de la bestialité*. Henri Veyrier, Paris, 1973.

Visser, M. B. H. und F. J. Grommers (Hg.): *Dier of ding – Objectivering van dieren*. Pudoc, Wageningen, 1988.

Voltaire: *Candide oder die beste aller Welten*. Dietrich, Memmingen, 1978.

Vondel, Joost v. d.: *Noah – Of ondergang der eerste wereld*. Mij voor Goede en Goedkope Lectuur, Amsterdam, o. J.

Voronoff, S.: *Rejuvenation by grafting*. Allen and Unwin, London, 1925.

Voronoff, S. und G. Alexandrescu: *Testicular grafting from ape to man*. William & Norgate, London, 1933.

Voûte, A. M. und C. Smeenk: *Vleermuizen*. Waanders, Zwolle, 1991.

Vrede, Angela de und Gerrit Jan Zwier: *Het meisje en de mol*. Meulenhoff Jeugd, Amsterdam, 1989.

Vroman, Leo: *126 gedichten*. Em. Querido, Amsterdam, 1964.

Waal, Frans de: *Chimpansee-politiek*. H. J. W. Becht, Amsterdam, 1982.

Waal, Frans de: *Wilde Diplomaten. Versöhnung und Entspannungspolitik bei Affen und Menschen*. Hanser, München/Wien, 1991.

Waal, M. de: *Zuivel, ei en honing – Door alle eeuwen heen*. W. J. Thieme & Cie., Zutphen, o. J.

Wakefield, Pat A. und Larry Carrara: *A moose for Jessica*. E. P. Dutton, New York, 1987.

Warner, Marina: *De enige onder de vrouwen – De maagd Maria: mythe en cultus*. Contact, Amsterdam, 1990.

Webb, Peter: *The erotic arts*. Martin Secker & Warburg, London, 1975.

Webster, Gary: *Codfish, cats and civilisation*. Doubleday & Company, Garden City, 1959.

Weemoedt, Lévi: *Zand erover*. Erven Thomas Rap, Baarn, 1981.

Wendt, Herbert: *Ik volgde Noach – De ontdekking van de dieren*. W. de Haan, Zeist, 1957.

White, David Gordon: *Myths of the dog-man*. The University of Chicago Press, Chicago/London, 1991.

White, T. H.: *The book of beasts – Being a translation from a Latin bestiary of the twelfth century*. Jonathan Cape, London, 1954.

Wickler, W.: *De aard van het beestje – Over de natuurwetten van het seksuele contact*. Ploegsma, Amsterdam, 1970.

Wierenga, Tineke und Wouter van Dieren (Hg.): *Mensenwereld dierenwereld*. Koninklijk Verbond van Grafische Ondernemingen, Amstelveen, 1986.

Willis, Roy: *Man and beast*. Hart-Davis, London, 1974.

Wilson, Grenn: *The great sex divide – A study of male-female differences*. Peter Owen, London, 1989.

Wilson, Glenn: *Erotische Anziehungskraft. Psychologie der sexuellen Attraktivität*. Ullstein, Berlin, 1977.

Wit, H. C. D. de: *Ontwikkelingsgeschiedenis van de biologie*. Pudoc, Wageningen, 1982-1989.

Wolf, Leonard: *Monsters – Twenty terrible and wonderful beasts from the classic dragon and colossal Minotaur to King Kong and the great Godzilla*. Straight Arrow, San Francisco, 1974.

Wolkers, Jan: *De hond met de blauwe tong*. J. M. Meulenhoff, Amsterdam, 1964.

Wulffen, Erich: *Das Weib als Sexualverbrecherin – Ein Handbuch für Juristen, Verwaltungsbeamte und Ärzte*. P. Langenscheidt, Berlin, 1923.

Yerkes, Robert Mearns: *Almost human*. Century Co., New York, 1925.

Yerkes, Robert M. und Ada W.: *The great apes – A study of anthropoïd life*. Yale University Press, New Haven & Oxford University Press, Oxford, o. J.

Young, J. Z.: *An introduction to the study of man*. Oxford University Press, Oxford/New York/Toronto/Melbourne, o. J.

Zahn, Eva: *Europa und der Stier*. Königshausen und Neumann, Würzburg, 1983.

Zinsser, Hans: *Rats, lice and history*. Little, Brown & Company, Boston, 1935.

Register

Hanser Sachbuch

Frans de Waal
Wilde Diplomaten
Versöhnung und Entspannungspolitik bei
Affen und Menschen
Aus dem Amerikanischen von Ellen Vogel
1991. 296 Seiten. 100 Fotos

»… ein lehrreiches, spannendes und liebevolles Buch über Affen, Menschenaffen und Menschen.«   *Frankfurter Rundschau*

»De Waal sucht möglichst unvoreingenommen Gemeinsamkeiten im Primaten-
und Menschenverhalten herauszuarbeiten, und sein Augenmerk gilt besonders
den zum Teil raffinierten Strategien, mit denen Primaten ihre Aggressionen ab-
bauen und Konflikte lösen. In dieser Hinsicht sind die jahrelangen Beobachtungen des Autors eine wahre Goldmine für die Friedensforschung.«
                                              Süddeutsche Zeitung

»Das Buch ist durchweg spannend zu lesen. Abgerundet wird es durch zahlrei-
che Fotos.«   *Die Zeit*

»Die Lust an der Aggression ist offenbar nicht stärker als die am Friedenstiften –
eine tröstliche Erkenntnis, mit der de Waal die deprimierende Sichtweise der Biologie im Hinblick auf die Situation der Menschheit korrigieren möchte. Damit
wird zugleich das inzwischen als zu schlicht empfundene Aggressionsmodell erweitert, mit dem der Verhaltensforscher Konrad Lorenz in den sechziger Jahren
Furore machte. Daß Friedenstiften für die Hominoiden ›ebenso natürlich ist wie
Kriegführen, ist bislang übersehen worden‹. Der Beweis, daß Aggression keineswegs von Natur aus das letzte Wort ist, sei erbracht.«   *Der Spiegel*

»Eindrucksvoll zeigt de Waal, daß evolutionäres Überleben unter Primaten nicht
allein auf dem Erfolg des Individuums in erbarmungsloser Konkurrenz mit anderen beruht haben kann, sondern auch auf Kooperation zwischen Individuen
und Ausgleich innerhalb der Gemeinschaft.«   *Bilder der Wissenschaft*

Hanser Sachbuch

Robert Delort
Der Elefant, die Biene und der heilige Wolf
Die wahre Geschichte der Tiere
Aus dem Französischen von Josef Winiger
1987. 400 Seiten. 110 Abbildungen

»Was Delort auf den 400 Seiten ausbreitet, ist erstaunlich. Er beherrscht die seltene Kunst, ganze Wissensgebiete dem Laien in kurzen Kapiteln klar und spannend zu schildern: Delort berichtet von den Abenteuern der Paläontologie bis zur chemischen Bekämpfung der Malaria-Mücken, von den Höhlenmalereien des Altmenschen bis zur Gen-Problematik.

Den wirklich spannenden Lesestoff bietet Delort aber im letzten Teil seines Buches. Dort erzählt er ausführlich über die Geschichte der Wölfe, der Heringe, die Nordeuropas Geschichte als Wirtschaftsfaktor mitbestimmten, die Biene, den Elefanten und den Hund. (...)

Robert Delorts Bericht darüber liest sich wie ein Krimi. Bei seinem Buch profitiert der Leser immer wieder davon, daß der Autor nicht nur Naturwissenschaftler, sondern auch Historiker ist.«   *Welt am Sonntag*

»Robert Delort (...) schreibt eine Geschichte der Tiere, ihrer Gattungen und Rassen am Beispiel exemplarischer Fälle: Er nennt seine Methode ›historische Zoologie‹, die mehr als nur die Evolution und den biologischen Aspekt von Tieren in den Blick bringen will. Die Geschichte u. a. der Heuschrecke, des Herings und der Katze erzählt er mit ihren Beziehungen zum und ihren Bedeutungen für den Menschen in mehr als 2000 Jahren: als Nutz- und Arbeitstier; als Grundlage für die Nahrungsversorgung und zur Vermeidung bzw. Heilung von Krankheiten; als mythologisches und heiliges zu verehrendes Tier oder als sinnliche Ausgeburt des Teufels und nicht zuletzt als Spiel- und Kampfobjekt.   *Nürnberger Zeitung*

Hanser Sachbuch

Stephen Jay Gould
Zufall Mensch
Das Wunder des Lebens als Spiel der Natur
Aus dem Amerikanischen von Friedrich Griese
1991. 392 Seiten. 124 Abbildungen

»Stephen Jay Gould schildert plastisch und spannend, wie sensationelle Fossilien-
funde die klassische Evolutionstheorie ergänzen … *Zufall Mensch* ist … ein Meisterwerk der Wissenschaftspublizistik.« *Bild der Wissenschaft*

»Nicht von jedem Sachbuch läßt sich sagen, daß es informativ und spannend zugleich ist, didaktisch gut aufbereitet und glänzend geschrieben. Doch hier trifft
es zu.« *Die Welt*